企业人力资源管理实务

Practical Guide to Enterprise Human Resource Management

主　编　周文
执行主编　叶娟

中国劳动社会保障出版社

图书在版编目（CIP）数据

企业人力资源管理实务 / 周文主编. -- 北京 : 中国劳动社会保障出版社, 2024. -- ISBN 978-7-5167-6609-5

I. F272.92

中国国家版本馆CIP数据核字第2024CK1319号

中国劳动社会保障出版社出版发行

（北京市惠新东街1号　邮政编码：100029）

*

北京鑫海金澳胶印有限公司印刷装订　　新华书店经销

787毫米×1092毫米　16开本　14.75印张　240千字

2024年12月第1版　　2024年12月第1次印刷

定价：43.00元

营销中心电话：400-606-6496

出版社网址：https://www.class.com.cn

版权专有　　侵权必究

如有印装差错，请与本社联系调换：（010）81211666

我社将与版权执法机关配合，大力打击盗印、销售和使用盗版图书活动，敬请广大读者协助举报，经查实将给予举报者奖励。

举报电话：（010）64954652

本书编写人员

主　　编：周　文
执行主编：叶　娟
参　　编：李小春　刘　晓　陈　莉　傅文斌　覃敏思　杨鸿雁　黄　雯　覃　梅
　　　　　王　建　周　宇　杨　斐　王咏梅　莫　莉　潘　磊　李毅明　曾　颖
　　　　　蒋　彬　潘丽玲　龙建才　蒋娟娟　黄国峻　李雪峰　卢　媛　吴玉丹
　　　　　罗迪升　石佳瑞　李连伟　毛智欣　庞秋虎　韦克昌　罗　茜　邓盛荣
　　　　　黄才源

前　言

国以才立，业以才兴。新时代人才工作是全面建设社会主义现代化国家、全面推进中华民族伟大复兴的关键要素，更是基础性、战略性支撑。企业人才积淀与企业人力资源管理息息相关，做好企业人力资源管理，对人才强企、人才强国具有重要意义。

《企业人力资源管理实务》一书依据国家对人力资源管理工作的相关政策法规，从新时代国有企业人力资源管理实际出发，坚持战略导向、服务发展的规划原则，依法合规、尊重员工的人本原则，精简高效、均衡设置的机构原则，德才兼备、公开公平的用人原则，绩效导向、鼓励担当的分配原则，需求导向、注重实效的培训原则，突出实用性，对国有企业中人力资源规划、人事管理、劳动关系管理、绩效考核管理、薪酬管理、员工福利与保险管理、人力资源培训与开发管理七个方面进行系统介绍。本书既可作为地方国有资产监督管理委员会监管的国

有企业从业人员业务指导手册，也可以作为人力资源从业者的学习用书。

本书编写人员均是企业人力资源工作的实践者，基于多年企业人力资源管理实践经验，采编企业人力资源管理工作中的实务问题，博采众长、推陈出新，精心编写，既有企业人力资源管理实践的经验总结，又有企业人力资源改革创新举措的概括提炼，更有企业人力资源管理实践认识的智慧升华。本书实例均来自实践，通俗易懂，操作性强；理论部分深入浅出，融会贯通，希望能够帮助读者迅速、准确掌握企业人力资源管理实操知识，提升岗位工作技能。

目　录

第一章　人力资源规划 / 001

第一节　人力资源管理制度规划 / 001
第二节　企业组织发展规划 / 005
第三节　企业人员发展规划 / 011
第四节　人力资源规划制定与实施 / 018

第二章　人事管理 / 029

第一节　招聘管理 / 029
第二节　录用管理 / 033
第三节　员工晋升管理 / 039
第四节　人员调配管理 / 053
第五节　员工退出管理 / 055
第六节　人事档案管理 / 061

第三章　劳动关系管理 / 083

第一节　劳动关系的确立 / 083
第二节　劳动关系的维护 / 088
第三节　劳动争议 / 104

第四章　绩效考核管理 / 111

　　第一节　企业绩效考核概述 / 111
　　第二节　企业组织绩效考核管理 / 112
　　第三节　员工绩效考核管理 / 118

第五章　薪酬管理 / 125

　　第一节　工资总额预算管理 / 125
　　第二节　员工工资管理 / 136
　　第三节　企业负责人薪酬管理 / 143
　　第四节　中长期激励管理 / 147

第六章　员工福利与保险管理 / 155

　　第一节　社会保险管理 / 155
　　第二节　住房公积金管理 / 176
　　第三节　企业年金管理 / 181
　　第四节　企业补充医疗保险管理 / 184

第七章　人力资源培训与开发管理 / 189

　　第一节　员工培养管理 / 189
　　第二节　员工培训管理 / 202
　　第三节　员工职业生涯规划管理 / 211

第一章
人力资源规划

　　人力资源规划有广义、狭义之分。广义的人力资源规划是所有人力资源规划的总称，包括人力资源战略规划、制度规划、组织发展规划、人员发展规划、预算规划、薪酬绩效规划、培训与开发规划等内容。狭义的人力资源规划主要指企业的人员配置，是企业根据自身发展战略及内外部环境变化，对企业未来发展过程中的人力资源需求、供给进行综合分析评估，并通过人力资源合理调配、培训开发等实现人力资源有效配置。本章主要从广义的角度，以制度规划、组织发展规划、人员发展规划来具体介绍人力资源规划的制定和实施。其中，企业人力资源制度规划是人力资源各项管理活动的保障，包括制度体系的设计、制定及执行；组织发展规划是企业对组织框架的规划设计；人员发展规划是企业对人员管理的总量和质量控制。

第一节　人力资源管理制度规划

　　人力资源管理制度是企业在人力资源战略基础上制定的一系列管理规范和流程，旨在确保企业人力资源的各项管理行为能依据明确标准进行，为企业的发展提供保障。

一、人力资源管理制度规划的基本要求

制度规划是人力资源管理的基础，建立人力资源管理制度有以下基本要求。

（一）遵守法律法规要求

人力资源管理制度涉及员工的切身利益，须在严格遵守和落实国家相关法律法规要求的前提下制定，保障企业和员工的权益，建立和谐稳定的权责关系。

（二）符合企业发展战略需求

建立企业人力资源管理制度要充分考虑企业发展战略，根据员工实际情况、企业的业务属性及管理实际需要，配合人力资源的总体规划及各项业务规划制定本企业人力资源管理制度，体现制度的可行性和实用性。

（三）体现制度的有效性

人力资源管理制度应系统配套，岗位分析、人才招聘选拔、薪酬管理、绩效管理、培训管理等各项人力资源管理职能相互关联、互为基础，对应的制度应具有内在一致性和逻辑统一性，兼顾员工需求和企业发展之间的平衡，体现员工个人价值与企业目标的平衡统一。

二、构建人力资源管理制度体系

企业人力资源管理制度应覆盖人力资源管理各项工作，制度体系的构建以人力资源管理内容为切入点，包括组织机构及定员设置、员工人事关系管理、薪酬管理、绩效管理、人员培训与开发等内容。

在组织机构及定员设置方面，从宏观角度搭建组织结构及职能部门框架，制定机构设置标准和定员配置标准；在规范员工人事关系管理方面，应包含劳动合同管理、员工招聘、内部竞聘、经理层选拔任用、人事档案管理等，还可因企业实际管理需要制定员工内退制度、派驻国（境）外员工管理制度等；在薪酬管理、绩效管理方面，要制定工资总额管理制度和实施细则、绩效考核管理办法、考勤管理制度；在人才培训开发方面，应基于企业战略发展对人才结构的要求，制定人才管理制度，包括教育培训管理办法以及企业人才培养方案等。

相关链接

某企业人力资源制度体系示例

三、人力资源管理制度制定程序

人力资源制度以人力资源管理内容为构建思路，根据企业经营管理需要明确人力资源管理制度整体框架，从组织机构及岗位设置入手，延伸形成涵盖员工招聘、绩效考核及薪酬福利、培训开发等各项人力资源管理业务的制度框架，并根据企业发展进行调整完善。

（一）开展调研分析，编制制度草案

草案内容应包括主要目的、术语定义、适用范围、职责分工、主要流程、具体内容、制度生效等，具体如下：

（1）简述建立制度的原因、目的、原则等，以及制度中涉及的术语定义。

（2）对负责制度实施的管理机构设置、职责权限及适用人员的权限、职责和要求做出具体规定。

（3）明确阐述数据搜集汇编、整合分析的方法，并解释所使用的具体评价指标和评判准则。

（4）界定制度中采纳的报表、计量工具、统计标准、录入要求及提交时间限制等各项要素。

（5）其他与之配套的规章制度。

（6）制度的生效时间以及解释权。

（二）广泛征求意见

制度草案要求各职能部门及各级企业组织员工认真研究讨论，并在规定时限内通过企业内部办公文件传输平台提交对草案的意见和建议。人力资源部门汇总整理并分析意见和建议，采纳合理的意见和建议，补充完善制度。

（三）研究审议

根据企业内部管理制度有关规定，制度草案提交企业制度审查委员会、企业总经理办公会、党委会和董事会研究审议。涉及企业员工薪酬福利、考勤休假、绩效考核等方面的制度需经企业员工代表大会审议通过，没有员工代表大会制度的，应征求企业工会意见，没有建立工会的企业应征求员工代表的意见，员工代表数须超过企业员工的半数。

（四）公示并发文

制度经审议通过后在内部进行公示，对影响员工切身利益的制度须经公示方为有效，公示后发文。如因在员工代表大会研究讨论中有较大的意见和建议，未能通过员工代表大会审议，则需重新进行修改完善，并按以上步骤重新提交审议。企业应注意留存制度制定流程合规性的证据，以备查证，应对可能出现的争议。

四、人力资源管理制度执行

（一）完善组织管理机构

为推进各项人力资源管理制度的落实，可在企业内部设立专项事务委员会或工作领导小组，负责制度的日常执行管理并处理特殊情况。如设立人才工作领导小组，主要负责指导和统筹协调本企业人才工作；设立绩效考核与薪酬管理委员会，负责指导并审议企业的绩效考核及薪酬方案；设立劳动人事争议调解委员会，负责宣传各项相关法律法规和政策，对本企业发生的劳动人事争议进行调解，监督调解协议的履行等。各类工作领导小组或专项事务委员会，由企业主要负责人担任组长或委员会主任，其他企业领导班子成员担任副组长或委员会副主任，各部门负责人担任一般成员。各类工作领导小组或专项事务委员会可下设办公室，负责工作领导小组或专项事务委员会的日常工作。办公室可设在人力资源部门，由人力资源部门负责人担任办公室主任，人力资源部门其他人员担任办公室成员。

（二）开展制度宣贯及培训

制度宣贯主要涉及两方面，一是对新入企员工进行培训宣贯；二是在制度修订或新增的情况下，对全体员工进行培训宣贯。开展制度宣贯的过程中要注意完善书面记录，在员工违反规定或制度执行不到位时有据可查，避免因无证据证明制度宣贯到位而产生劳动争议和法律纠纷。

（三）建立制度执行的监督机制

建立制度执行的监督机制要做到两点，一是强化上级管理部门对下级企业业务指导和监督，并将制度执行结果纳入日常督办及绩效管理工作；二是建立员工投诉和处理机制，对员工投诉进行认真调查和处理，确保制度执行到位，保障员工的合法权益。

（四）管理信息化

在企业内部搭建有保障性的网络办公平台，将各项制度流程执行纳入办公平台，包括但不限于人员的基本信息存储、人员的进出调配审批、内部竞聘管理、请销假或出差外勤审批、工资发放及统计、绩效管理、培训管理、线上课程学习等，全方位提升沟通协调及日常事务处理效率，加快信息流转，方便高效开展工作。

（五）制度优化

人力资源管理制度具有灵活性，需随环境和条件变化不断调整。

第二节　企业组织发展规划

企业组织发展规划是对企业整体框架的设计，包括组织信息采集、问题诊断及应用、组织结构图绘制、组织设计与调整、组织机构设置等内容。组织规划应关注组织机构设置优化，进一步提高组织效能。本节重点介绍在企业发展战略既定情况下，如何设置满足企业发展需求的组织机构，从而确保企业更好地实现自身发展目标。

一、组织机构含义及设置原则

组织机构是企业生产经营活动中的各个组成部分，体现了组织内部结构和分工协作，随着组织战略变化而调整。

组织机构设置以组织目标为出发点，按照一定方式对构成企业组织的各要素进行排列、组合，形成结构合理、层次分明、权责清晰、科学高效的管理体系。组织机构设置需要把握依法依规、精简高效、动态调整的原则。

依法依规原则即组织机构设置要以《中华人民共和国公司法》等法律规定为依据，以企业章程为参考，符合相关法律法规和政策的要求。

精简高效原则即整合相关联职能或相同经营类型的子企业，精简管理层级，实现扁平化、专业化、精细化的高效管理。

动态调整原则即根据业务发展及环境变化，动态调整组织结构及形式，以保证组织结构的适应性及稳定性。

二、组织模式

组织模式一般有直线制、直线职能制、矩阵制、事业部制、模拟分权制、流程型、网络型等。通常以工作或任务为中心的，可选择直线制、直线职能制、矩阵制；以成果为中心的，可选择事业部制、模拟分权制；以关系为中心的，可选择流程型、网络型等新型组织模式。现选择四种常见的行政组织模式进行对比分析，见表1-1。

三、企业组织机构设置

企业组织机构设置与企业战略、内外部环境、企业规模、技术及组织发展阶段等有关，通常需考虑到管理幅度、层次，职责完整和风险防控等因素。一般情况下，企业组织机构设置包括本级部门设置以及根据需要设置下属机构。

表1-1　常见的行政组织模式对比分析

组织模式	适用范围	主要的优缺点	组织结构图
直线制	适用于小微企业	优点：结构简单，权责关系明确，便于统一指挥、集中管理 缺点：权力过于集中，管理无专业分工，要求管理者必须熟悉与本部门业务相关的各种活动，组织之间缺乏横向沟通	厂长—A车间、B车间、C车间—班组长、班组长、班组长

续表

组织模式	适用范围	主要的优缺点	组织结构图
直线职能制	适用于大中型企业	优点：集中统一指挥，注重专业化和精细化管理，组织稳定性高，各部门充分发挥参谋作用 缺点：部门间缺乏交流，权力集中于高层；信息传递线路较长，难以适应环境迅速变化的情况	董事会—经营管理层下设办公室、人力资源部、计划财务部、投资发展部、生产管理部、采购管理部、安全管理部、法务审计部；生产管理部下设A车间、B车间、C车间
矩阵制	适用于多重产品线、协作型企业	优点：密切配合，反应灵敏，可实现人力资源弹性共享，工作高效 缺点：人员受双重管理，对管理者要求较高，组织稳定性不高	经营管理层下设办公室、人力资源部、计划财务部、技术管理部、合同管理部……；项目部A、项目部B、项目部C
事业部制	适用于提供多种产品或服务的大中型、特大型企业	优点：权力下放，有利于培养全面管理人员；迅速适应不同的产品、地区和客户，实行专业化管理；有利于减少内部竞争、规避风险 缺点：需要大量管理人员，各事业部利益独立性差，容易滋生本位主义，对企业总部管理工作要求高；资源利用效率较低	CEO（首席执行官）下设事业部A、事业部B；每个事业部下设财务、研发、生产、营销

（一）企业本级部门设置

企业本级部门设置是将企业活动按一定方式予以划分和组合，设置成若干个管理单元或分支机构，并明确各组成要素之间的权责和关系。部门设置随着内外部环境变化动态调整，主要包括部门划分、部门职能设计、部门及部门职能动态调整等内容。

1. 部门划分

部门划分首先要从整个组织战略目标、业务类型、流程模式、管控方针出发，明确组织内部横向分工形式，提出部门设计框架；其次要重点解决每一项管理业务，特别是有争议性的业务工作归属，细化框架；最后科学合理划分部门，做好职能分配。在企业管理实践中，可从职能、产品、技术三个方面划分部门。

（1）按职能划分。以工作、业务性质、职责为基础划分部门，通常分为职能部门和业务部门，职能部门有办公室、人力资源部、财务部、投资发展部、法务部等；业务部门根据企业经营业态设置，如建设类企业有工程管理部、土地征拆部等。此种方式有利于提高专业化程度和工作效率，适用于大多数企业。具体详见附录案例1。

（2）按产品或客户需求划分。企业根据向社会提供产品品类或客户不同需求划分部门，如商业类企业基本业务以商品流通为主，在响应市场需求、调整商品结构等方面要求要有较高的灵活性和效率，按产业链划分部门，可以更好适应市场环境，实现规模经济和业态专业化管理，提高产品质量，增强竞争力。具体详见附录案例2。

（3）按技术划分。根据技术工作不同类型或管理需要划分部门，如交通科技类企业有岩土隧道工程部、桥梁工程部、智能交通及新能源部等。此种方式有利于集中工程技术优势力量，推动各专业领域发展，适用于交通科技型企业或技术团队。具体详见附录案例3。

2. 部门职能设计

有效设计部门职能是确保部门高效运行的关键，利于规范流程、明晰管理、降低成本、提高效率，可为岗位设置、岗位职责编制打下良好基础。

（1）厘清部门管理边界。明确部门定位、部门KPI（关键绩效指标）等关键要素，重点考虑各部门职能有无交叉、重叠，部门内部职能是否有遗漏工作事项的问题。

（2）逐级分解部门职能。在部门职能分析基础上，参考部门岗位设置情况，确定部门承担主要业务工作（一级职能）；将部门一级职能进行细化，按照工作流程分解成独立、可操作的作业项目（二级职能），并将相关作业项目进行分类合并，确保工作范围明确，避免职责缺位、错位，编制形成部门职能分解表。某企业部门职能分解表示例见表1-2。

表1-2 某企业部门职能分解表示例

部门	一级职能	二级职能
安全管理部	安全管理	1. 组织拟订安全生产规章制度、操作规程和生产安全事故应急预案 2. 督促落实全员安全生产责任制 3. 组织开展安全生产教育培训及应急救援演练 4. 督促落实安全生产经费使用 5. 组织检查安全生产状况，及时排查安全生产事故隐患；督促落实危险源的安全管理措施；制止和纠正违章指挥、冒险作业、违反操作规程的行为 6. 组织或参与安全生产事故的调查和处理，督促落实安全生产整改措施
	职业健康管理	1. 组织拟订职业健康规章制度、检查计划 2. 组织职业健康教育和培训 3. 督促落实职业病防护措施，监测作业场所职业病情况
	环境保护管理	1. 组织拟订环境保护规章制度、检查计划、应急处理预案并督促落实 2. 督促落实环境保护措施，检查作业场所环境保护情况；督促落实整改措施，加强环境保护教育

（3）编制部门职能说明书。在部门职能分解表基础上，统一编制部门职能说明书，主要包括部门基本情况、职能概述、主要职能分解、岗位架构、编制情况等要素，企业可根据实际情况科学灵活设置。其中部门职能概述应简明扼要，全面反映部门核心职能和工作重点；职能编写语言使用规范，如负责……工作、组织实施……工作、监督指导……工作、建立维护……、制订……计划、管理……工作、完成上级交代的其他任务等。

某企业部门职能说明书见附录案例4。

3. 部门及部门职能动态调整

当企业内外环境发生变化，要及时、适当调整、优化内部机构，形成运转流畅、分工合理的工作流程和组织架构，适应企业战略发展需求。调整思路如下：

（1）紧扣企业发展战略方向。通过优化工作流程，提高部门之间协同效率，降低运营成本，确保各部门工作顺畅，权责划分清晰。

（2）充分做好事前筹划。将部门架构、职责范围、岗位设置等要素梳理清楚，做好需求分析，加强部门沟通，明确调整目标、调整内容。

（3）编制调整方案。方案主要包括调整背景、调整原则（思路）、具体调整方案、实施步骤等内容，明确各部门职能和协作机制，以及岗位、人员调整情况，确保各部门工作平稳接续过渡。

（4）做好宣贯和评估修订。对部门员工进行培训指导，确保及时熟悉了解部门职能调整情况，并定期对部门职能调整效果进行评估和反馈，发现问题及时调整优化。

（二）企业下属机构设置

企业下属机构设置是根据业务发展需要进行机构建立的过程，不仅涉及确立合适的机构类型，还包括对机构业务管理模式的构建。

1. 企业下属机构类型

企业下属机构一般分为分支机构和子企业。分支机构指由企业法人在其总部之外设立，以企业名义开展活动，但不具备企业法人资格的机构，如分公司、办事处等；子企业相对母企业而言，按企业之间控制或从属关系分类，具备独立法人资格。企业下属机构常见类型见表1-3。

表1-3 企业下属机构常见类型

常见类型	特点
子企业	母企业对子企业不直接控制，通过对具有独立法人资格的子企业董事会成员任免、做出投资决策等方式影响子企业生产经营活动
分支机构	以母企业分支机构的名义从事经营活动，人事、业务、财产受母企业的直接管理，不具有企业法人资格
事业部	以某个产品、地区或客户为依据，将相关的研究开发、采购、生产、销售等部门整合成独立的部门；在经营管理上有自主性，可独立核算
管理中心	一个组织中负责某个特定职能或业务的部门，负责提供专业支持和服务，以支持整个组织的运营

2. 企业对下属机构的设置

（1）选择合适的下属机构类型。不同类型的下属机构各有特点，应根据企业自身业务需求、发展战略选择合适的组织类型。如企业需享受当地税收优惠政策、需要更大的市场自由度、对外投资项目风险较大时，可设立子企业；需要扩大企业业务范围，但业务处于培育期间，未达到独立核算条件时，可设立分支机构；需要一个机构来协调和管理其多个业务单元时，可设立管理中心、事业部等。企业内部分支机构名称应规范统一，确保企业组织结构清晰，便于企业标准化管理。

（2）按"扁平化、板块化、专业化"思路设置。在实际操作中，企业会通过加强组织分析明确组织定位和管控方针，按照"扁平化、板块化、专业化"思路设置下属机构。一是扁平化设置下属机构。在设计纵向管理结构时，最重要的是处理好管理层次问题，全面清理层级关系，适当扩大管理幅度，压缩管理层次，避免机构臃肿，有利于降低管理成本，增强组织灵活性，促进跨岗位协作，如多数大中型企业管理层级控制在3级。二是板块化设置下属机构。全面梳理业务板块，选择1家子企业作为某业务领域二级核心主导企业，对同类业务板块实行归口管理，形成"总部－子企业－孙企业"三级管理模式，有利于提高管理效率，实现企业重要资源集约化管控。三是专业化设置下属机构。从行业专业化、业务专业化、技术和管理专业化的角度出发设置下属机构，强化对企业关键领域、重点业务的动态管控，实现统一、集中、专业管理，有利于整合企业内部资源，促进协同工作，提升业务处理效率，分散风险，如企业以管理中心方式设置财务共享中心和人力资源共享中心等。

第三节　企业人员发展规划

企业人员发展规划是一项系统工作，主要包括组织、管理、个人三个维度。组织维度是指平台和通道，包括组织架构体系、岗位体系的规划等；管理维度是指制度和机制，包括任职管理机制、纵向横向流动机制、评价激励机制的规划等；个人维度是指培训和开发，包括企业的培训开发机制和个人自主学习机制的规划等。岗位是企业人员管理的基础，也是开展招聘、晋升、绩效管理、薪酬管理和培训等人力资源工作的前提。本节主要从组织维度介绍岗位体系的规划。

一、定岗定员规划

定岗定员是企业构建岗位管理体系的起步工作，也是进行人员发展规划的基础性工作。

（一）定岗定员含义

定岗是指企业根据自身功能定位、发展战略及由此确定的业务需要、保障需要等因素，把工作内容分解成一定数量且各具功能的"工作单元"的过程。定员是确定每个岗位所需匹配的人员数量。

（二）定岗定员影响因素

1. 定岗影响因素

定岗的目的是因事设岗，岗位设置应精简高效，以职责范围的方式划分，避免缺位和重叠。岗位的工作量、工作难度、工作强度等因素要相对均衡，避免差异过大。岗位职责边界清晰，流程高效对接，形成工作闭环。

2. 定员影响因素

定员设置应标准科学、比例合理、动态优化，根据企业的核心业务和发展目标合理确定各类人员的比例，提高人均效率。设计定员要对企业情况进行充分分析和合理预测，预留调整空间。对定员的衡量应基于一般员工的工作能力和水平，避免出现偏差。

（三）定岗定员方法

1. 定岗方法

（1）工作分解法。操作步骤：一是根据企业职责使命或经营发展战略确定企业的组织架构；二是根据企业组织架构分解、细化部门职能和业务流程；三是根据部门职能和业务流程分解、细化部门工作清单；四是对各部门工作清单进行分析研究，设计各部门岗位，形成企业岗位体系；五是对企业岗位体系进行分析评估，优化调整不合理部分，根据实际情况重复上述步骤；六是编写岗位说明书。

（2）对标法。寻找各方面条件与本企业相同或相近的先进企业作为标杆，参照标杆企业的岗位体系，结合本企业实际设计本企业的岗位体系。

工作分解法和对标法各有优缺点，企业可根据实际情况选择适合的方法，必要时两种方法可结合使用。两种定岗方法优缺点比较见表1-4。

表1-4　两种定岗方法优缺点比较

项目	工作分解法	对标法
优点	1. 源于企业自身，匹配度和一致性高 2. 在定岗设计过程中能发现并解决深层次和细节问题 3. 分解过程中可加深操作者对本企业岗位体系的理解，利于开展工作	1. 操作简单，可节省人力和时间 2. 标杆企业岗位体系通过实践检验和优化完善，风险较小 3. 易让人接受
缺点	1. 操作过程较复杂，消耗人力和时间较多 2. 操作者需具备较强专业能力 3. 需要企业高层和各部门支持和配合	1. 对标杆企业的具体情况了解有限，易出现偏差 2. 获取相关信息难度大 3. 对标企业选取困难
注意事项	对岗位职责界定清晰，表述精准	1. 找准标杆企业 2. 结合本企业实际调整匹配

2. 定员方法

常用定员方法有劳动量计算法、流程业务分析法、预算控制法、同业比较法、访谈法等，见表1-5。

表1-5　常用定员方法

定员方法	操作要点	参考公式	示例
劳动量计算法	通过确定劳动定额总量和单个劳动者单位劳动效率计算所需人数	定员人数 = 计划生产任务总量 ÷（员工劳动定额 × 出勤率）	某企业预计次年生产产品总量为500万件，人均产量50件/天，员工全年出勤率为75%（休息日和法定节假日非出勤），该生产岗位定员人数 = 5 000 000 ÷（50 × 365 × 75%）≈ 365人
流程业务分析法	分析各岗位工作复杂程度、技术难度、内外部沟通协调、工作量等因素，结合本企业或市场上相关人员平均能力及定员对比分析，计算岗位合理定员人数	定员人数 = $\sum$（业务流程各个环节工作总量 ÷ 员工时内可贡献的工作量）	某业务工作流程分为三个步骤：步骤一日均工作量60个单位，每人每小时工作量为5个单位；步骤二日均工作量80个单位，每人每小时工作量为4个单位；步骤三日均工作量64个单位，每人每小时工作量为3个单位。按每天工作8小时计算，该部门定员人数 = 60 ÷（5 × 8）+ 80 ÷（4 × 8）+ 64 ÷（3 × 8）≈ 7人

续表

定员方法	操作要点	参考公式	示例
预算控制法	通过人力成本预算控制定员人数	定员人数＝人力成本预算费用÷年人均人力成本	某企业销售部门设定次年营业收入3 000万元，预算部门人力成本费用率为10%，该企业年人均人力成本预算为10万元，企业该部门定员人数=3 000×10%÷10=30人
同业比较法	寻找与本企业相近的成熟企业作为参考，结合本企业实际确定定员。优先参考有政府部门或行业协会等机构制定或公开的定员或相关标准的行业单位		
访谈法	与管理层或专家进行访谈，获得企业岗位定员的建议。这种方法侧重于经验，通过获得行业内或同类企业相似岗位管理信息，作为企业组织、设计岗位的参考		

以上定员方法各有特点，要根据企业自身实际选择最适合的方法，必要时也可以多种方法结合使用。常用定员方法优缺点比较见表1-6。

表1-6　常用定员方法优缺点比较

项目	优点	缺点	注意事项
劳动量计算法	1. 操作简便，易被接受 2. 可量化，与企业实际情况匹配度高	适用面窄，主要适用于计价或定额定量明确的岗位或工种，对技术类、管理类、服务类等岗位不太适用	1. 企业经营目标要较明确 2. 要综合考虑其他影响因素，合理调整计算结果
流程业务分析法	1. 能解决无法定额或量化的岗位定员问题 2. 能加深操作者对本企业岗位、人员管理体系的理解	1. 以定性分析为主，难以定量，具有主观性，不易被接受 2. 操作者需要具备较强的专业能力 3. 需要企业高层和各部门支持、配合	1. 岗位评估标准要相对统一规范，具有可比性 2. 对人的能力和技术水平的衡量要遵循一般性或平均性原则，不能以优或差的标准衡量
预算控制法	能较好控制人力成本，平衡好企业对投入与产出关系的预期	定员过程不考虑具体部门或岗位定员人数，易出现定员偏差的情况	要在预算范围内确定好部门和岗位定员
同业比较法	1. 操作简便，易被接受 2. 风险较小	1. 获取行业数据难度大、成本高 2. 对标企业选取困难	1. 找准对标企业 2. 结合本企业实际情况调整匹配

续表

项目	优点	缺点	注意事项
访谈法	1. 操作简单，易被接受 2. 听取和全面关注各方意见	访谈对象个人经验和主观认识的影响大	1. 选择适合本企业的一定数量的访谈对象 2. 研究分析访谈结果后才能应用

（四）定岗定员案例

某企业将所属企业分为建设类、运营类和商业类三种类型，根据不同类型企业特点实行差异化管理。建设类和运营类企业采取统一化、标准化的定岗定员管理模式，制定了相应机构设置和定员管理办法；商业类企业采取一企一策定岗定员管理模式。

1. 建设类企业定岗定员管理

建设类企业主要具有功能专、周期短、变化快、可复制等特点，管理目标是建立精简、高效、协调、动态的运作机制，主要运用流程业务分析法进行定岗定员管理。

2. 运营类企业定岗定员管理

运营类企业具有以技能岗位为主，工作规范化、标准化、专业化程度高，可量化性强等特点，主要运用劳动量计算法进行定岗定员。针对运营类企业管理范围大，人员多的情况，在机构设置和定岗定员方面更注重扁平化管理，提升管理效能。

3. 商业类企业定岗定员管理

商业类企业经营范围和业态差异大，市场影响因素复杂多变，主要运用同业比较法结合劳动量计算法、流程业务分析法进行定岗定员，在实际工作中采取一企一策定岗定员管理方式。

相关链接

某交通建设类企业定员定岗管理规定

（五）岗位说明书编制

编制岗位说明书要明确工作内容和工作规范，根据需要设定内容，一般包括岗位基本信息、主要工作职责、任职资格等，也可增加沟通关系、权责范围、工作环境等内容，企业可在实践中灵活把握。

相关链接

某企业岗位说明书模版

二、岗位序列规划

岗位序列是工作内容相近，业务领域相同或相近岗位组成的集合，属于横向分类。岗位序列规划可为岗位角色匹配形成具象化条件，为企业优化人力资源调配，对岗位进行动态管理提供标准和依据，有利于建立多通道的职业发展路径，拓宽员工发展空间。如某企业根据岗位职能、工作内容、人员匹配条件等因素，将全部岗位分为管理、专业技术、操作、勤务四个序列，每个序列又分为若干岗位层级，形成岗位序列管理体系，见表1-7。

表1-7　某企业员工岗位序列管理体系

岗位层级	岗位名称			
	管理序列	专业技术序列	操作序列	勤务序列
23级	部长			
22级	副部长			
21级	业务经理	高级专家		
20级	业务副经理	专家级 业务专家		
19级		高级主管		
18级		主管级 业务主管		
17级		高级主办		
16级		主办级 中级主办		
15级		初级主办		

续表

岗位层级	岗位名称						
	管理序列	专业技术序列		操作序列		勤务序列	
14级		专员级	中级专员	主管级	高级操作主管		
13级			初级专员		操作主管		
12级				主办级	高级操作主办		
11级					中级操作主办		
10级					初级操作主办		
9级				专员级	中级操作专员		
8级					初级操作专员		
7级						主管级	高级勤务主管
6级							勤务主管
5级						主办级	高级勤务主办
4级							中级勤务主办
3级							初级勤务主办
2级						专员级	中级勤务专员
1级							初级勤务专员

三、岗位层级规划

岗位层级指企业对工作权限的分层或分级管理，体现岗位价值，属于纵向分类。企业可通过职级职务、专业知识、胜任能力、工作经验、贡献价值、行业领域影响力等来规划员工岗位层级。如某企业专业族、营销族和技能族下属的各岗位序列由低到高划分为五个等级，为员工提供职业晋升发展通道。某企业员工岗位层级管理体系见附录案例 5。

四、岗位名称规划

岗位名称是岗位角色的称谓，用以明确岗位事由及职责。岗位名称规划时需要综合考虑匹配度、区分度、员工接受度等因素。有效的岗位名称能够起到激励员工和有利于业务开展等积极作用，企业会针对不同岗位序列和岗位层级设计相应的岗位名称。

第四节　人力资源规划制定与实施

人力资源规划的制定与实施是一个系统且复杂的过程，本节从企业人力资源供需关系平衡的角度切入，阐述企业人力资源规划的制定过程、落地实施的要求及保障性措施；同时，为保障实施效果，对人力资源规划开展动态评估。

一、人力资源规划制定

企业人力资源规划的制定应基于对企业内外部人力资源供求关系现状的分析，对企业现阶段及未来人力资源需求进行科学预测，是为实现供求关系平衡而制定的人力资源总体规划和各项辅助性、具体化的业务规划。人力资源规划制定流程如图 1-1 所示。

（一）人力资源规划的目的

人力资源规划的目的是帮助企业在需要的时间和岗位上获得合适的人员，助力企业发展战略实现。

某交通企业在其"十四五"战略规划中指出：以"发展交通，服务社会"为使命，聚焦主责主业发展，发挥资源能力优势，构建上下一体、横向协同、产融结合的，以交通基础设施投资建设及运营为核心，高速公路铁路项目建设产业链、运营产业链、土地开发与经营产业链，科技信息提升、资源开发与贸易提升、智慧物流提升的"1 核 3 链 3 提升"产业发展布局，到 2025 年，企业业务板块布局优化完成，各业务板块在细分领域均具较强市场竞争力。

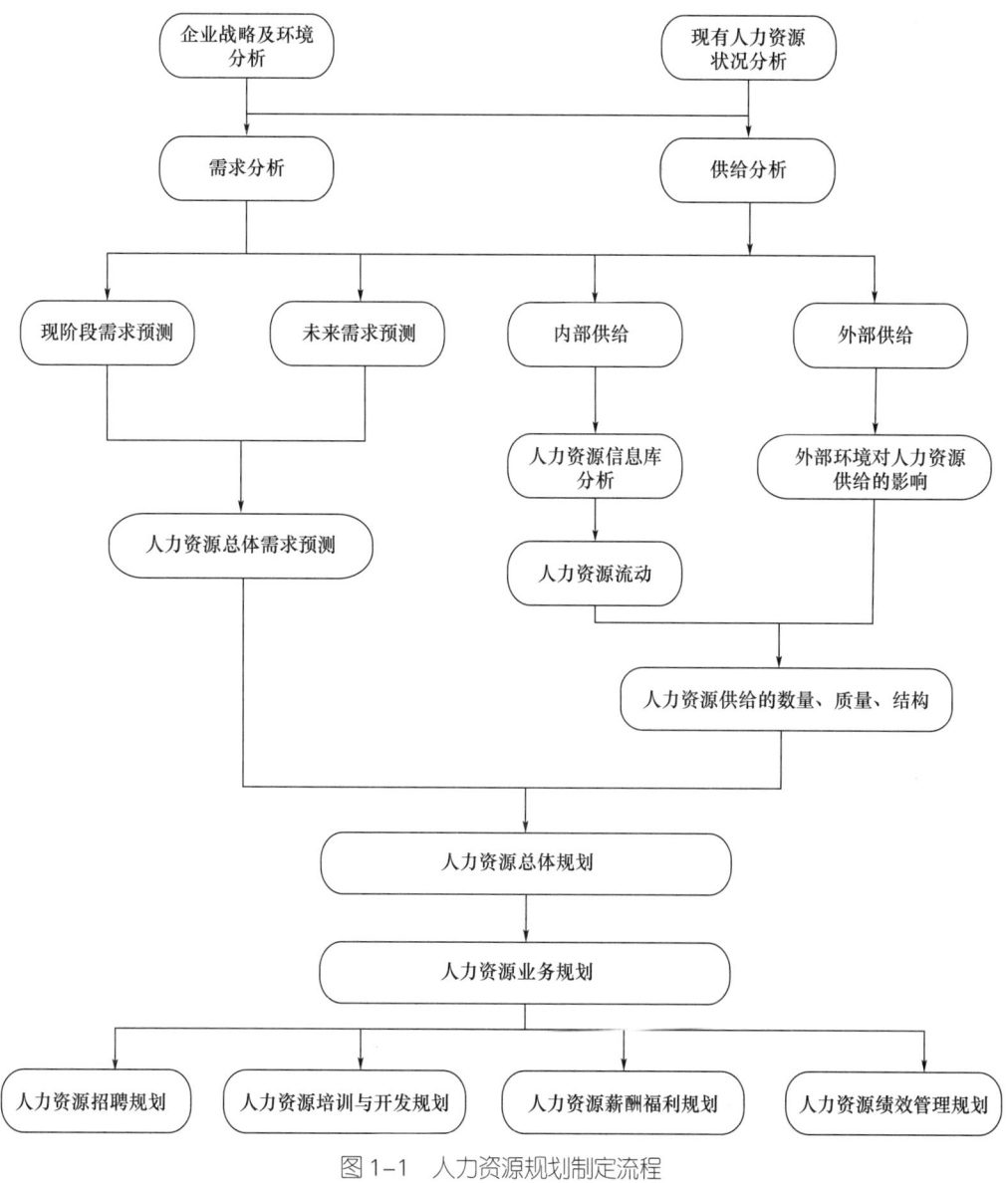

图1-1 人力资源规划制定流程

该企业为实现其"十四五"战略规划，制定了人力资源规划总目标：培养和造就规模适度、结构优化、布局合理、素质优良的人才队伍，人才布局与调整产业结构、转变发展方式相协调，人才效能与企业效益同步提高；人才发展体系建设日臻完善，人才成长环境进一步优化，人才工作满意度逐年提高，在交通科技、商贸物流、房地产开发、锰矿开采及深加工、金融等方面确立人才集聚和竞争比较优势。

（二）人力资源现状分析

人力资源现状分析包括两个方面：一是对企业内部人力资源现状的盘点、整理、调查和分析，了解和掌握人力资源供给状况，明确员工学历结构、技能结构、年龄结构及岗位结构等；二是企业外部人员的供给量分析。前者是人力资源分析的重点，体现了企业人力资源存量具体状况，后者可为企业实施外部招聘提供参考。

1. 内部人力资源现状分析

内部人力资源是企业未来人力资源的主要来源。对企业内部人力资源进行盘点分析需要把握以下三个重点。

（1）对照企业组织机构及定员需求，掌握现有人力资源满足调配需求的情况及因人力资源流失需采取招聘补充的情况。

（2）分析企业内部人力资源存在的问题，人力资源结构与产业发展需求是否匹配、人才梯队是否合理等。

（3）盘点内容除员工学历、技能及年龄结构外，还要考虑员工队伍的稳定状况，具体包括如下内容：

1）员工基本信息。年龄、性别、政治面貌、籍贯、教育经历、专业技术水平等。

2）员工工作履历。工作过的单位及部门、任职情况等。

3）员工绩效薪酬情况。历年的绩效考评情况及奖惩情况、薪资情况等。

4）企业人力资源流动情况。一定时期内流动员工数与员工总数的比例，可用离职率来体现。适当的流动可保持企业员工队伍的活力。

2. 外部人力资源状况分析

企业外部人力资源状况是企业所处的宏观环境对企业人力资源所产生的影响。宏观经济形势好，失业率低，外部人力资源供给小于需求，招聘补充人员困难；宏观经济形势不好，失业率高，外部人力资源供给大于需求，招聘补充人员容易。

（三）人力资源需求预测

人力资源需求预测是在人力资源分析的基础上，根据企业发展战略，对人力资源数量、质量和结构进行科学预测。

1. 根据组织机构定员和人员盘点情况，确定人力资源需求

通过对现有人力资源数量、质量及结构的统计分析，对比企业组织机构定岗定员的空缺情况，计算出实际的人力资源需求。

2. 结合企业一定时期发展战略，预测未来人力资源需求

根据企业发展战略变化不断调整机构设置及机构定员编制方案，可测算出未来一定时期内人力资源需求量。随着科技不断发展，企业人力资源需求也会受到直接影响。如在高速公路运营行业，随着收费模式的转变，一线收费人员需求会减少，对技术型人员的需求则会增加，一些新岗位也将出现。

3. 通过对退休人员和离职人员的统计，预测人力资源未来流失率

将上述实际人力需求、未来人力需求及离退人员进行汇总，可得到企业人力资源需求预测。

（四）人力资源规划制定要求

人力资源规划不仅要解决人力资源存在的问题，且要指导建立长期、科学的人才引、育、用、留开发机制，推动人力资源效能提升。

1. 人力资源中长期规划

明确阶段性目标和任务，提出主要措施及相应的实施保障机制。

2. 人力资源招聘规划

根据人力资源规划，在人力资源现状分析及需求预测的基础上，按满足现阶段工作需要及未来可预计性需求，通过逐步优化人力资源整体结构配置策略来制定招聘规划，实现人力资源年龄、性别、知识、专业结构等方面的合理配置，满足人才结构动态均衡发展的需要。

3. 绩效考核规划

绩效考核是人力资源管理的重要内容之一，分为企业考核和员工考核。企业考核应构建年度企业经营业绩考核与任期考核相结合的考核体系；员工考核应构建业绩成效、行为能力、人岗匹配度的考核体系，全面量化绩效考核指标，根据企业经营状况的具体特征选择最有效的考核方式。绩效考核规划中要设置绩效考

核申诉程序，保证考核结果的公正性。

4. 培训与开发规划

企业应构建人才甄别、培训与开发体系，通过针对性和系统性的培训提升员工工作能力，激发工作潜能，优化人才素质结构，实现员工与企业的共同成长。

5. 薪酬福利规划

薪酬福利规划对激发企业活力、促进企业战略目标的实现具有重要意义。企业构建科学完善的薪酬福利体系，不仅有利于吸引和留住人才，还能起到重要激励作用，提高工作满意度，激发工作创造性。

二、人力资源规划实施

企业依据人力资源规划落实具体内容的过程即人力资源规划实施，实施过程中需要根据环境改变不断修正和完善规划，保证人力资源规划的实施效果。

（一）建立人力资源规划组织领导机构

根据管理层级的不同，人力资源规划组织领导机构可由人力资源规划管理委员会和人力资源管理小组组成。人力资源规划管理委员会由企业领导及各部门负责人组成，主要负责人力资源战略性、总体性规划的研究及审核，保证人力资源规划与企业发展战略相统一。人力资源规划管理小组一般设人力资源管理部门，负责人力资源规划的执行工作，定期召开会议，沟通人力资源规划的执行情况和存在的问题，及时纠正偏差。出现紧急情况或突发状况时，管理小组可组织召开临时会议，商讨对策。

（二）构建人力资源管理制度体系

人力资源管理制度体系是人力资源规划实施的重要保障。为确保人力资源总体规划及各项业务规划的贯彻落实，在实施时需构建起具有可操作性的人力资源管理制度体系，并不断修正，使各项工作有章可依，实现企业管理工作制度化、规范化和标准化。

（三）保障性措施

1. 提升人力资源信息化

推动人力资源信息化建设、智慧化管理，建立数据库分析系统，逐步实现大数据应用，提高数据分析的科学性、及时性和准确性，提升工作效能。建立健全人力资源统计和定期发布预警制度，进一步优化人力资源规划的管理。

2. 建设优秀企业文化

通过企业文化建设提高员工归属感和认同感，引导员工将个人发展与企业发展相结合，促使其发挥自身潜能，把工作外在动机转化为内在动能，持续提高工作效率。切实关心关爱员工，开展丰富的文化活动，满足员工精神需求。

3. 建立高水平人力资源管理队伍

实行严格的人力资源管理从业人员准入制，在企业内部实施"持证上岗"制度，将人力资源管理业务细化为各个板块，分别开展业务考试，通过考试者才能从事人力资源工作。抓好人力资源从业人员的培训，从实际业务需求出发，通过内外部专家授课等方式，提升人力资源管理从业人员的专业能力。

三、人力资源规划评估

对于任何一项发展规划来说，评估和掌握规划的结果是否与组织的整体战略和愿景相一致是重要且必要的。评估机制不仅限于规划执行后，还应贯穿执行前和执行中的整个过程，以确保规划的可行性和有效性。人力资源规划也不例外。

（一）人力资源规划评估的含义

人力资源规划评估是指企业在人力资源规划实施过程中，通过收集、分析和利用相关数据，对人力资源规划实施效果进行评估，并将评估结果作为修正并优化人力资源规划的重要依据，提高人力资源规划准确性和有效性。

（二）人力资源规划评估必要性

1. 适应环境变化的需求

信息技术的普及、市场竞争的加剧、企业战略的调整等因素，都会对企业的经营发展产生影响，也会对企业人力资源规划提出新的要求。企业需对人力资源布局进行更加精准科学的设计，以适应市场环境的变化。

2. 适应人才市场变化的需求

随着人才市场的变化，人才供需矛盾、人才流动等因素都会对人力资源规划产生影响。面对人才供需矛盾，企业需重新评估人才需求和人才培养，注重人才选育留用；面对人才流动，企业需不断调整人力资源规划，以满足企业的发展战略需求。

3. 检验人力资源规划有效性

人力资源规划是基于对未来人力资源状况的预测而制订的工作计划，存在一定时效性，不可避免与现实产生偏离的情况。通过对人力资源规划进行评估，企业可及时掌握规划与预期的偏差度，检验规划有效性和可行性，及时优化调整、合理配置企业人力资源，改进人力资源管理工作，提高资源调配效率，降低企业运营成本。

（三）人力资源规划评估流程

人力资源规划评估坚持过程管理与定期评估相结合，既要定期考察规划方案实施效果，形成评估报告，又要对实施过程中发现的偏差进行及时修正，提高人力资源管理效率，不断完善规划方案。人力资源规划评估有多种方法，这里介绍常用的调查分析法和关键指标法，相关评估流程如图1-2所示。

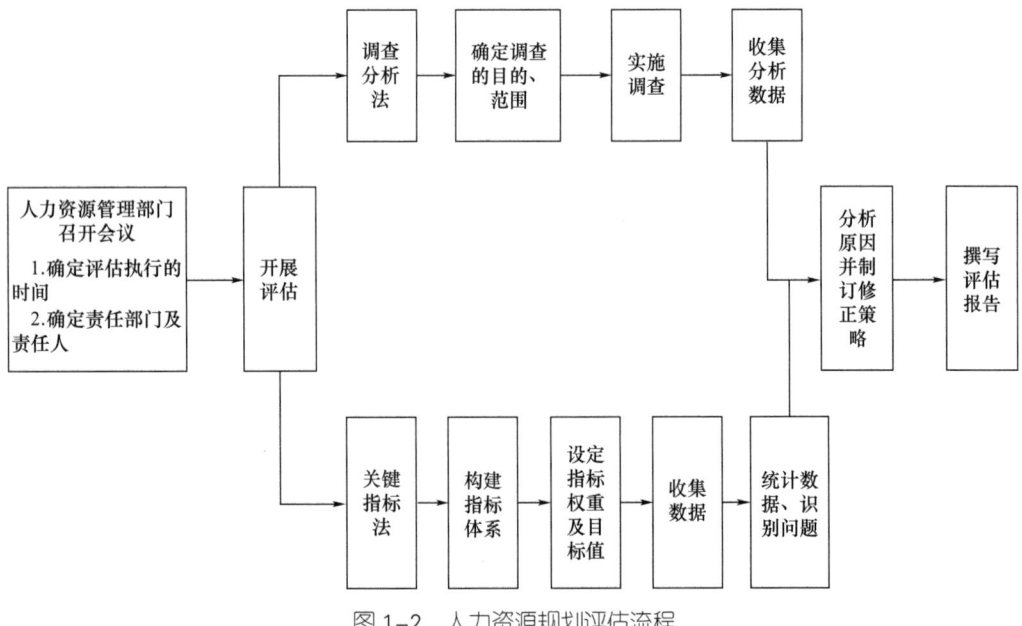

图1-2　人力资源规划评估流程

人力资源规划管理部门或领导小组召开会议，要讨论规划评估必要性、评估开展时间及方法，确定执行评估的责任部门及责任人，并由责任部门及责任人根据评估数据撰写评估报告，提交人力资源规划管理部门研究，最后提交人力资源管理委员会审议。审议通过后，提交规划实施责任人具体执行。为保证评估实施效果，需对相关员工进行培训，说明评估背景、目的和具体内容，确保员工顺利执行。在执行过程中需进行监督，及时发现问题并解决，确保达到预期效果。

1. 确定评估执行时间

评估执行时间应采用定期与非定期相结合的方式，考虑多个因素以确保评估的有效性和及时性。

（1）与企业战略规划周期相适应。人力资源规划评估应与企业战略规划周期相适应，如企业每三年进行一次战略规划，人力资源规划也应每三年评估一次。除与企业战略周期相适应外，人力资源规划评估也应定期进行，如每1~2年进行一次，这有助于及时发现并解决问题，确保人力资源规划始终与企业实际需求相一致。

（2）在预算制定前进行评估。在预算制定前进行评估，确保人力资源预算与企业战略目标和业务需求相匹配。评估结果可为预算制定提供有力支持，确保资源合理分配。

（3）发生突发性变化时进行评估。因有关政策变化、社会突发性事件、技术革新等带来突发性变化时，要进行非定期评估。如企业因政策原因经历重大业务变革、合并、收购或新项目启动，应及时进行人力资源规划评估。企业合并也是人力资源合并，是人力资源各项实施策略的合并，因此人力资源规划实施也需作相应调整，综合考量突发性变化对人力资源需求产生的影响。

2. 实施评估并制定修正策略

采取定性、定量相结合的评估方式，对人力资源规划实施效果进行全面、客观评估，并根据评估结果制定修正策略。

（1）调查分析法。调查分析法作为人力资源规划评估的一种定性研究手段被广泛应用，分为外部调查分析及内部调查分析。外部调查分析是指与行业内竞争企业或同性质企业进行比较，有助于企业清晰认识在人力资源规划方面的优劣势，为企业制定针对性改进策略提供有力支撑。内部调查分析系统收集和分析不同管理层级员工和其他利益相关者的观点和反馈，进而评价人力资源规划实际效能。调查分析法流程如图1-3所示。

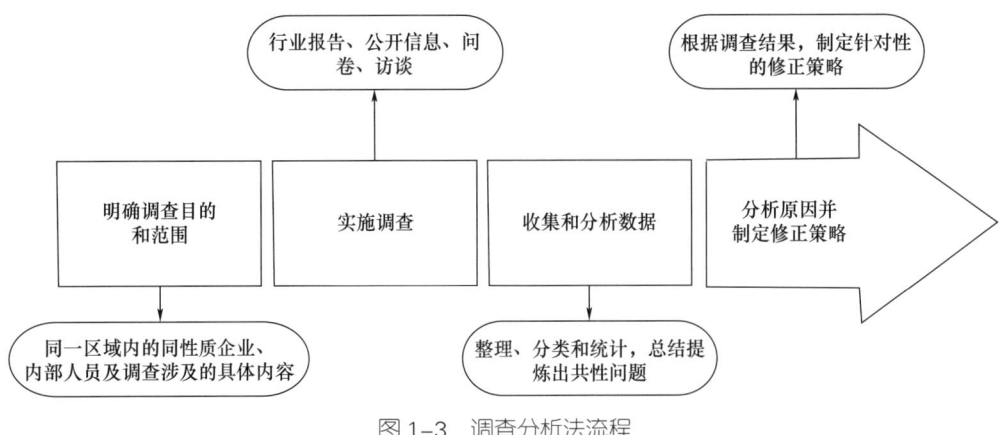

图 1-3　调查分析法流程

1）明确调查目的和范围。调查目的可为评估人力资源规划实施效果、对比行业同性质企业差异化及了解员工对人力资源规划看法等。调查范围包括外部调查同一区域内的同性质企业、内部人员（如全体员工、特定部门员工、管理层等）及调查涉及的具体内容。

2）实施调查。外部调查可通过行业报告、公开信息等途径，收集有关企业在人力资源规划方面的数据。内部调查可随机从不同部门、不同岗位中按比例抽取员工进行调查。内部调查时可设计相应的调查问卷或访谈大纲，调查问卷应涵盖关键性问题，主要包括企业人员结构、组织结构、人员配置、岗位及定员编制、人才开发效果、薪酬激励等，全面收集被调查者意见和建议。在此过程中需确保调查公正性、客观性与保密性。

3）收集和分析数据。对调查数据进行整理、分类和统计，分析与同行业企业之间的差异，探究差异原因。识别企业在人力资源规划方面的优劣势，分析内部调查数据中的关键信息，评估人力资源规划实施效果，总结提炼共性经验和问题，作为下一步人力资源规划调整方向。

4）分析原因并制定修正策略。将改进措施纳入人力资源规划后续工作，确保规划有效实施。如发现员工流失率在行业内偏高，可调取离职人员离职访谈记录或电话回访，综合分析离职原因；如内外部调查均体现薪酬水平低，则应分析薪酬分配机制是否需要完善。将调查分析结果反馈给相关人员，共同讨论改进措施，达成共识。在操作过程中，要注意保护被调查者隐私和权益，确保调查过程合法合规。

调查分析法虽能收集到大量员工意见和反馈，但也可能受样本选择、回答偏见等因素影响。在分析结果时，需综合考虑各种因素，确保评估结果准确可靠。

（2）关键指标法。关键指标法通过确立并衡量一系列关键绩效指标，有效评价人力资源规划实施成效，有助于企业聚焦核心要素，迅速识别潜在问题，制定针对性改进措施。关键指标法流程如图1-4所示。

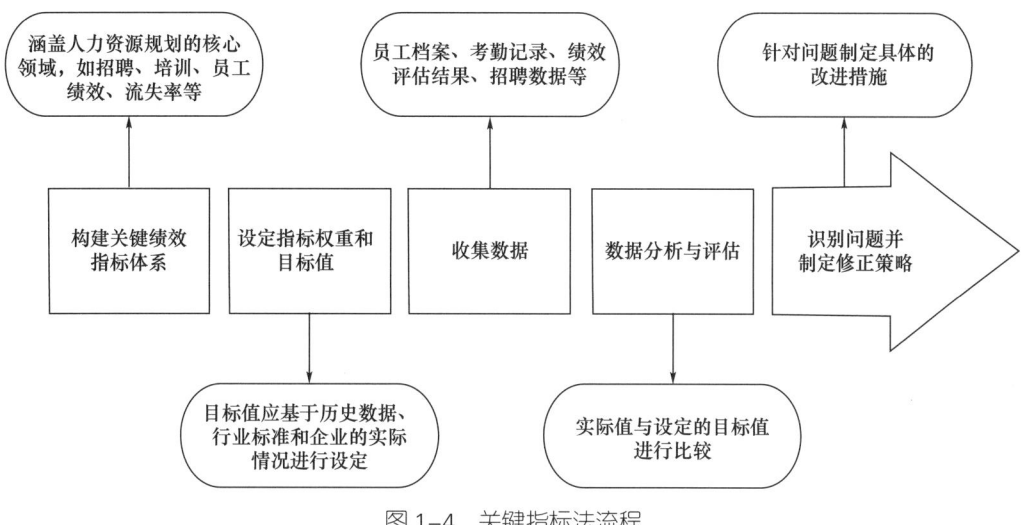

图1-4 关键指标法流程

1）构建关键绩效指标体系。根据企业战略目标、业务需求和人力资源规划具体内容，确定一系列关键绩效指标。指标应涵盖人力资源规划管理内容，确保所选指标具有可衡量性、相关性和可达成性，准确反映人力资源规划实施效果。

2）设定指标权重和目标值。根据各指标的重要性设定指标权重，体现不同指标对人力资源规划整体效果影响程度；指标应基于历史数据、行业标准和企业实际情况设定合理目标值。

3）收集数据。通过各种途径收集与关键绩效指标相关的数据，包括员工档案、考勤记录、绩效评估结果、招聘数据等，确保数据准确完整，便于后续分析评估。

4）数据分析与评估。整理分析收集的数据，计算各关键绩效指标实际值；比较实际值与目标值，分析差距和原因；结合指标权重，综合评价人力资源规划整体效果。

5）识别问题并制定修正策略。根据数据分析结果，识别人力资源规划存在的问题和不足，并制定具体改进措施。

关键绩效指标的选择和设定应根据企业实际情况进行灵活调整。在评估过程中要保持客观公正的态度，避免主观偏见对评估结果的影响。

3. 撰写评估报告

评估报告用于对人力资源规划实施效果进行全面、客观阐述，包括数据分析结果、存在问题、下一步工作计划等内容。

（四）持续评估优化

人力资源规划完成评估后，又进入下一个实施、评估循环过程。此循环的目的既是检查评估方案是否合理，又是对新发现的问题再次进行修正。在循环修正过程中，除修正偏差、弥补不足外，还要注意将具有普适性的环节、人力资源规划内容制度化、常态化。循环修正的过程没有终点，只要企业所处的环境在改变，人力资源规划的循环修正就将持续进行。

本章附录案例请扫二维码查看

第二章
人事管理

企业人事管理是指企业通过招聘、录用、晋升发展、内部调配和退出等组织协调的管理活动,将企业员工匹配到适合的岗位进行工作,进而充分发挥企业员工的潜能,实现企业发展的目标。

第一节 招聘管理

招聘指企业为持续发展,按工作需要和人力资源规划要求,通过选拔程序招募专业匹配度高、业务能力强的人员到企业相应岗位工作的行为。招聘是企业面向社会提供就业岗位,在社会或各大院校以公开方式招聘人才的方式。招聘流程包括招聘需求分析、制订招聘计划、准备招聘物资、发布招聘信息、筛选应聘者简历、组织招聘笔试和面试、招聘效果评估等环节。

一、制定招聘方案

企业人力资源部门收到各用工部门提出的人力资源需求后,根据企业内部人才供给情况制定招聘方案,方案需明确招聘的渠道、方式、人数、条件和时间。

（一）招聘需求分析

企业人力资源部门根据企业发展规划和各部门、下属企业报送的人力资源需求，综合业务拓展、人员流动等因素，对人力资源需求进行测算分析。

1. 收集招聘需求

企业用工部门在定员职数范围内向人力资源部门提出需求，人力资源部门审定招聘计划的岗位和职数，提交党组织会议审定，通过后实施招聘。

2. 研判岗位招聘条件

企业人力资源部门将计划开展招聘的岗位与岗位说明书进行招聘条件初始匹配，从政治素质、年龄、专业、资历等方面设置招聘条件。

3. 确认招聘信息

企业人力资源部门根据研判结果制订招聘需求计划，经企业领导审批通过后，将招聘信息通知各部门及下属企业，并将招聘计划审批材料留在本部门备案。

（二）招聘渠道和方式选择

企业常见的对外招聘可分为社会招聘、校园招聘、政府平台招聘、猎头招聘等，既可选择单一渠道，又可选择多种渠道结合进行招聘。

1. 社会招聘

企业社会招聘的人员会对从业经历、专业技术资格等有一定要求，区域范围可根据实际工作确定。社会招聘的优势是招聘范围广，招聘人员来源广泛，利于选拔人才；劣势是求职人员多，企业招聘工作量大。

2. 校园招聘

企业定期会到学校开展校园招聘，校园招聘的对象是应届毕业生。校园招聘的优势是针对性强、招聘录用成功率高；劣势是人员入职后需要进行培训，增加了培训成本。

3. 政府平台招聘

政府平台招聘是企业对外招聘的一种补充方式，是当地政府或相关部门组织的招聘。此类招聘方式与企业社会招聘方式相似，优势是有政府部门主导和宣传，能扩大企业招聘的影响力；劣势是此类招聘方式受主办方宣传力度影响，存在一定局限性。

4. 猎头招聘

猎头招聘是指企业与猎头公司合作，由猎头公司向企业推荐人才，企业从中选拔合适人才的方式。猎头招聘主要用于招聘高层次人才，优势是针对性强，人才到位快，与企业需求匹配度较高；劣势是招聘成本高。企业采用猎头招聘方式时，需清楚了解猎头公司招聘人才的过程，并对目标候选人选用进行跟踪，确保达到招聘效果。

（三）招聘工作组组建

企业招聘要组建招聘工作组。招聘工作组由人力资源部门和用工部门代表组成。人力资源部门负责招聘各环节的推进实施，用工部门主要作为评委参与到招聘的考试和面试环节。招聘工作组要选拔政治素质高、沟通协调能力强、专业知识丰富的人员参加。

（四）招聘成本预算

企业开展招聘活动需编制招聘成本预算，结合预算要求选择适当的招聘渠道和方式。

企业在制定招聘方案过程中，除了上述的内容，还需要结合企业实际考虑各种因素。某企业宣传岗位招聘方案见附录案例6。

二、招聘实施流程

企业开展招聘工作应编制招聘方案、发布招聘信息、准备招聘物资、安排招聘行程。

（一）发布招聘信息

企业人力资源部门选择合适的渠道和方式发布招聘信息，接受应聘者报名。

招聘信息可以制作成电子海报在信息平台上发布，也可以制作成招聘手册、易拉宝等在招聘现场发放、展示。

招聘信息要将企业简介、招聘岗位及人数、工作地点、应聘条件、待遇、福利、应聘方式、联系方式通过企业官网、广播、报纸等媒体媒介完整对外公布，周期至少1个月，让应聘者有足够的时间选择和报名。某企业招聘启事见附录案例7。

（二）审查应聘者信息

报名截止后，企业根据岗位招聘条件对应聘者进行资格审查。企业通过核查应聘者填报的年龄、政治面貌、学历、专业技术资格、从业经历等与职位需求是否匹配，剔除不符合招聘条件的人员。审查信息时还应甄别应聘者提供材料和信息的真实性。核查应聘者提供的佐证材料后仍无法消除疑问的，可在应聘者的简历信息中做出标记，在面试或背景调查环节中予以确认。

（三）考试与面试

企业向通过简历筛选的应聘者发出通知，开始进入招聘考试和面试评价环节。

1. 招聘考试

企业通常把招聘考试前置在面试评价之前，应聘者需先通过企业招聘考试才能进入面试环节。招聘考试的形式分为纸质考试、线上考试、现场模拟实操考试等；考试内容包含知识测试、技能测试、性格测试等。纸质考试和线上考试一般为闭卷考试，企业根据考题设置考试时间；现场模拟实操考试需提前布置实操考场、准备实操设备，并安排考评员现场评分。

2. 面试评价

企业招聘面试评价是企业了解应聘者知识、技能、操作水平能力的主要方法。面试开始前，需提前布置面试环境，确定面试评委，设计面试评价维度，准备面试题目。面试评委一般由人力资源部门、用工部门、行业专家等组成，如招聘人员是中高级管理人员，还应有企业领导参与。某企业招聘面试评价内容见附录案例8。

三、招聘效果评估

企业招聘活动结束后，应对本次招聘效果进行评估和分析。评估内容包括招聘质量、招聘费用等。招聘质量包括招聘人员是否满足用工部门的空缺职位补充需求，以及用工部门对招聘人员的满意程度；企业要对新入职员工的品德、态度、行为和工作表现进行跟踪，了解用工部门对员工表现的反馈。招聘费用指招聘投入的成本，包括招聘人工物料成本、交通食宿成本、场地租赁成本等。企业人力资源部门需核算本次招聘实际支出，并与招聘预算做对比，把招聘成本分析结果作为下一次招聘实施的参考，通过选择最优渠道，以最低成本实现招聘人员效果最优化。企业通过跟踪招聘质量，计算招聘成本获知本次招聘投入和产出的效益，评估出人员补充效率更快、费用更低、招聘质量更高的招聘方式，为下一次招聘活动开展积累经验。

第二节 录用管理

录用环节是企业与员工双方建立合作关系的开始。企业开展录用工作主要包括录用前筹备与审核、录用流程执行与管理、新员工入职初期管理与培训等环节，旨在全面、客观、准确评价录用员工的整体情况，招录符合岗位要求人才。

一、录用前筹备与审核

入职审查是录用工作的第一步，通过审查拟录用员工的教育背景、劳动关系、竞业限制、健康状况等信息，提升招聘的精准度和有效性，规避潜在风险，建立企业与拟录用员工之间的信任关系，降低企业招聘成本。

（一）基本信息审核

基本信息审核主要是通过标准化的表格收集拟录用员工的身份、学历、技能、资格、工作经历以及其他信息，以便为后续的合规性审查和背景调查提供依据。一般企业会要求拟录用员工填写信息登记表（见表2-1），准确收集拟录用员工个人资料。

（二）合规性审查

合规性审查是录用前不可或缺的环节，主要包括对劳动关系、竞业限制及健康状况的审查，用于避免潜在的法律风险。其中，审查拟录用人员的劳动关系和竞业限制，有助于企业了解拟录用员工的工作经历及潜在的法律约束，从而做出正确的录用决策。

1. 劳动关系审查

拟录用员工入职前，应开展劳动关系审查，避免未解除劳动关系的人员进入企业，规避法律风险。依据《中华人民共和国劳动合同法》，企业若聘用与其他用人单位尚未解除或终止劳动合同的员工，并因此给其他用人单位构造成损失的，企业应承担连带补偿责任，增加企业法律风险。为确保企业稳健运营和员工合法权益，招聘过程中应重视劳动关系审查，并严格遵守相关法律法规。

表 2-1　某企业拟录用员工信息登记表

姓名*		性别*	
出生地*		出生日期*	
证件类型*		证件号码*	
证件详细地址*		民族*	
籍贯*		现居住地地址*	
家庭住址*		参加工作日期*	
婚姻状况*		政治面貌*	
政治面貌加入日期		身高（cm）*	
健康状况*		是否应届毕业生*	
个人爱好特长		现工作单位或就读学校*	
所在部门*		现任职务（岗位）*	
紧急联系电话*		紧急联系人*	
是否有资格类证书*		专业技术职称	
专业技术资格获得日期		职业资格*	
职业资格获得日期		职业技能等级	
职业技能等级取得日期		人事档案所在地	

注：带 * 的为必填项目。

2. 竞业限制审查

竞业限制审查能帮助企业了解员工竞业约定，预防法律纠纷。通过审查，企业可及时发现并解决潜在法律问题，有助于培育企业的合规文化，提高员工法律意识，维护企业声誉。为确保审查效果，企业可引入专业法律顾问团队，并建立相应的管理制度。

3. 健康状况审查

企业应依据岗位特性制定体检流程，精准掌握拟录用员工健康状态，确保其身体状况符合要求。通过入职体检，企业可全面了解拟录用员工的身体状况，及时发现潜在的健康问题，为拟录用员工提供必要的健康指导和建议，促进员工健康管理和疾病预防。入职体检也是企业履行社会责任、保障员工权益的重要体现，有助于构建和谐稳定的劳动关系。企业应全面、客观分析体检数据，评估体检结果是否符合岗位要求。在处理敏感体检信息时，企业应遵守法律法规，保护拟录用员工隐私。

（三）背景调查

背景调查是对拟录用员工教育背景、工作经历及专业技能等方面的核实与评估，通过背景调查，企业能更准确地评估拟录用员工是否具备胜任工作的能力和素质。背景调查还能揭示出拟录用员工是否存在不良记录，从而避免录用风险，保障企业的利益和声誉。

1. 背景调查的对象

拟录用员工，尤其是涉密、涉钱、涉高职位候选人。对于涉密职位的拟录用员工，若其背景复杂、存在潜在的安全隐患或不良记录，未经调查便予以录用，将直接威胁到企业的信息安全和机密保护，甚至引发重大的信息安全事故。对于涉及财务、资金管理的拟录用员工，若其道德品质、职业素养或专业能力存在问题，未经严格审查便上岗，将导致企业资金管理不善、财务风险增加，甚至引发贪污腐败等违法违纪行为。对于高级管理职位的拟录用员工，若其背景、经验或能力不符合岗位要求，未经全面评估便委以重任，将导致企业决策失误、管理混乱，影响企业的市场竞争力和可持续发展。

2. 背景调查的方式

对于有工作经验及在校的拟录用员工可分别到现（原）工作单位、所在学校开展实地调查或电话访谈，通过对单位直属领导、部门同事及学院领导、班级负责人、同班同学等进行访谈，掌握拟录用员工的基本情况。对于直接面向公众或代表企业形象的职位拟录用员工，如市场营销、公关、品牌管理及高级管理等岗位可通过社交媒体进行调查。

3. 背景调查的内容

（1）教育背景。核实拟录用员工的学历和学位信息，包括就读学校、入学时间、毕业时间、所学专业等；查询拟录用员工的成绩单，了解其学术表现和专业水平；验证拟录用员工是否获得学位证书和毕业证书。

（2）工作经历。核实拟录用员工的职业履历，涵盖其所服务的企业名称、担任的职务以及工作期限等资料；与现（原）用人单位联系，了解拟录用员工在职期间的工作表现、能力和职业素养;核实拟录用员工所负责的工作和业绩,以及其在团队中的角色和贡献。

(3)专业技能与任职资格。核实拟录用员工是否具备相关专业技能和知识;核实拟录用员工是否获得相关职称证书或职业资格证书;拟录用员工在专业领域内的培训和学习经历,评估其持续学习和发展的潜力;其他特定岗位需要背景调查的内容,如无犯罪记录证明、法律纠纷等。

4. 背景调查的流程(见图2-1)

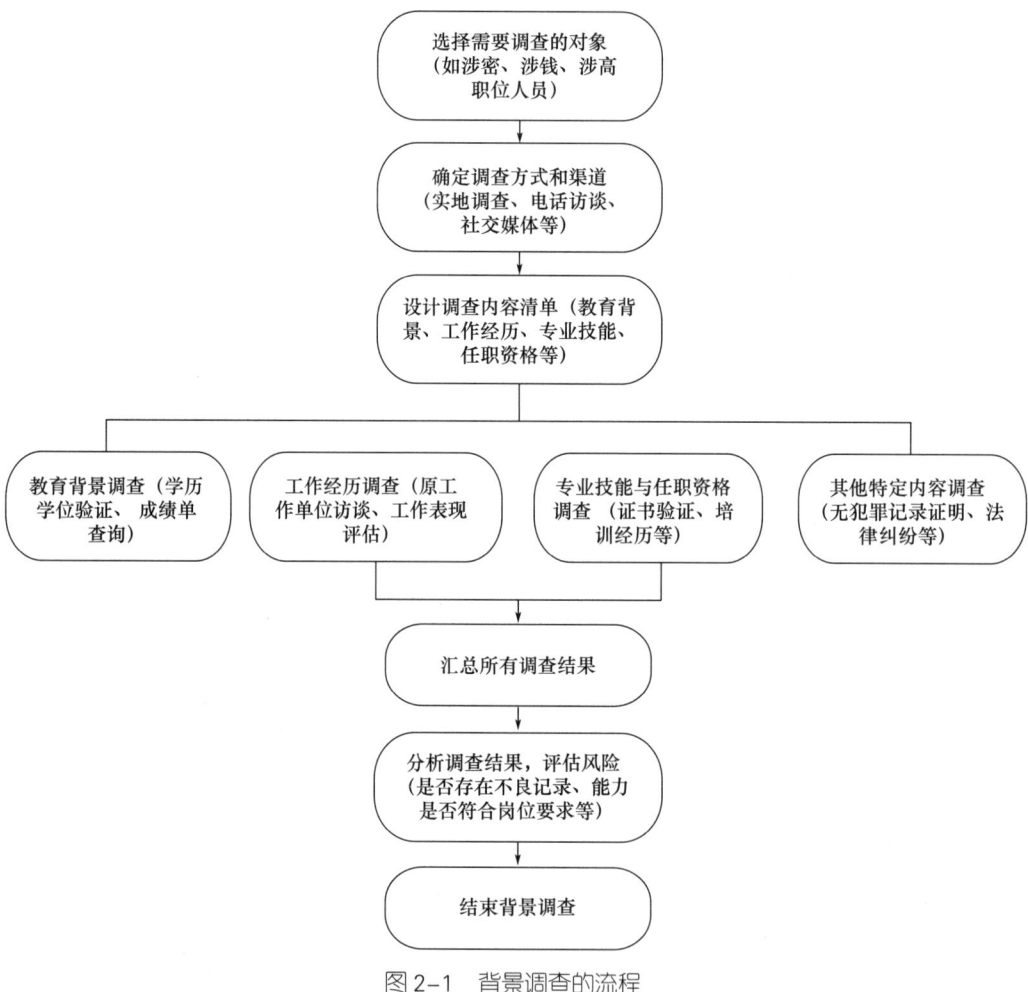

图2-1 背景调查的流程

5. 背景调查结果的评估

企业根据调查结果对拟录用员工的学历资质、工作表现、专业技术能力、个人信誉等条件进行分析评估,将评估结果作为是否录用的依据之一。

二、录用流程执行与管理

录用流程执行与管理是录用管理的核心环节,在这个过程中,企业与新入企员工要保持良好的沟通,明确岗位职责、薪酬待遇、工作时间等关键信息,确保双方都有清晰的期望和认知。

(一)入职通知与手续办理

入职通知与手续办理是新入企员工正式加入企业的第一步。通过清晰明了的入职通知和细致周到的手续办理流程,为新入企员工提供一个温馨、有序的入职体验。这一过程包括发放录用通知、办理入职手续及发放入职引导单等关键环节。

1. 发放录用通知

企业设计录用通知时应确保内容清晰准确,包括入职部门、岗位、地点等相关事宜,避免可能出现的争议。企业可选择电子邮件、快递寄送或当面送达等方式发放录用通知。某企业录用通知见附录案例9。

2. 办理入职手续

(1)员工入职管理流程。新入企员工入职流程包括发出接收通知、下达录用人员分配通知、反馈录用人员安排、办理入职手续、报到就职、录入系统信息、存档七个步骤。

(2)员工入职手续办理

1)入职准备工作。人力资源部门在新入企员工正式入职前需要完成以下准备工作:一是细致整理新入企员工个人资料,明确报到具体时间和方式,确保信息无误;二是提前告知新入企员工,携带好学历认证材料、彩色证件照、身份证及其复印件等必要资料;三是准备新入企员工所需的工作物件、入职培训指南和员工手册等资料;四是对新入企员工进行职前指导,包括但不限于对团队成员的介绍、工作流程和具体职责等事项,由新入企员工所在部门为其安排一位"入职引导人",帮助新入企员工适应工作环境。

2)入职手续办理。办理入职手续是入职过程中的重要环节,包括:指导新入企员工完成必要表格的填写工作,包括但不限于员工入职登记表、劳动合同、保

密协议等，确保双方权利义务；做好员工花名册登记、完成员工身份认证和档案建立；办理社会保险、公积金等手续。

相关链接

某企业入职管理流程表与员工入职登记表

（二）签订劳动合同

签订劳动合同是员工和企业建立劳动关系的法律凭证。劳动合同的签订和履行必须遵循《中华人民共和国劳动法》等相关法律法规和企业的有关规定。劳动合同的签订、变更、解除和终止等各个环节均需遵守法律依据，确保劳动合同在合法、公平、公正的基础上执行。

（三）员工入职报到

员工入职报到是新员工正式成为企业一员的重要时刻，规范报到流程并给予新员工引导与协助，可以帮助新员工尽快适应新环境。这一过程包括发放入职引导单（某企业新入企员工入职引导单见附录案例10）、企业文化介绍、人事档案转移、社会保险办理等环节。

三、新员工入职初期管理与培训

新员工入职初期管理与培训是企业人才发展战略中的核心环节。为确保新入企员工能够快速融入企业环境，掌握岗位技能，并为企业带来长期价值，需要制定一套严谨、系统的新员工入职初期管理与培训方案。

（一）试用期管理

试用期是企业在一定时期内考察新员工工作表现是否满足岗位需求的阶段。企业应制定试用期制度，包括试用期限和待遇，试用期内员工的权利和义务，保障双方权益。企业应与员工共同确定试用期的工作目标，设定可衡量的绩效指标，以便评估员工的工作表现。在试用期间，企业应安排定期的工作指导和反馈，提供必要的培训和资源支持，帮助员工快速适应工作。在试用期结束前，企业应对新入企员工进行试用期评估，评估员工是否达到预期工作要求，及时解决问题，促进员工成长。根据试用期评估结果,企业提出试用期考核意见,包括转正、延长试用期或终止合同,并将意见及时告知员工。在试用期管理过程中,企业应遵守相关的劳动法规和合同条款,正确处理试用期中出现的法律问题和纠纷,保障双方的合法权益。

(二)员工入职培训

员工入职培训内容可针对具体岗位和职责进行定制,具体包括企业文化与价值观、规章制度与流程、岗位职责与技能要求、团队合作与沟通技巧、安全与廉洁要求等方面内容。

第三节 员工晋升管理

企业通过建立员工晋升与发展通道可激发内部人才活力。职务晋升的路径一般分为管理晋升通道、技术晋升通道、技能晋升通道。某企业职务晋升通道如图2-2所示。

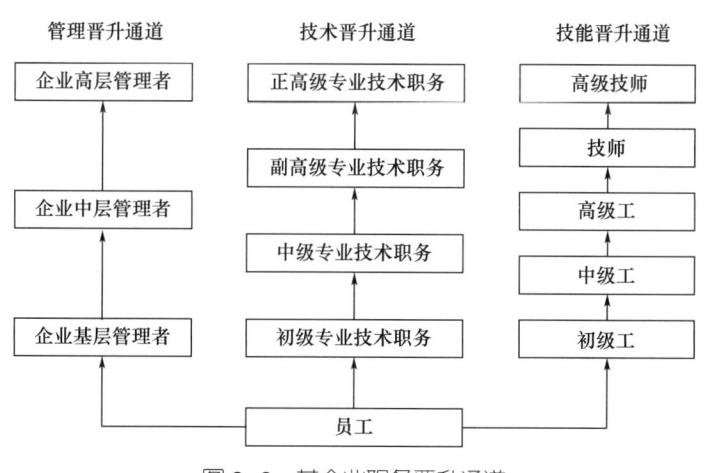

图 2-2 某企业职务晋升通道

一、管理职务晋升

管理职务晋升是企业根据人员规划、岗位设置、现有人员配置情况,通过企业内部选拔任用,让员工实现职务晋升的方式。国有企业的选人用人要坚持党管干部原则,制定好相应制度。

(一)分析研判和动议

企业组织人事部门综合平时了解掌握的情况,就选拔任用的职位、人数、条件、范围、方式、程序和人选意向等选拔内容提出初步建议,在一定范围内进行沟通酝酿,形成选拔任用方案提交企业党组织审议。

(二)民主推荐

企业选拔任用管理干部应当经过民主推荐。民主推荐包括谈话调研推荐和会议推荐,推荐结果作为选拔任用的重要参考,一年内有效。谈话调研推荐是指企业组织人事部门向谈话对象提供谈话提纲、选拔政策、人员名册等材料,向谈话对象征求推荐晋升人选意见;会议推荐是指企业党组织召开推荐会议,企业组织人事部门向参会人员介绍有关政策和推荐人选的条件,组织填写推荐表,并开展民主测评(参与民主推荐的谈话对象包括推荐人选所在部门领导成员、内设机构担任主要领导职务的人员、直属企业主要领导成员及其他需要参加的人员,根据实际情况还可以包括本企业下级单位主要领导或有关人员;参加会议推荐的人员范围可根据企业实际情况适当调整)。企业组织人事部门将民主推荐情况向企业党组织汇报,企业党组织召开会议讨论确定考察人选。

(三)考察

企业组织人事部门根据需要在一定范围内发布考察公示,通过采取个别谈话、发放征求意见表、民主测评、实地走访、查阅人事档案和工作资料等方法,广泛深入地了解考察对象情况。企业结合不同层级、不同岗位考察对象,实行差异化考察,考察范围应覆盖考察人选所在部门、直属企业主要领导成员及其他相关人员,考察谈话对象应达到一定人数。组织人事部门必须依据管理干部选拔任用条件和不同职务的职责要求,对考察对象的德、能、勤、绩、廉等方面进行全面考察,同时了解其缺点和不足,鉴别印证有关问题,对考察对象做出全面而准确的评价。

(四)讨论决定

企业党组织讨论决定管理干部任免,至少应有三分之二以上成员到会。企业组织人事部门将考察人选情况向企业党组织汇报,介绍拟任人选的推荐、考察和任免理由等情况,其中涉及破格提拔的,需要说明具体事由及上级组织人事部门反馈意见的情况。参加会议人员充分讨论后可采取口头表决、举手表决或者无记名投票等方式决定拟录用人选。

(五)任职

企业选拔管理干部实行任职前公示制度。在企业党组织讨论决定后、下发任职通知前,应当在企业一定范围内公示,公示期不少于5个工作日。公示结果无异议的,企业开展任前谈话,发布任职文件并设置一年试用期。

(六)试用期满考核

企业管理干部试用期满,经组织人事部门考核胜任现职的,正式任职;不胜任的,免去试用期职务。

(七)任职回避

国有企业管理干部通常实行任职回避制度,有下列亲属关系的,不得在同一机构担任双方直接隶属于同一领导人员的职务或者有直接上下级领导关系的职务,也不得在其中一方担任领导职务的机构从事组织(人事)、纪检监察、审计、财务工作。回避的亲属关系包括夫妻关系、直系血亲关系、三代以内旁系血亲及近姻亲关系。

二、技术职务晋升

职称是技术职务晋升的主要方式。

(一)职称管理内容

职称是指专业技术人员在企业中根据自身品德、专业知识、能力、专业技术水平、业绩成果等多方因素,结合岗位性质及业务范围,通过评定或考试取得的一种专业称号或职务资格名称。职称管理是指围绕职称取得、聘任、考核、晋升、监督等环节,进行系统、规范职称评审的统筹规划和综合管理的过程。

1. 职称体系划分

我国现行职称体系广泛应用于各类企事业单位,常见职称系列包括工程、经济、会计、教师、卫生、科学研究等,各系列职称等级划分为高级、中级、初级,其中高级包括正高级、副高级,初级包括助理级、员级。

2. 职称评审组织机构

根据《职称评审管理暂行规定》中关于职称评审综合管理和组织实施工作要求，国务院人力资源和社会保障行政部门负责全国的职称评审统筹规划和综合管理工作；县级以上地方各级人力资源社会保障行政部门负责本地区职称评审综合管理和组织实施工作。根据当前国家对职称改革"放管服"的总体思路，部分地区已将职称评审权限全部或部分下放至相应行业主管部门或符合评审条件的企业。各地区、各部门及用人单位等按照规定开展职称评审，应当申请组建职称评审委员会。职称评审委员会负责评议、认定专业技术人员学术技术水平和专业能力，对组建单位负责，受组建单位监督。

具有职称评审权限的企业可按要求成立职称评审组织机构负责有关工作。一般的职称评审组织机构构成如下：

（1）职称改革领导小组。负责组织所在企业职称申报、认定、评审、聘任等工作，指导职称评审委员会、职称审议推荐小组开展审议推荐及评审工作。

（2）职称评审委员会。不同职称系列、不同行业及专业的职称评审委员会，对委员会的组织结构、入会专家条件、数量及职责有不同要求，具体以各地区、行业相关要求为准，各地区人力资源社会保障行政部门、行业主管部门依规对各职称评审委员会进行动态监督及管理。

（3）职称审议推荐小组。职称审议推荐小组根据申报人员评审条件，就其品德、学历、资历、业绩成果、考评情况等申报材料的真实性、完整性、规范性进行审核，并履行材料审核审议、公示和推荐职责，将通过审议的申报人员推荐至上一级职称评审委员会。审议推荐小组成员可由所在单位领导、具备相应等级或高一等级职称的专业技术人员构成，审议推荐小组成员人数及构成比例以各地方文件要求为准，如组织内无具备资格的专业技术人员，可邀请外部专家或委托外部组织进行审议推荐。

（二）职称获得途径

职称获得途径通常包括职称评审、考试、认定及重新确认等，需通过考试获得的职称系列按国家规定执行，需要通过评审、认定、重新确认获得的职称系列以各地区、行业主管部门及具有相应评审权限的职称改革领导小组要求为准。

1. 职称评审

职称评审是按相应评审标准、条件和程序，对专业技术人员的专业知识、能力、经验及业绩进行评审和认定，取得相应职称等级的过程。职称取得是对员工个人资历、经验、业绩及专业技能的认可。

职称评审包含职称晋升、职称转评及第二职称。

（1）职称晋升。职称晋升指专业技术人员在同一专业技术系列由低一级别职称向高一级别职称的晋升过程。

1）职称评审。专业技术人员在满足一定工作年限、学历资历、业绩、学术成就，以及相应继续教育等硬性要求基础上，根据相应评审条件要求，通过规定申报程序向相关专业评审委员会提交评审资料，最终经过评审委员会评审通过取得高一级别职称。

2）直接申报。专业技术人员在未取得任何专业技术资格前提下，在符合相应职称系列文件规定的基础上，可跨越最低一级职称要求直接申报相应等级职称。

3）破格申报。专业技术人员未逐级申报职称评审，满足破格条件，通过规定审批程序，申报职称评审。

（2）职称转评。职称转评指专业技术人员取得职称后，因工作岗位调整或其他因素从事与原取得职称系列不一致的专业技术工作，满足相应学历资历、业绩成果等评审条件后，根据现从事专业技术工作对应的职称系列申报。职称转评可跨职称系列、专业申报同级或高一级职称。

（3）第二职称。第二职称指专业技术人员从事不同岗位专业技术工作，或同一岗位从事多项专业技术工作的，可申请多个系列职称或与现职称同系列但不同专业的职称，同一年度内只能申报一个同级别职称评审。

不同地区、行业对职称评审政策有不同要求的，从其规定。

2. 职称考试

职称考试是一种常见的以考代评职称获得方式，是职称改革重要方向之一。除会计、经济、审计、统计等由国家统一组织考试的职称系列外，部分省份或地区会根据当地相应职称系列评审条件成熟度采取以考代评方式。

3. 职称认定

职称认定也称转正定职或职称定职，不同地区对职称认定的适用范围及政策要求或有不同。职称认定指普通学历教育大中专院校和技工院校毕业生，毕业后从事与所学专业对口或相近专业技术工作达到规定年限要求，经考核合格，在规定时间内直接认定获得的相应职称。不同地区对职称认定的适用范围及政策要求或有不同。认定工作通常由本单位组建的职称评审委员会和职称审议推荐小组组织，根据考核认定对象的品德、专业技术能力、学历、资历、业绩成果等条件，经相应考核程序评议后获得职称。

4. 职称重新确认

职称重新确认是指在职专业技术人员在跨区域流动到新企业时，对其原专业技术任职资格进行重新确认、换发新职称证书的过程。职称重新确认是为适应专业技术人员跨区域流动，确保专业技术人员在新地区、新工作环境下原专业技术资格有效性得以认可和延续，便于专业技术人员继续享受相应职称等级待遇、发挥专业技术特长而设定的职称确认方式。

（三）职称获取流程

1. 职称晋升流程

职称晋升以评审形式开展，职称评审流程分为个人申报流程和组织评审流程，如图 2-3 所示。

个人申报流程如下：

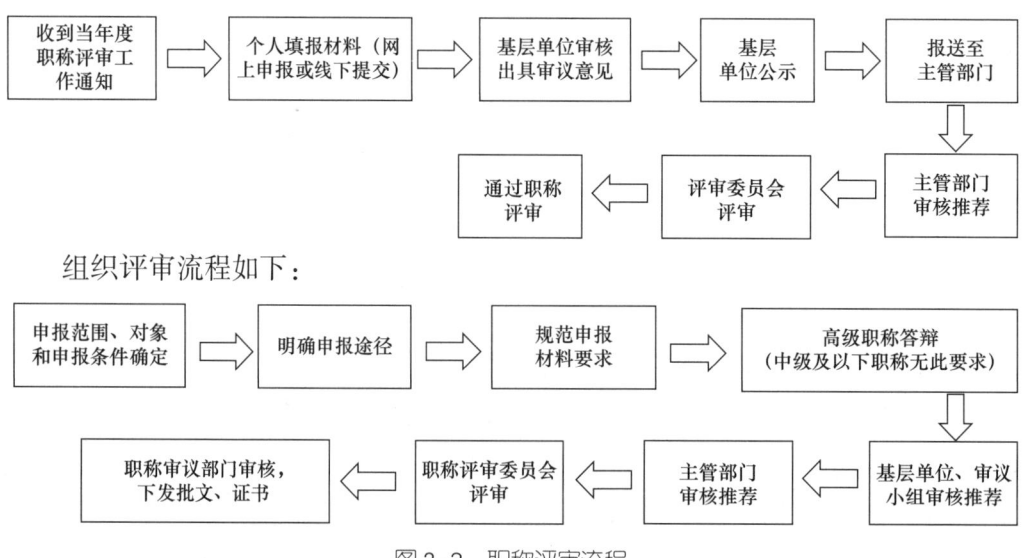

图 2-3　职称评审流程

组织评审流程如下：

个人申报流程具体要求以所在地区相关文件要求为准。组织评审通常根据评审流程要求开展，各阶段内容如下：

（1）申报范围、对象和申报条件确定。不同职称系列职称管理部门对职称申报范围、对象及具体条件会以规范性文件形式提出明确要求。企业在审核申报对象条件时，应对照所在地区、行业主管部门或相应职称改革领导小组的评审条件文件要求执行。

（2）明确申报途径。申报人员应结合身份性质、所属行业，对照相应系列职称评审条件，依法合规申报职称。申报人员应在劳动关系所在企业申报，确因工作需要可实行跨地区申报，具体以所在地区相关文件要求为准。根据国家政策要求，申报人员应按职称层级逐级申报，对取得重大基础研究、前沿技术突破、解决重大工程技术难题、对经济社会各项事业发展有重大贡献的人才，海外引进高层次人才和急需紧缺人才，长期在艰苦边远地区及基层一线等人才，可根据国家、地区相应特殊政策执行。

（3）规范申报材料。包含个人信息、评审材料及辅助材料，个人信息及评审材料均为职称申报硬性材料。个人信息一般包含个人证件照、学历证书、现级职称证书、继续教育及社保证明等；评审材料主要包含专业技术工作经历、业绩成果、学术成果等。

（4）职称答辩。职称答辩是评审副高级以上职称的重要环节，多数地区、行业的评审规定均对申报副高级及以上职称作答辩要求。但并非所有副高级以上职称评审都必须包含答辩环节，具体取决于不同地区及行业的评审规定、申报人数及专业领域范围、具备自主评审权限的评审委员会决策、某些地区及行业对特定领域或特殊群体予以流程简化等因素。

（5）基层单位审核推荐。通常由职称申报人员劳动关系所在单位或委托申报单位负责审核申报人员学历、资历、专业技术工作经历、业绩成果和论文著作等材料，综合评价申报人员德才表现、学术技能水平、业绩成果、工作态度、考评情况等。经内部公示后，向上级主管部门报送职称申报材料。

（6）主管部门审核推荐。主管部门负责审核基层单位推荐申报的职称材料，按工作权限进行指导、监督、审核及纠错。

（7）职称评审委员会审核。职称评审委员会负责制定申报程序，审核申报材料，确保评审结果符合要求，对通过评审人员制发职称证书及批复文件。职称评审委员会组建单位开展职称评审时应组织召开评审会议，由主任委员或副主任委员主持，出席评审会议的专家人数应不少于职称评审委员会人数的 2/3，评议应采取少数服从多数原则，以无记名投票表决，同意票数达出席评审会议的评审专家总数 2/3 以上的即为评审通过，职称评审委员会审议规则遵照国家政策制定。

实施以考代评的地区或行业无须依据评审流程开展工作。

2. 职称认定流程

职称认定流程与职称评审流程稍有不同，下面以广西壮族自治区职称认定流程为例进行说明，如图 2-4 所示。

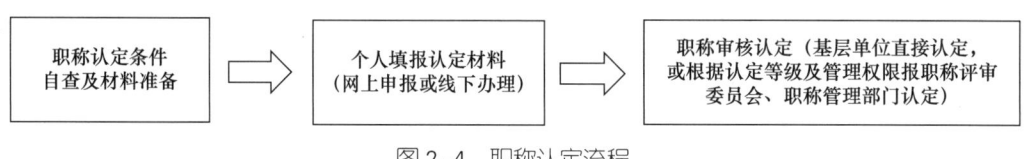

图 2-4　职称认定流程

（1）职称认定条件自查及材料准备。职称认定第一步，申报人员根据所在地区、行业主管部门发布的职称认定政策文件，对照学历、专业、工作年限等条件，自查、准备申报材料。申报材料包括但不限于个人证件、学历证书、专业技术工作经历、继续教育证书、职称认定申请表及其他可能要求的证明材料等，具体根据所在地区或行业文件要求为准。

（2）个人填报认定材料。申报人员通过网上申报或线下提交填报认定材料。现多数地区已实现网上申报，在职称管理系统中填报相应信息并上传材料；如实行线下办理，需根据要求将纸质材料提交当地人社部门或职称管理部门认定。

（3）职称审核认定。根据不同地区的政策要求，由具备相应职称系列（专业）评审权限的职称评审委员会、职称管理部门按管理权限对不同等级职称进行认定。副高级及以下职称由具备评审权限的职称评审委员会或职称管理部门认定。通过认定形式取得的最高等级职称为副高级。

不同地区、行业主管部门职称认定标准和流程有所差异，从其规定执行。

3. 职称重新确认流程

职称重新确认流程以广西壮族自治区为例说明，如图2-5所示。

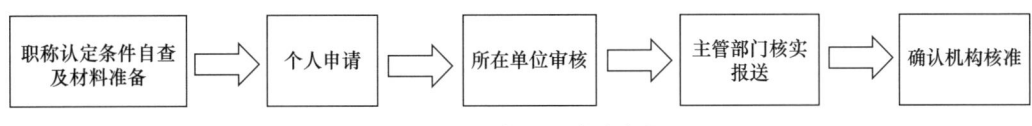

图2-5 职称重新确认流程

（1）条件自查、材料准备及个人申请。根据申报人员所在地区职称重新确认相关条件，准备职称重新确认申请材料，向所在单位申请并提交材料。可通过网上或线下方式提交材料，材料为重新确认申请审批表、原取得职称相关证明（原职称证书、评审材料及批复文件等）、流入地区工作证明材料（调令、入编证或劳动合同）、新建立劳动关系企业的社保缴纳记录或证明、个人证件照片及其他需提交的辅助证明材料等。

（2）所在单位审核。申报人员所在单位组织审核重新确认申报材料，对申报人员所取得职称材料真实性、有效性负责，出具审核意见后按管理权限，报送请示文件及申报人员材料至主管部门或确认机构审核。

（3）主管部门核实报送。主管部门审核材料后逐级上报，依据分级管理权限，将初级、中级、高级职称报送至各确认机构核准，主管部门对材料真实性及有效性负责。

（4）确认机构核准。各地区人社（职称管理）部门、人事主管部门按管理权限核准发文，颁发电子职称证书。重新确认职称取得时间按照原取得时间计算，取得专业按原取得职称专业确定。

不同地区、行业主管部门职称重新确认标准及流程有所差异，从其规定。

（四）职称管理要点

1. 职称评审管理要点

职称评审管理是职称管理工作的重要内容，涉及职称评价体系、评审通道、评审管理服务、监督管理机制等方面。

（1）完善职称评价体系管理。一是职称评价标准制定：职称评审制度应科学合理，破除"唯学历、唯职称、唯论文、唯奖项"的评审价值观，以能力与业绩、创新与实践、个人贡献与经验为导向，建立多元化评价体系；根据新行业、职业及技术标准提炼评价标准，优化调整申报人员思想品德、职业道德、专业技能、学术造诣、业绩成果、创新成效、决策咨询等评价标准，制定具有职业规划导向性的评价机制，根据工作实际进行动态调整，提高职称评审结果质量。二是申报材料真实性核验：为避免职称申报材料造假，应将审核责任及具体工作分解至基层审核单位，加强审核申报人员身份、学历、职称、学术成果、工作经历及业绩成果等材料，关注职称申报单位、实际工作单位及社保缴纳单位是否一致，有无未按管理权限逐级申报问题等，避免因审核不严导致职称材料造假问题；加强职称违规申报获得处理措施，强化惩戒条款。

（2）简化职称评审通道。职称评审通道简化旨在推动高层次人才、特殊人才、高技能人才及民营企业人才发展，通过拓宽评价范围、适当下放评审权限、简化评审流程、构建绿色评审通道等方式，解决传统职称评审通道对特殊人才职称获得与发展的限制问题，提高职称评审效率与公平性，激励高层次、特殊人才创新创效。

（3）优化职称评审管理服务。职称评审管理服务是为专业技术人员申报职称评审提供的组织、指导、监督、评价、反馈等系列管理服务，目的在于加强职称管理规范化，提高职称评审公信力。为解决职称管理权责不清晰、政策解读不透彻、评审效率不高等问题，可通过规范职称分级管理权限、加强政策咨询指导、完善职称信息化建设、优化信息核验及预警风险提示、搭建职称评审档案库等举措，提高职称申报及评审工作质效。

（4）强化职称评审监督管理。加强职称评审监督管理风险事前控制，需在基层单位审核、评审专家管理、评审诚信体系建设等方面加强监督管理。一是强化基层单位审核推荐职责，各基层单位应对申报人员品德、能力、资历、业绩与学术等材料真实性负责。二是加强职称评审专家库建设与管理，对条件成熟的职称系列主管部门，统筹建立同系列、跨部门（企业）共享评审专家库，加强专家入库、遴选、考核、抽取及退出机制，实现资源共享。三是完善职称评审诚信信息系统建设，将材料造假、违规申报、学术造假等纳入诚信档案库，提高违规失信评审成本。

2. 职称认定管理要点

（1）规范认定标准，加强信息公开与反馈。一是具有自主认定职称权限的主管部门或企业，应根据所在地区、行业相关政策要求，制定清晰、具体的职称认定标准，以规范性文件明确各级职称认定所需学历、专业、工作经验、业绩成果等条件。二是建立标准化申请流程，明确职称认定材料申报审核流程步骤、所需材料清单、申报工作起止时间等，避免虚假申报、效率低下的问题；三是加强信息公开、反馈与跟踪服务，为员工提供申诉渠道，确保职称认定专业性、公正性。

（2）明确职称认定适用对象范围及条件，原则上成人教育形式毕业的毕业生不在职称认定范围内。

3. 职称重新确认管理要点

企业在对员工开展职称重新确认审核工作时，应认真研究所在地区、行业相关政策，避免因政策理解偏差造成审核标准执行不当或错查、漏查，导致审核过程及结果受质疑，或重新确认取得职称无效等问题。企业应优化职称信息核实方式及渠道，确保申报材料真实有效，可采用信息化系统核验、发函或电话确认等方式核实信息。

三、职业技能晋升

职业技能等级认定是企业技能人员职业技能晋升的主要通道。2020年，我国将技能人员水平评价职业资格由政府认定改为实行社会化等级认定。社会化等级认定是人力资源社会保障部门备案公布的用人单位和社会培训评价组织，按照国家职业标准或行业企业评价规范对劳动者职业技能水平开展的考核评价，职业技能等级认定的范围为《中华人民共和国职业分类大典》中的技能类职业（工种）。

企业认定的优势是符合企业特性和技能人才需求，是企业技能人才队伍建设成效的展示，有助于企业用人、留人。企业具备申报条件并向当地人力资源社会保障部门报批备案后，才能实施职业技能等级自主认定，认定过程接受当地人力资源社会保障部门的督导。没有自主认定资质的企业，也应鼓励员工到有关机构参加正规的职业技能等级认定，实现个人技能水平的提升。

（一）企业职业技能等级自主认定资质管理

经当地人力资源社会保障部门备案同意后，企业可对内部员工的专业知识和技能水平进行客观公正、科学规范的评价与认证活动，这种活动称为企业职业技能等级自主认定。

1. 企业职业技能等级自主认定资质申请条件

企业申请职业技能等级自主认定资质的主要条件包括：依法登记的独立法人企业，具有专门负责职业技能等级认定工作的组织机构和团队（评定专职工作人员、考评人员、质量督导人员等）；与认定工作相适应的场地和设施，包括考场视频监控设备、稳定的经费保障等；申请企业还应具有完善的职业技能等级认定管理制度及突发情况应急处置预案。

2. 职业技能等级认定管理工作机构

企业成立职业技能等级认定工作领导小组作为企业职业技能等级认定工作的协调决策机构，其成员由企业决策层、相关职能部门负责人、下属企业领导组成。

为保障职业技能等级认定管理工作运转，企业应设置职业技能等级认定中心作为企业职业技能等级认定工作的常设机构，具体负责组织实施企业职业技能等级认定工作。

3. 企业设置职业技能等级和申报条件

根据人力资源社会保障部最新出台的《关于健全完善新时代技能人才职业技能等级制度的意见（试行）》，企业职业技能等级（岗位）共分为八个序列，即：学徒工、初级工、中级工、高级工、技师、高级技师、特级技师、首席技师。企业可结合企业文化和实际情况从职业素养、学历需求、技能培训学时、从事本技术工作年限等因素设计各等级认定申报条件。

（二）职业技能等级认定前期准备

企业开展职业技能等级认定前，应做好组建工作团队、准备试题、考场和考试物资等前期工作。

1. 工作团队组建

企业在高技能人才库中抽选质量督导员、考评人员，并组织本次考评认定工作相关工作团队。团队配置以申请认定工作量和认定人数来确定。

2. 试题准备

企业根据国家职业技能有关政策规范和行业标准，制定企业相应的职业技能标准和职业技能等级认定题库，也可沿用国家统一标准或地方行业标准、题库，经当地政府职业技能认定主管部门备案同意后，方可开展相应职业技能等级认定工作。职业技能标准和职业技能等级认定题库在企业范围内发布，每次开展认定工作前，企业按不同等级要求从题库中抽取一定数量题目形成试题，试题抽取至开始考试的各个环节应严格遵守试卷保密规定。

3. 考场准备

企业需要准备理论考试场地和实操场地，理论考试场地按单人单桌布置，实操场地应做好考位物理隔断，确保考评工作的公平公正。考场区域应在显眼处设置场地指示牌、各考场示意图，方便考生快速准确找到考场。

每个考场应安装监控设备，正式考评前，工作小组成员需要完成设备安装、调试，录像测试，网络连接等工作。

4. 物资准备

考场内通常会为考评人员配置考评工作所需的计算机、打印机等物资物料。若要求封闭式考评，考生不能携带任何资料和电子产品进入考场，因此要给考生配发相关的草稿纸、备用笔。企业还需要提前准备考试须知，在考评开始前告知考生。

（三）职业技能等级认定程序

企业经当地人力资源社会保障部门批准后，可开展职业技能等级认定工作。认定程序一般包括报名、资格审核、组织考评、成绩公示、颁发证书等，其中考评的内容和方式可根据职业（工种）实际情况制定。认定参考程序如下：

1. 发布通知

企业发布职业技能等级认定通知，启动认定程度。

2. 个人申报

符合参加职业技能等级认定要求的员工向企业职业技能等级认定中心报名。报名时须提交申报表、学历证书、现有职业资格证书或专业资格证书及复印件等申报材料。

3. 资格审查

企业按认定条件要求审查申报材料，将申报认定人员名单汇总上报至企业职业技能等级认定中心。通过审核后，企业公布参加认定人员名单。

4. 组织理论考试和技能考评

企业职业技能等级认定中心按不同的职业（工种），统一组织理论考试和技能考评。职业技能等级认定分理论考试和技能考评，理论考试采用闭卷考试方式进行，技能考评采用模拟操作或实际操作方式进行。技师及以上技能认定可考虑增加工作业绩考核、评审等考评内容。

5. 公示

企业职业技能等级认定中心在一定范围内对申报认定人员的理论考试和技能考评成绩进行公示，公示期设为5个工作日。

6. 颁发认定合格证书

职业技能等级认定合格人员名单由企业职业技能等级认定中心审核并上报当地人力资源社会保障部门审核。审核通过后，企业职业技能等级认定中心按程序颁发职业技能等级证书或电子证书，可在国家技能人才评价信息服务平台查询，效用等同于国家职业资格证书。

7. 认定结果统计和上报

企业对认定结果进行统计，内容应包括但不限于认定的时间、工种、等级，参加认定总人数、等级及考试合格总人数、等级等要素。统计时对特殊情况要做出说明，统计结果按要求及时上报当地人力资源社会保障部门。

四、聘期和管理

企业员工取得专业技术资格和职业技能等级后，企业可根据其所在岗位结合工作需要进行聘任，并明确聘任资格名称和相应聘期。

（一）聘任资格的审核

企业人力资源部门审核专业技术资格或职业技能等级聘任资格，核查拟聘人员是否在相应专业技术和技能岗位上工作，核查是否取得专业技术、职业技能等级证书、文件、评审材料或其他证明材料原件，聘任时间是否符合晋升时间等。

通过考试获得资格的员工，需要满足相应等级的专业技术或职业技能等级任职条件方可聘任；专业技术资格需要按相关规定进行注册和登记。企业核查专业技术资格或职业技能等级时需要上专业网站核实，如专业网站查询不到，需要核查人事档案查看相关资料。资格审核不通过的人员，企业应不予聘任。

（二）聘期管理

企业聘期管理中，聘任期限可与员工合同签订年限保持一致。聘期起始时间可从决定聘任时间起算，聘期终止时间应与员工签订的劳动合同终止时间一致（在聘期内达到退休年龄的聘至其退休年月止），具体聘期可视不同情况作相应规定。对于外部调动、招聘到企业内相应岗位职务的人员，聘期的起始时间可从签订劳动合同次月起计算；对于通过评审、考试、认定、重新确认等方式取得专业技术资格的人员，聘期起始时间从取得资格（收到批复文件或取得证书）并具备相应聘任条件次月起。

（三）其他聘任要求

员工在专业技术资格或职业技能等级聘任期间内有下列情形的，企业不得解聘其资格：妇女在孕期、产期和哺乳期的；国家法律法规另有规定的。聘任专业技术资格或职业技能等级的人员，企业可按照标准从聘任当月起发放相应补贴，待遇标准视企业实际情况制定。

第四节　人员调配管理

为更好达到人岗匹配的最佳配置，出于业务发展、任职回避等原因，企业会在内部调配人力资源，主要分四种情况，即内部调动、挂职锻炼、向外单位派出、内部借用。

一、内部调动

内部调动是企业解决人力资源不均衡问题的最快途径，可以把人员合理调配到合适及需要的岗位。企业人力资源部门在实施人员内部调动程序之前，应向需求部门充分了解需求，掌握拟调动人员的基本情况，包括知识技能、工作能力等信息，分析胜任力素质与用工需求的匹配程度，再启动内部调动的程序。

内部调动的程序主要包括四个环节：一是需求部门发起人员调动申请，说明调动的动机、人力资源需求、人员到岗时间等情况；二是人力资源部门审核需求部门的调动申请，对拟调动人员进行背景调查，征求拟调动人员现所在部门意见，经双方部门及员工本人同意后，办理调动审批手续；三是人力资源部门发出调动通知，办理工作交接和报到手续；四是需求部门安排办公场所和用品，帮助员工快速融入新岗位。

二、挂职锻炼

挂职锻炼是企业出于培养人才需要，安排人员到相应岗位实践学习，帮助其丰富工作经验、提升工作能力的一种做法。挂职锻炼包括下派挂职、上调挂职和外派挂职三种类型。下派挂职主要是企业选派管理人员到下属企业单位挂职，上调挂职主要是下属企业选派管理人员到企业本部挂职，外派挂职主要是企业选派管理人员到外单位挂职。企业人力资源部门与挂职单位协商制定挂职方案，明确挂职岗位、职数、条件和时间等信息，提交企业决策层研究后实施。

挂职锻炼的程序主要包括三个环节：一是提名，人力资源部门通知部门或下属单位做好挂职人选推荐工作；二是审批，人力资源部门提出挂职人选并征得挂职单位同意后，提交企业决策层研究审批；三是任职，企业下发挂职文件，人力资源部门通知相关部门和下属单位办理挂职人员工作交接。挂职文件应在企业内传阅并转原单位存档。

三、向外单位派出

企业拥有参股、控股子企业的，通常会派出管理人员专职到下属企业工作以加强对参股、控股子企业的监管。企业外派人员劳动关系一般情况下保留在原企业，外派人员与派驻企业订立劳动合同的，可协商办理。外派人员在履行派出职责基础上，用工单位应出具派驻员工的绩效考核结果，并返回原企业运用考核结果和存档。企业可根据派驻类型确定外派人员薪酬待遇。

外派人员时，企业人力资源部门需协调好部门或下属单位做好外派人选推荐工作，提交企业决策层同意后，出具委派函，明确派出人员名单和委派的关系，办理人员派出手续。人员派出手续包括发放人员派出通知、办理工作交接、派驻任职发文等。

四、内部借用

企业因工作需要，可从本企业范围内临时借用人员，流程为需求部门提出人员需求计划，经人力资源部门审核，报企业决策层审批通过后发出借用通知，办理借用手续。借用人员在借用期间保留原职务，职务待遇和薪酬待遇在借出部门发放。借用人员考核由双方共同管理，以借入部门为主，在借出部门应用。借用期满，借入部门应出具考核鉴定意见向借出部门反馈。

第五节　员工退出管理

一、员工内部退养管理

内部退养是企业为接近退休年龄或患重大疾病不能正常履职的员工提供的，允许其提前离开工作岗位进行休养，并在达到法定退休年龄后办理正式退休手续的一种管理方式。国家对企业内部退养没有强制规定，各企业可根据实际管理需要确定是否建立内部退养机制，并根据国家相关规定制定企业内部员工退养的管理制度。

（一）内部退养条件

企业制定员工内部退养条件须符合国家政策法规和企业工作实际，退养条件应包括进入本企业的工作年限、工龄、健康状况等因素。某企业内部退养条件如下：

（1）已签订全日制劳动合同并在企业工作满8年（含8年）的人员。

（2）在上述基础上，符合以下条件之一者，可申请内部退养：

1）男性员工累计工龄满 30 年（含 30 年）、女性员工累计工龄满 25 年（含 25 年）（均不含折算工龄），且距规定退休年龄（含国家、省、自治区、直辖市规定的特殊工种提前退休年龄）5 年（含 5 年）以内。

2）因病、因工负伤或患职业病，员工距离规定退休年龄（含国家、省、自治区、直辖市规定的特殊工种提前退休年龄）10 年（含 10 年）以内，累计工龄满 10 年（均不含折算工龄），经当地劳动鉴定委员会鉴定，伤残等级为五级以上（含五级）。

3）经国家级三级甲等医院确诊患癌症晚期、精神病。

（二）内部退养办理流程

企业员工内部退养办理流程可按照员工申请、企业审核、签订协议、工作交接和正式退养五个环节进行。某企业内部退养办理流程见表 2-2。

表 2-2　某企业内部退养办理流程

责任部门或责任人	流程	工作说明和要求
企业员工	员工申请	员工填写内部退养申请表上交人力资源部门
人力资源部门	企业审核	人力资源部门会同企业工会共同审核，报送企业领导审批
人力资源部门	签订协议	企业同意员工内部退养，人力资源部门为员工办理内部退养手续，与员工签订"员工内部退养协议书"
用工部门 企业员工	工作交接	员工内部退养手续办理完毕后，在企业统一安排下做好工作交接
企业员工	正式退养	交接工作完成后方能离岗，正式开始内部退养

内部退养人员达到法定退休年龄后，企业要及时帮助员工办理正式退休手续。员工内部退养期间自然死亡的，劳动合同、内部退养协议书自然终止。

（三）内部退养员工待遇

在员工内部退养期间，企业要发放生活费，具体标准可根据企业管理成本确定，核定退养生活费标准、福利费用等。企业和员工需要按照有关规定继续缴纳相关社保费用，为内部退养员工代扣、代缴社会保险费和住房公积金，继续为参加企业年金计划的员工代扣、代缴费用，并按规定计入相应账户。员工工龄连续计算。企业内部退养人员达到退休年龄办理退休手续后，不再发放生活费，由当地人力资源社会保障部门发放企业职工基本养老金。如员工加入企业年金计划，企业一并为员工办理企业年金领取手续。

（四）员工内部退养管理

企业应对内部退养员工登记造册，管理个人档案，规范内部退养员工的日常管理。企业要完善内部退养管理机制，如内部退养员工被依法追究刑事责任，企业可与其解除内部退养协议，不再纳入内部退养员工管理范围。员工在内部退养期间应遵守保密协议与竞业协议，如因违反上述协议给企业造成经济损失的，员工要承担赔偿责任。

二、员工离职管理

员工离职包括员工辞职、员工退休、企业辞退、经济型裁员四种类型。

（一）员工辞职

员工辞职包括劳动合同期内提出辞职、劳动合同期满不再续订两种情况。员工辞职需要按《中华人民共和国劳动合同法》规定时间内个人提出辞职书面申请，企业同意后，员工开始办理工作交接，并由企业向辞职员工出具"终止（解除）劳动合同证明"，办理人事档案和社会保险关系转移。

1. 个人提出书面申请

员工提出辞职的，按企业有关规定，由个人提出书面申请，填报辞职申请表，见表2-3，双方协商一致后，签订"解除劳动合同协议"。员工递交辞职申请，经企业批准后方能办理辞职手续。员工辞职申请审批后，企业应与员工签订"终止（解除）劳动合同协议书"。某企业解除劳动合同协议书见附录案例11。

2. 完成工作交接

员工办理离职手续期间，应继续在原岗位履行职责，因擅离职守，造成损失的，企业有权追究其相应的法律责任。企业法定代表人及企业要求审计的人员离职时应对其进行离任审计。

员工离职应按企业要求办理工作交接，填写离职交接清单，交接内容包括工作交接、物品交接、财务结算等内容。如果员工涉及债权和债务，应在离职前清理完毕。

表 2-3　某企业员工辞职申请表

姓名		性别		入职时间		岗位（职务）		职称技能等级	
辞职原因					申请人：		年　月　日		
部门负责人审批意见					领导（签字）：		年　月　日		
人力资源部门审批意见					领导（签字）：		年　月　日		
企业分管领导审批意见					领导（签字）：		年　月　日		
企业主管领导审批意见					领导（签字）：		年　月　日		

相关链接

某企业员工离职交接清单

3. 出具证明

员工工作交接完毕后，企业出具"终止（解除）劳动合同证明"，写明劳动合同期限、解除或终止劳动合同的日期、工作岗位、在本单位的工作年限等情况。某企业终止（解除）劳动合同证明见附录案例 12。

4. 人事档案和社会保险关系转移

企业应在解除或终止劳动合同后 15 日内为离职员工办理档案和社会保险关系

转移手续。员工为中共党员的，同步转出党组织关系。

（二）员工退休

1. 员工退休年龄的规定

根据《国务院关于渐进式延迟法定退休年龄的办法》，从 2025 年 1 月 1 日起，用 15 年时间，逐步将男职工的法定退休年龄从原 60 周岁延迟到 63 周岁，将女职工的法定退休年龄从原 50 周岁、55 周岁，分别延迟到 55 周岁、58 周岁。企业对于从事技能工作的女职工可按 55 周岁办理退休，对于从事管理工作的女职工可按 58 周岁办理退休。

相关链接

国务院发布延迟法定退休年龄对照表

2. 员工退休手续办理

在员工达到退休年龄，符合退休条件的当月，企业人力资源部门应到当地社保机构为员工办理退休手续，及时完成退休员工社会化移交，退休员工人事档案和党组织关系转移到所属社区。不予移交的员工，按照相关规定办理。员工如未达到退休年龄，但经当地劳动能力鉴定委员会鉴定为完全丧失劳动能力、符合社保病退条件的，企业要为其办理病退手续。

3. 员工退休业务的流程

企业每年初应盘点员工的年龄情况，人力资源部门应做好员工退休工作的计划安排，提醒员工办理退休手续。某企业员工退休管理业务流程见表 2-4。

表 2-4 某企业员工退休管理业务流程

责任部门或责任人	流程	工作说明和要求
企业人力资源部门	了解单位员工年龄状况	1. 按人事档案记载最早的出生年月日材料确定退休时间 2. 提醒退休人员办理养老保险转移（提前半年办理），选择退休社保机构 3. 确认员工养老保险累计缴费年限

续表

责任部门或责任人	流程	工作说明和要求
企业人力资源部门	退休员工准备	企业中层管理人员达到退休年龄的,人力资源部门提前向企业党委报备
企业公司党群工作部/企业人力资源部	下发退休（免职）文件	1. 企业中层管理人员符合退休条件的,由企业下发退休免职文件并由人力资源部门办理相关人员退休手续 2. 除企业中层管理人员外的其他员工,下发退休文件
企业人力资源部门	基本养老金申报	1. 登录社保系统进行人员基本养老金档案预审（达退休年龄前一个月） 2. 预审通过后,再次登录社保系统进行人员基本养老金申报
企业人力资源部门	医疗在职转退休停发工资企业年金领取公积金提取申请增发退休金	1. 在社保机构批复基本养老金申请当月,登录医保系统进行医疗保险退休待遇办理（医疗在职转退休）;员工退休后,企业仍需要每年为其缴纳大病医疗保险 2. 从基本养老金享受当月开始,停发退休员工工资 3. 员工参加企业年金的,根据企业有关规定为退休员工办理企业年金的领取手续 4. 提醒退休员工按住房公积金相关规定办理公积金提取手续 5. 退休手续办结后,退休员工生育独生子女的,向所在社区申请增发退休金（相关材料提交退休所在社区）
企业人力资源部门	办理退休员工社会化管理相关手续	1. 整理退休员工人事档案、花名册、基本信息表、退休党员关系转移等材料 2. 主动联系退休员工常年居住地社区所在街道办沟通退休员工社会化管理移交事宜,根据所属社区和街道办要求办理相关手续 3. 与街道办签订"退休人员社会化管理服务协议"并移交退休员工人事档案及党员档案材料,党组织关系转移通过党务系统同步进行（党组织关系转出前需核定退休党员党费缴纳基数并缴清党费） 4. 留存办理退休员工社会化管理相关资料,备查

（三）企业辞退

员工在职期间不能胜任工作,经过培训或调整工作岗位,仍不能胜任工作的,企业可辞退员工。企业和员工在劳动合同订立时所依据的客观情况发生重大变化,致使原劳动合同无法履行,经双方协商不能就变更劳动合同达成协议的,企业也可辞退员工。企业辞退员工程序如下：

（1）企业提出与员工解除或终止劳动合同的，以书面形式将解除或终止劳动合同的决定以"终止（解除）劳动合同通知书"的形式通知员工。

（2）解除或终止劳动合同的员工按企业的要求办理工作交接，填写"员工离职交接清单"，清理所负责的债权和债务。

（3）企业在解除或终止劳动合同时出具"终止（解除）劳动合同证明"，写明劳动合同期限、解除或终止劳动合同的日期、工作岗位、在本单位的工作年限等情况。

（4）企业在解除或终止劳动合同后尽快为离职员工办理档案和社会保险关系转移手续。

（四）经济型裁员

经济型裁员是企业因濒危破产、生产经营发生严重困难而采取的一种辞退员工的方式。经济型裁员具有特定的经济特征，企业采用经济型裁员必须经过严格的法定程序，包括向工会、员工代表大会说明情况、听取意见等步骤。在留用政策上，经济型裁员须优先留用已与企业建立长期稳定劳动关系的员工，对于被裁员的员工，严格按国家有关规定给予经济补偿。

第六节 人事档案管理

人事档案是企业党委（党组）在党的组织建设、干部人事管理、人才服务等工作中形成的，反映员工个人政治品质、道德品行、思想认识、学习工作经历、专业素养、工作作风、工作实绩、廉洁自律、遵纪守法以及家庭状况、社会关系等情况的历史记录材料，是企业教育培养、选拔任用、管理监督干部和评鉴人才的重要依据。企业需要按照《干部人事档案工作条例》的规定，做好人事档案的管理工作。

一、人事档案管理的权限和职责

企业人事档案管理工作原则是分级负责和集中管理，档案管理权限与员工管理权限一致，企业组织人事部门负责集中管理企业党委管理的员工人事档案。企业组织人事部门是负责员工人事档案管理的工作机构，企业档案专职工作人员要求政治素质好、专业能力强、作风正派，且是中共党员。企业组织人事部门负责员工人事档案的建立、接收、保管、转递，档案材料的收集、鉴别、整理、归档，档案信息化等日常管理工作；负责人事档案的查（借）阅、档案信息研究等利用工作以及档案审核工作；负责做好人事档案保密工作；负责依法依规为档案利用人员或部门如实提供相应信息。任何部门或个人不得私自保存人事档案。

二、人事档案内容和分类

人事档案主要有履历类、自传和思想类、考核鉴定类等十大类，见表2-5。

表2-5　人事档案主要内容和分类

类别	类名	主要内容
第一类	履历类材料	主要有员工履历表和员工简历等材料
第二类	自传和思想类材料	主要有自传、参加党的重大教育活动情况和重要党性分析、重要思想汇报等材料
第三类	考核鉴定类材料	主要有平时考核、年度考核、专项考核、任（聘）期考核，工作鉴定，重大政治事件、突发事件和重大任务中的表现，援派、挂职锻炼考核鉴定，党组织书记抓基层党建评价意见等材料
第四类	学历学位、专业技术职务（职称）、学术评鉴和教育培训类材料	主要有中学以来取得的学历学位，职业（任职）资格和评聘专业技术职务（职称），当选院士、入选重大人才工程，发明创造、科研成果获奖、著作译著和有重大影响的论文目录，政策理论、业务知识、文化素养培训和技能训练情况等材料
第五类	政审、审计和审核类材料	主要有政治历史情况审查，经济责任审计和自然资源资产离任审计结果及整改情况、履行选拔任用工作职责离任检查结果及说明、证明，员工基本信息审核认定、人事档案任前审核登记表、廉洁从业结论性评价等材料
第六类	党、团类材料	主要有中国共产党入党志愿书、入党申请书、转正申请书、培养教育考察、党员登记表，停止党籍、恢复党籍、退党、脱党、保留组织关系、恢复组织生活，中国共产主义青年团入团志愿书、入团申请书，加入或者退出民主党派等材料

续表

类别	类名	主要内容
第七类	表彰奖励类材料	主要有表彰和嘉奖、记功、授予荣誉称号，先进事迹以及撤销奖励等材料
第八类	违规违纪违法处理处分类材料	主要有党纪政务处分，组织处理，法院刑事判决书、裁定书，公安机关有关行政处理决定，有关行业监管部门对员工有失诚信、违反法律和行政法规等行为形成的记录，人民法院认定的被执行人失信信息等材料
第九类	工资、任免、出国和会议代表类材料	主要有工资待遇审批、参加社会保险，录用、聘用、招用、入伍、考察、任免、调配、军队转业（复员）安置、退（离）休、辞职、辞退，公务员（参照公务员法管理人员）登记、遴选、选调、调任、职级晋升，职务、职级套改，事业单位管理岗位职员等级晋升，出国（境）审批，当选党的代表大会、人民代表大会、政协会议、群团组织代表会议、民主党派代表会议等会议代表（委员）及相关职务等材料
第十类	其他可供组织参考的材料	主要有毕业生就业报到证、派遣证（2023年起报到证、派遣证已取消，2023年之前的可放入档案），工作调动介绍信，国（境）外永久居留资格、长期居留许可等证件有关内容的复印件和体检表等材料

三、人事档案日常管理

企业人事档案日常管理主要包括档案建立、接收、保管和转递，档案材料的收集、鉴别、整理、利用和审核等工作。

（一）人事档案建立

企业人事档案分为正本和副本，首次参加工作被企业聘用的员工，由企业以其入党、入团，中学以来的学籍、奖惩、自传，简历、录用审批表、劳动合同等材料为基础，建立档案正本且负责管理。副本由正本主要材料的复制件构成，应与正本材料同步更新。

人事档案丢失或损毁的，需要立即报告上级组织人事部门且全力查找或补救。确实无法找到或补救的，经报上级组织人事部门批准，由企业组织人事部门协调有关单位重新建立档案或补充必要证明材料。

（二）人事档案接收

企业人事档案接收工作可按接收前审查、办理调入手续、清点材料和编号入库四个步骤开展。某企业人事档案接收流程见表2-6。

表2-6　某企业人事档案接收流程

序号	流程	工作说明和要求
1	接收前审查	1. 坚持"凡进必审"，严控接收人事档案质量。企业组织人事部门要提前到新录用（新调入）人员档案持有单位对接收转入的档案进行审核，检查材料是否齐全、内容是否真实 2. 审查发现材料缺失严重或材料造假，需要反馈档案持有单位完善，如关键档案材料存在问题的，可拒绝录用（调入），杜绝档案"带病"入库
2	办理调入手续	员工入职后1个月内，企业人事档案管理人员要联系持有新员工人事档案的单位，洽商人事档案转递事宜。根据对方单位要求，发"调档函"（见附录案例13）给对方单位
3	清点材料	人事档案管理人员根据对方单位转递人事档案中的目录清点人事档案材料。转递材料如与目录清单不一致，则联系对方单位进行情况确认；如果一致，则根据人事档案转递单位的转递通知单，填写回执并递往转递单位
4	编号入库	对接收的人事档案，做好登记、编号及入库工作

（三）人事档案保管

1. 存储要求

企业应根据人事档案载体的不同要求对人事档案进行存储和保管，确保人事档案实体安全和信息安全。

2. 安全要求

企业根据安全保密、便于查找的要求，对人事档案进行严密、科学保管，设立专门的档案库房、专门的阅档室和档案管理人员办公室，做到三室分开。企业人事档案管理人员要经常对档案库房进行安全检查和隐患排查工作，特别要做好节假日、汛期和暑期档案安全保护工作，严防节假日期间被盗，汛期遇潮、霉变、水淹，以及过火、焚毁等恶性事件发生。

3. 保密要求

人事档案库房为机要重地，无关人员不得入内。人事档案管理人员应严格遵守党和国家的保密制度，不得擅自提供档案或向他人泄露档案内容。任何人不得携带档案材料进入公共场所，严禁任何个人私自保存他人的档案材料。

4. 检查核对要求

保管人事档案应登记好人事档案名册，以及接收、传递、查借阅、销毁及死亡人员档案材料登记簿等人事档案管理台账。在日常管理中要认真检查核对，确保档案编号与摆放位置相符、档案目录与档案材料相符，防止错收、漏转等。每月检查一次借出档案材料归还情况和转递档案回执退回情况，逾期未还者要及时催回。每年年底进行一次档案总核对工作，必要时可半年一次，及时索要应管档案，转移不该管的档案。

相关链接

某企业人事档案管理台账与相关表单

5. 处理和交接要求

处理档案材料需详细清点并报组织人事部门负责人及企业分管领导审核批准。人事档案管理人员变动时，接手人要对所管人事档案进行全面核对，并由组织人事部门负责人主持交接。

（四）人事档案转出

人事档案转出遵循"档随人走、人档统一"的原则，即人归谁管理，其档案也归谁管理，企业不得无故拒绝接收员工人事档案。

1. 转出情形

（1）人事档案管理权限发生变动的，如员工出现辞职、出国不归或被辞退、解除（终止）劳动（聘用）合同、开除公职等情况，应将档案转出至相应的人事档案工作机构、公共就业和人才服务机构或本人户籍所在地的社会保障服务机构。被开除公职人员人事档案，在企业党委、纪委或组织人事等有关部门对当事人给出结论意见或做出处理处分后，方可转出。

（2）因企业机构改革、破产、重组等原因单位撤销、合并、职能划转、职责调整，企业组织人事部门应制定人事档案移交工作方案，编制移交清单，按有关要求及时移交档案。

（3）企业员工办理退休手续的，由中央、省（自治区、直辖市）党委组织部门管理的企业高级人员人事档案按本级党委有关规定管理，其余退休人员人事档案管理服务工作与原企业分离，养老金实行社会化发放，人员关系和人事档案移交其户口所在的街（镇）和社区实行属地管理。

（4）企业员工死亡后，其档案可由原单位组织人事部门保存5年，期满可按规定移交企业所在地人力资源服务中心保管，也可办理完丧葬抚恤金申请之后立即移交企业所在地人力资源服务中心保管。

2. 转出方式

人事档案转出，必须通过机要交通或专人送达，转出单位和接收单位应严格履行转出手续，严禁个人自带人事档案。机要交通是指通过机要通道，由机要局专人进行派送，机要件的派送时间一般在10个工作日左右，且只有档案转出单位双方开通机要通道，才能通过机要交通转出档案。机要交通转出适合日常工作中经常性、数量大和长距离的人事档案材料转出，是转出人事档案的主要方式。专人送达是指企业安排2名中共党员携带人事档案送至对方单位，专人送达企业应安排专车接送。

3. 转出流程

人事档案转出要严格落实"凡转必审"要求。档案持有企业的人事档案工作人员应对档案进行认真核对整理，保证档案内容真实准确、材料齐全完整，清点需转出人事档案材料与目录一致后，在目录盖骑缝的组织人事部门章。联系档案接收单位，明确接收方式和接收地址、联系人及联系电话等信息，制作人事档案转出通知单，连同档案材料一起放入档案袋，贴人事档案密封条，盖组织人事部门章作为密封章，转出至档案接收单位，并在人事档案管理台账中的人事档案名册内做好登记。档案转出单位要向档案转入单位索要回执，如对方拒不提供回执，须在人事档案管理台账中的人事档案名册内做好登记后，进行资料归档。

（五）人事档案收集

人事档案收集是指企业组织人事部门遵照国家法律法规及相关政策的规定，

根据员工管理的权限，向有关部门或个人收集档案材料，进行集中统一管理。

1. 收集范围和分类方法（见表2-7）

表2-7 某企业人事档案收集范围和分类方法

类别	收集材料分类	材料明细归档范围	特别事项说明	企业常见档案材料
第一类	履历类材料	主要包括以反映员工本人自然情况，经历、家庭和社会关系等基本情况为主要内容的材料，包括员工履历表、员工简历表等各类登记表	如企业员工参军、当选人大代表、政协委员的，相应简历或登记表也归入此类	员工履历表、入职登记表、退伍军人证复印件
第二类	自传和思想类材料	自传材料包括自传和属于自传性质的材料，主要有自传、参加党的重大教育活动情况和重要党性分析、重要思想汇报等材料	自传材料的归类应该以内容和用途为依据，不能单纯按名称归类，如以自传为主的履历或简历表也应归在这一类 企业领导报告个人有关事项的材料，不纳入人事档案	员工自传、思想汇报等
第三类	考核鉴定类材料	主要有平时考核、年度考核、专项考核、任（聘）期考核，工作鉴定，重大政治事件、突发事件和重大任务中的表现，援派、挂职锻炼考核鉴定，党组织书记抓基层党建评价意见等材料	以鉴定为主要内容的各类人员登记表，组织正式出具的鉴定性干部表现情况材料；援派、挂职锻炼考核鉴定包括援藏、援疆，人才参加选派、挂职、扶贫、乡村振兴和博士服务团等工作中形成的考核、鉴定材料等	员工年度考核情况表、任期考核表等
第四类	学历学位、专业技术职务（职称）、学术评鉴和教育培训类材料	主要有中学以来取得的学历学位、职业（任职）资格和评聘专业技术职务（职称）材料，当选院士，入选重大人才工程，发明创造、科研成果获奖，著作译著和有重大影响的论文目录材料；政策理论、业务知识、文化素养培训和技能训练情况等材料	四类内容复杂、数量众多，为方便查找，可采用二级分类法，按内容分为四小类：①学历学位材料；②技术职称评聘及职业执业资格材料；③反映科研学术水平的材料；④培训材料等	学历学位证，职称证书、职称聘任表、职称评审表等

续表

类别	收集材料分类	材料明细归档范围	特别事项说明	企业常见档案材料
第五类	政审、审计和审核类材料	主要有政治历史情况审查、经济责任审计和离任审计结果及整改情况，履行干部选拔任用工作职责离任检查结果及说明、证明，员工基本信息审核认定，人事档案任前审核登记表，廉洁从业结论性评价等材料	具体包括：①政审材料方面的上级批复、审查（复查、甄别）结论、调查报告及主要依据与证明材料；②本人对结论的意见、检查交代或情况说明材料；③撤销原审查结论的材料；④各类政审表	经济审查报告、政治审查报告等
第六类	党、团类材料	主要有中国共产党入党志愿书、入党申请书、转正申请书、培养教育考察、党员登记表，停止党籍、恢复党籍、退党、脱党、保留组织关系、恢复组织生活，中国共产主义青年团入团志愿书、入团申请书，加入或者退出民主党派等材料		入党志愿书、入党申请书、转正申请书、入团志愿书、入团申请书等
第七类	彰奖励类材料	主要有表彰和嘉奖、记功、授予荣誉称号，先进事迹以及撤销奖励等材料		奖惩文件等
第八类	违规违纪违法处理处分类材料	主要有党纪政务处分，组织处理，法院刑事判决书、裁定书，公安机关有关行政处理决定，有关行业监管部门对员工有失诚信、违反法律和行政法规等行为形成的记录，人民法院认定的被执行人失信信息等材料	具体包括：①免予处分的意见、上级批复，核实（调查、复查）报告及主要依据与证明材料，本人对处分决定的意见、检查、交代及情况说明材料；②解除（变更、撤销）处分的材料；③检察院不起诉决定书；④公安机关作出行政拘留、限制人身自由、没收违法所得、收缴非法财物、追缴违法所得等的行政处理决定等；⑤对企业领导干部个人有关事项报告隐瞒	

续表

类别	收集材料分类	材料明细归档范围	特别事项说明	企业常见档案材料
第八类	违规违纪违法处理处分类材料	主要有党纪政务处分，组织处理，法院刑事判决书、裁定书，公安机关有关行政处理决定，有关行业监管部门对员工有失诚信、违反法律和行政法规等行为形成的记录，人民法院认定的被执行人失信信息等材料	不报行为的处理意见材料；⑥经调查属实的涉及员工个人问题信访举报的处理结果材料；⑦经查核确实存在问题的函询通知书、本人回复及处理材料；⑧谈话诫勉记录材料、诫勉书；⑨企业领导干部被问责的决定和检讨检查材料；⑩企业领导干部插手干预干部选拔任用、工程建设、执纪执法、司法活动等重大事项的记录材料；⑪纪检监察机关履行监督执纪问责，对员工形成的纪律处分、立案审查等有关结论性材料；⑫有关行业监管部门对员工有失诚信、违反法律和行政法规等行为形成的诚信记录材料；⑬人民法院认定的被执行人失信信息、删除失信信息及删除原因等材料	处分材料、个人诚信材料等
第九类	工资、任免、出国和会议代表类材料	主要有工资待遇审批、参加社会保险，录用、聘用、招用、入伍、考察、任免、调配、军队转业（复员）安置、退（离）休、辞职、辞退，公务员（参照公务员法管理人员）登记、遴选、选调、调任、职级晋升，职务、职级套改，事业单位管理岗位职员等级晋升，出国（境）审批，当选党的代表大会、人民代表大会、政协会议、群团组织代表会议、民主党派代表会议等会议代表（委员）及相关职务等材料	九类材料众多，可采用二级分类法分为四小类：①工资材料；②任职经历类材料；③出国（境）审批材料；④会议代表材料	劳动合同、解除劳动合同协议书、工资待遇审批表、录用审批表、调动审批表、任免文件、辞职材料等

续表

类别	收集材料分类	材料明细归档范围	特别事项说明	企业常见档案材料
第十类	其他可供组织参考的材料	主要有毕业生就业报到证、派遣证，工作调动介绍信，国（境）外永久居留资格、长期居留许可等证件有关内容的复印件和体检表等材料	①录用体检表，反映严重慢性病、身体残疾的体检表，工伤致残诊断书，确定致残等级等健康检查和处理工伤事故材料；②生平、非正常死亡调查报告等治丧材料；③员工人事档案报送单、员工人事档案有关情况说明等材料；④人事争议仲裁裁决书（调解书）等有参考价值的材料	报到证等材料（2023年起报到证、派遣证已取消，2023年之前的可放入档案）

2. 收集要求

（1）真实。档案材料应文字清楚，所指对象明确，材料内容符合客观实际。归档材料上的姓名、出生时间、参加工作时间、入党时间、民族、籍贯等自然情况应与档案记载一致。凡经审核确认不真实的材料及未经组织查证核实的材料，一律不能收集归档。归档材料填写不规范，手续不完备，或材料上的姓名、出生时间、参加工作时间和入党时间等与档案记载不一致的，材料形成部门应重新制作，补办手续，或由具有管理权限的组织人事部门审改（或出具组织说明），并加盖公章。

（2）全面。一是要将平时工作中形成的记载员工本人德、能、勤、绩、廉的各方面材料收集齐全，使人事档案能反映员工本人的基本面貌。二是收集的每份档案材料要齐全，系列材料要系统成套，特别是结论性材料、主要证据或过程性关键材料，都必须全部收集；单份材料不缺页、无损坏，缺少的档案材料应进行登记并及时收集补充。三是收集归档的材料数量要适当，不建副本的只需要收集1份。

（3）及时。在收集归档过程中要有时间观念，做到随办、随收、随审、随归。一般情况下，材料形成部门应按相关规定审核材料，在材料形成后1个月内主动向相应的员工人事档案工作机构移交。对于应归档的材料准确分类，逐份编写材料目录，整理合格后，一般应在2个月内归档。

（4）规范。保证档案材料收集工作质量，具体如下：

1）归档材料必须属于同一立卷对象。注意两类情况：一是同名同姓不同人；二是不同名字但属于同一个人的材料。

2）归档材料必须是收集归档范围内的材料。

3）归档材料必须是办理完毕的正式材料，还在形成过程中的材料不能归档，如各类审批表的"审批意见"栏空白、无审批意见、时间和落款单位（印章）就是没有办理完毕的材料。未办理完毕或未经查证核实的材料，应退回材料形成部门处理。

4）归档材料的手续要完备。凡规定由组织审查盖章的归档材料，必须有组织印章。审（复）查结论、处分决定等材料应与本人见面并由本人签字；本人见面后未签字的，由组织注明。

5）人事档案材料的载体和记录材料应符合档案保护要求。人事档案材料的载体应符合国家对档案合理的规定，字迹材料应当符合档案保护要求，不得使用圆珠笔、铅笔、荧光笔、水彩笔、红色墨水、纯蓝墨水、复写纸等不符合档案保护要求的记录材料书写。

6）除特殊情况外，归档材料一般不得使用复制件。证书、证件原件丢失或其他原因无法重制等特殊情况确需用复制件存档的，必须在复制件上注明出处、复制时间，并加盖材料制作单位或所在单位组织人事部门印章，以确保复制材料的真实、有效。

7）常见的不应收集材料有以下几种：

①提拔任用、入党等群众评议的发言记录、谈话记录。

②论文正文、准考证、入学通知、作业、试卷、学生证、技术报告、技术总结、个人总结、技术设计与图纸、实习报告、答辩记录、各类证件的原件。

③信封、函调介绍信、调查提纲、外调函、函调证明介绍信。

④党组织关系介绍信、查档表、档案转出通知单、商调函、商调表、编制使用申请表、增人计划表。

⑤学习汇报、批准入党前的谈话记录、群众座谈会记录、党小组或支部讨论

记录。

注意：论文正文无需归入档案，一般去除正文后将论文封面、目录、导师评语部分归入档案；调令、报到通知书、行政关系介绍信、商调表等属于常见不应归入档案的材料，但在规范材料无法查找、无法确认有关调动是否属实的情况下，一般归入档案辅助证明。

（六）人事档案鉴别

根据《干部人事档案整理工作细则》，鉴别工作应坚持历史唯物主义和辩证唯物主义的观点，具体问题具体分析，根据形成材料的历史条件、主要内容、实际用途及存档价值，确定是否归入档案。

1. 鉴别的要求

根据人事档案的内容和分类，对所收集到的人事档案材料进行审查和鉴别，根据材料形成的历史条件、主要内容、实际用途和存档价值，确定是否应归入档案，应归入档案的，需要整理立卷后进行归档。

2. 鉴别真伪的方法

鉴别真伪是判定人事档案是否有造假的行为。人事档案造假是指以谋取不正当利益为目的，采取篡改、伪造等手段，造成人事档案信息失真、失实的行为。常见的人事档案造假行为有涂改材料、填写虚假信息和故意伪造档案材料等情况。组织人事部门要对涉假材料进行鉴别，经过充分调查后，按有关政策，经组织认定做出客观、准确、得当的结论，确定是否归档。

（1）鉴别的技巧。人事档案材料鉴别可从笔迹鉴别、制式鉴别、纸张鉴别、印章鉴别、逻辑推算和实地调查六个方面进行。

（2）鉴别结果处理。要根据材料内容和性质分别采取补充收集、原件复制、完善手续等方式进行补充和规范。所有补充和归档的材料，要注明经办人、办理时间并加盖组织人事部门公章。

（七）人事档案整理

整理人事档案必须做到认真鉴别、分类准确、编排有序、目录清楚、装订整齐，通过整理使每卷档案达到完整、真实、条理、精炼、实用的要求。人事档案管理人员应定期整理和维护人事档案，整理时间间隔一般不超过1年。

1. 整理前准备

整理人事档案前要收集好人事档案材料,并备齐档案卷盒、目录纸、分类纸、衬纸、切纸刀、打孔机等物品,相关物品规格要符合有关规定。

2. 整理流程

企业人事档案接收工作可按材料鉴别、材料分类、材料排序、目录编写和装订入库五个步骤开展。某企业人事档案整理流程见表2-8。

表2-8 某企业人事档案整理流程

序号	流程	工作说明和要求
1	材料鉴别	对收集的人事档案材料进行认真审查和鉴别,确定是否符合归档要求
2	材料分类	按档案的内容,对人事档案材料进行分类
3	材料排序	1. 根据材料内容内在联系和材料之间的衔接或材料形成的时间顺序排列,并在每份材料右上角编上类号和顺序号,在其右下角编写页数 2. 第一类、第二类、第三类、第四类、第七类、第十类材料按材料形成时间排序;第五类、第六类、第八类材料按内容的主次关系排序
4	目录编写	目录是查阅档案内容的索引,要认真进行编写 1. 按类别排列顺序及档案材料目录格式,逐页逐项进行填写。根据材料题目填写"材料名称";无题目的材料,应拟定题目;材料题目过长,可适当简化;拟定或简化的题目,须确切反映材料的主要内容或性质特点;凡原材料题目不符合实际内容的,须另行拟定题目或在目录上加以注明 2. "材料形成时间"一般采用材料落款标明的最后时间,复制的档案材料,采用原材料形成时间。填写"材料份数",以每份完整的材料为一份(包括附件);材料页数的计算,采用图书编页法,每面为一页,印有页码的材料、表格,应如数填写 3. 档案卷内目录要工整、正确、清楚、美观,不得使用圆珠笔、铅笔、红色及纯蓝墨水笔书写目录。制作目录时,每类目录之后须留出适量的空格,供补充档案材料时使用;制作目录后,要检查核对,做到准确无误

续表

序号	流程	工作说明和要求
5	装订入库	1. 装订后的档案，目录在卷首，材料排列顺序与目录相符；卷面整洁，全卷整齐、平坦，装订结实、实用 2. 目录与材料核对无误，把全卷材料理齐。材料条件好的应做到四面整齐，条件较差的，以装订线一边和下边两面为齐 3. 按档案有关要求规范装订人事档案材料和目录 4. 一律使用标准人事档案卷盒。档案卷盒上必须书写档案人的姓名、籍贯。书写姓名不得用同音字或不规范的简化字 5. 人事档案整理装订成卷后，必须认真细致检查，经验收合格后，方能入库

四、人事档案利用和审核

（一）人事档案利用

企业人事档案利用工作应强化服务理念，严格遵守利用程序，创新利用方式，提高利用效能，充分发挥档案效用、体现凭证价值。人事档案利用方式主要包括查（借）阅、复制和摘录等。

1. 档案查（借）阅情形

因工作需要，符合下列情形之一的，可查（借）阅人事档案。

（1）政治审查、发展党员、党员教育、党员管理等。

（2）员工录用、聘用、考核、考察、任免、调配、职级晋升、教育培养、职称评聘、表彰奖励、工资待遇、公务员登记备案、退（离）休、社会保险、治丧等。

（3）人才引进、培养、评选、推送等。

（4）巡视、巡察，选人用人检查、违规选人用人问题查核，组织处理，党纪政务处分，涉嫌违法犯罪的调查取证、案件查办等。

（5）经企业党委（党组）、组织人事部门等相关部门批准的编史修志，撰写大事记、人物传记，举办展览、纪念活动等。

（6）员工日常管理中，熟悉了解员工，研究、发现和解决有关问题等。

（7）员工本人及其亲属办理公证、诉讼取证等有关员工个人合法权益保障的事项,可以按照有关规定提请相应的组织人事等部门查阅档案。

(8)人事档案管理工作检查。

(9)其他因工作需要利用的事项。

2. 档案查(借)阅流程

人事档案一般不予外借,确因工作需借阅的,借阅单位应履行审批手续,经企业组织人事部门负责人审批后办理借阅。同时,企业组织人事部门负责人每年要对查(借)阅的档案材料及人事档案提供利用等方面的情况进行核对。某企业档案查(借)阅流程见表2-9。

表2-9 某企业档案查(借)阅流程

序号	责任人或责任部门	工作流程	工作说明和要求
1	查(借)阅单位或个人	提出申请	填写企业查(借)阅人事档案审批表,经组织人事部门负责人审批后办理查(借)阅。如果查(借)阅单位或个人为企业外部的,还需要查(借)阅单位或有关单位出具介绍信,方可办理
2	组织人事部门	审核查(借)阅手续	认真审核查(借)阅人员的审批表内容是否全部填写清楚,核实查(借)阅人员的证件及介绍信(见附录案例14)等有关材料,看其查(借)阅档案理由是否充分、是否符合有关的规定和要求、手续是否齐全完备,然后决定是否提供查(借)阅
3	组织人事部门	办理查(借)阅手续	办理具体的查(借)阅手续,包括登记查(借)阅人员信息,查(借)阅时间等
4	组织人事部门	查(借)阅档案	1. 查(借)阅档案应在规定的时间内完成,及时归还,确保档案的完整性和保密性 2. 人事档案管理人员应对查(借)阅工作进行监督,确保查(借)阅过程符合规定,防止档案材料被不当使用或者泄露

续表

序号	责任人或责任部门	工作流程	工作说明和要求
5	组织人事部门	档案检查	查（借）阅后的人事档案经人事档案管理人员清点、检查无误后，立即放回个人档案盒或档案库房
6	组织人事部门	记录归档	档案管理部门填写档案归还记录，并将档案及时归档

3. 档案查（借）阅工作纪律

（1）查（借）阅单位如实填写员工人事档案查（借）阅审批材料，按程序报企业组织人事部门负责人审批签字并加盖公章。

（2）查（借）阅档案应 2 人以上，要求均为中共党员。

（3）在规定时限内查（借）阅。

（4）档案因办理退休手续等特殊情况确需借出使用的，必须在借出之日起 10 个工作日内归还。

（5）未经企业组织人事部门负责人批准，不允许查（借）阅同级人员的档案，下级组织或单位的人不能查（借）阅其上级的档案，不得查（借）阅本人及与其有夫妻关系、直系血亲关系、三代以内旁系血亲关系以及近姻亲关系的员工的档案。

（6）外单位人事组织部门查（借）阅人事档案须有手续完备的介绍信，企业其他部门查（借）阅人事档案必须有经过组织人事部门负责人签字的书面报告。

（7）查（借）阅人员必须严格遵守阅档规定，严禁涂改、圈划、污损、撤换、抽取、增添档案材料，未经批准不得摘录、复制、拍摄档案材料。介绍信或报告上未列出的查阅内容，一律不提供查阅。

（8）借出使用的档案和摘抄、复制的档案材料，要妥善保管，不得转借，不准无关人员、员工本人及其规定回避范围内的亲属翻阅。

（9）查（借）阅人员必须严格遵守保密制度，不得泄露或擅自对外公布人事档案内容。

（二）人事档案审核

企业组织人事部门应坚持"凡提必审""凡进必审""凡转必审"工作流程，在员工录用、提拔、选调、交流，以及人才引进、档案转递和接收等环节，做好员工人事档案审核工作。

1. 档案重点审核内容

对档案进行全面审核，重点审核员工档案材料是否真实，主要审核有无涂改档案、伪造档案材料的情况。员工信息是否真实，主要审核出生时间、参加工作时间、入党时间、学历学位、工作经历、干部身份、民族、奖惩情况、家庭主要成员及重要社会关系等重要信息是否记载一致，信息认定是否符合有关政策规定；档案材料是否齐全，主要审核员工履历、学历学位、政审材料、党团材料、奖惩材料、参加工作、参军入伍、工资待遇、年度考核、任免考察等材料是否齐全，能否完整反映员工的全貌。此外，还要审核材料制作是否规范和符合有关规定，是否有其他影响员工选拔任用工作的情况。

2. 档案审核主要步骤

企业人事档案审核可按审核登记、汇总分析、调查核实、组织认定、问题处理和材料归档六个流程进行。某企业人事档案审核流程见表2-10。

表2-10 某企业人事档案审核流程

序号	流程	工作说明和要求
1	审核登记	按审核要求及内容，逐卷逐页对人事档案进行审核，如实、及时记录发现的问题；档案审核分为初审和复审，初审人和复审人要根据审核情况填写企业员工人事档案专项审核情况登记表，并签字确认，审核发现的问题要提出初步处理意见
2	汇总分析	对审核记录发现的问题要进行汇总归类、认真分析，准确掌握各类问题的具体情况，并研究提出审核处理意见
3	调查核实	对员工人事档案重要信息或资料的真实性有疑问的，应反馈员工，员工做出书面说明后，企业组织人事部门进行调查核实

续表

序号	流程	工作说明和要求
4	组织认定	1. 根据审核情况，由组织按照人事管理权限对员工信息进行认定，即由人事管理单位所在单位党委（党组）或组织人事部门认定。如相关信息已由组织按照政策规定进行认定，应以已有认定结果为准 2. 经审核认定，由组织填写干部任免审批表；审核中发现的主要问题，特别是存在材料涂改或涉嫌造假的，填写企业员工人事档案专项审核认定表。经初审人和复审人审核签字，交员工本人核对后签字确认，存入本人档案。本人意见与组织认定意见不一致、拒不签字的，要以组织认定意见为准
5	问题处理	审核发现的问题要视情况妥善处理 1. 档案材料不齐全或不规范的，要根据材料内容和性质，分别采取补充收集、原件复制、完善手续等方式进行补充和规范。所有补充和规范的材料，要注明经办人、办理时间并加盖组织人事部门公章 2. 档案重要信息记载不准确或不一致的，要根据有关政策审核确认，对经过调查没有原始依据材料、按现有政策难以认定的，本着从严掌握的原则，结合档案记载情况综合研判确认 3. 档案材料涉嫌造假，经组织调查后仍无法核查清楚的，要记录在案，没有查清前暂不提拔或进一步使用 4. 档案材料造假的，责令相关责任人和员工本人作出书面检查，并予以纠正；情节严重或者影响恶劣的，组织要按规定处理；涉嫌犯罪的，移送司法机关处理
6	材料归档	认真鉴别审核过程中的个人说明、补充收集、组织认定和处理等材料，经鉴别后及时归档。对于有信息变更的，按照组织认定结果，及时更新人员信息和人事档案系统信息

五、人事档案信息化管理

人事档案信息化是把传统纸质档案通过扫描和全文数字化转化后，形成计算机可识别的电子文档或电子图片。企业在人事档案信息化建设和管理中，要根据国家的有关标准和规范，强化对人事档案信息资源的规划、建设和管理，提高档案信息采集、处理、传输和利用的能力，构建一个安全、便捷、共享、高效的人事档案信息化管理系统。企业通过档案信息化建设，可有效解除传统纸质档案的保管条件和载体的限制，尽可能实现人事档案信息永久性保存，从而提高档案利用效率。

（一）人事档案信息化管理的意义

1. 形成"大档案"管理格局，实现企业人事档案集约管控

通过信息化人事档案建设，统一企业人事档案工作标准和管理流程，企业总部及直属子企业可通过档案管理系统实时在线监控和检查档案流转情况和库房管理情况，可直接调阅各层各级人员人事档案，有效增强人事档案管理的规范性、高效性，初步形成企业员工人事档案集约管理的"大档案"管理格局。

2. 建立"全流程"管理模式，实现人事档案全生命周期管理

人事档案信息化可实现零散材料、审核整理、查借阅管理、转递等档案日常业务全流程在线管理，360°全景展示了档案卷宗从最初形成到最终永久保存的全生命周期过程，解决了纸质档案管理过程中的离散化、碎片化及事后评价等问题，有效提升人事档案数据的归集速度、利用率和服务质量。新生成材料可以做到"随建随归"，确保人事档案的准确性、全面性和实时性，有效提升了人事档案管理规范化水平。

3. 构建"穿透式"业务体系，提高人事档案管理效率

人事档案信息化注重系统功能模块的业务关联，根据流程节点关系和工作要求形成各档案模块间的数据关联，从而构建"穿透式"业务体系，让档案数据变得更有价值，有效提高人事档案管理效率。

4. 实行"规范化"数据采集，提高人事档案利用水平

人事档案信息化实现了全企业档案信息资源统一调度、多点利用、一键查询、多维印证，最大限度提高人事档案信息查阅利用效率和审核准确性，为人事档案在员工选拔任用、考核评价、人员配置等具体工作中提供更加科学有效的支撑服务。

（二）企业人事档案信息化建设与实践

人事档案系统是基于SAAS（软件即服务）系统所构建的管理系统，通过加密技术、权限管理、数据可视化等信息化手段，提高企业人事档案管理的效率和准确性。

1. 系统架构蓝图

人事档案信息化采用B/S（档案管理主系统）+C/S（扫描子系统）的开发模式，如图2-6所示。

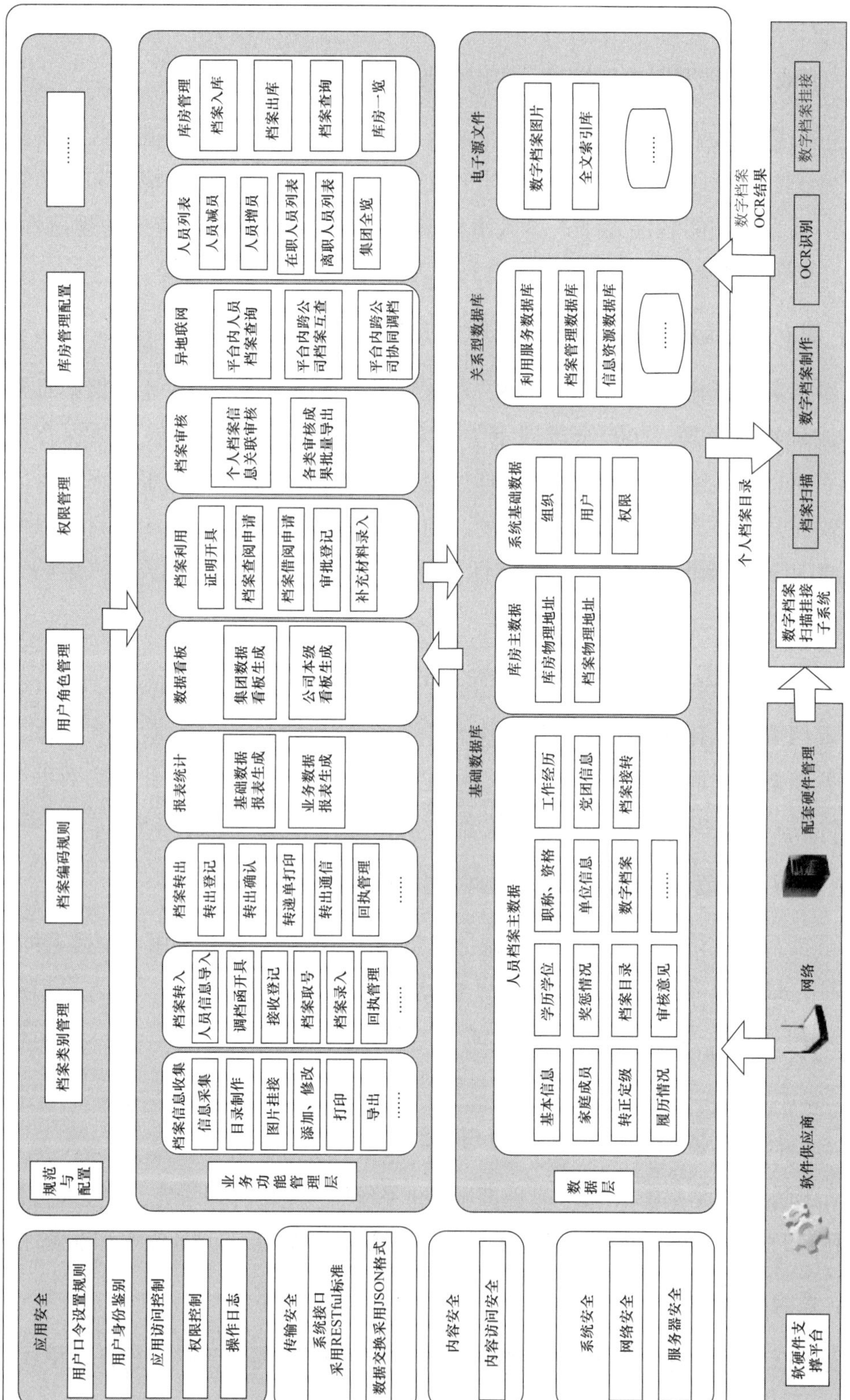

图2-6 人事档案管理系统架构蓝图

2. 总体设计（见表2-11）

表2-11 某企业人事档案信息化总体设计

模块	总体设计
个人信息	包括基本信息、学历学位、档案流转、报到与转正定级、职称管理、执业资格管理、档案目录、档案清单与补充材料、数字档案、档案查借阅、工作经历、家庭成员、奖惩情况等模块信息点录入和搜索查询功能
业务办理	1. 证明开具：调档函、工龄证明、工作经历证明、学籍证明、参加工作时间证明、亲属关系证明、党员证明、无相关材料证明、政审回复函、现实表现证明、解除（终止）劳动合同证明，并具有导出和打印功能 2. 企业内查阅人事档案的审批功能和信息反馈功能
档案审核	1. 员工人事档案专项审核初审："三龄两历一身份"信息点录入，信息点与个人信息模块信息点双向互通；工作经历、任免经历、工作经历缺失信息点录入，并具备标准化导出、打印功能；奖惩情况、家庭成员及重要社会关系、年度考核结果、工资变动登记、职务变动登记信息录入；具备自动生成并导出和打印个人档案基本信息采集表、员工人事档案专项审核情况登记表、×××（单位）员工人事档案专项审核情况汇总表、工资变动登记表、职务变动登记表、年度考核表明细功能 2. 员工人事档案专项审核复审：档案审核模块的个人信息模块的信息点双向互通，在根据补充材料更新档案审核模块信息点的同时，个人信息模块的信息点也同步自动更新；具备自动生成并导出和打印个人档案基本信息采集表、干部任免审批表、员工履历表、工资变动登记表、职务变动登记表、年度考核表明细功能
单位管理	在职员工明细、离职员工明细、批量导出专项审核结果、批量查看数字档案
集团互联	1. 人事档案管理系统内企业本部及下属企业的信息化档案实现互联互通，共享互查 2. 企业本部具备总览全集团员工人事档案信息和数字档案的权限 3. 下属企业间可申请互查集团内员工人事档案信息和数字档案 4. 企业内的员工档案可通过系统实现档案在线异地流转
数字档案	1. 数字档案制作、处理、挂接子系统 2. 数字档案在线查阅 3. 数字档案OCR（文字识别）搜索功能
可视库房	1. 档案出入库管理 2. 档案动态物理地址管理功能 3. 库房档案柜固态物理地址管理功能 4. 实时了解档案库房存量和余量，虚拟库房导出 5. 档案库房管理可视看板

续表

模块	总体设计
数据分析	1. 集团各企业用户数据统计及导出 2. 各企业本级的数据统计及导出 3. 所有字段的自定义报表明细导出
档案接转	档案接收、信息录入、档案利用、档案出入库、档案转出、回执转出等功能，并具有导出和打印功能
管理员后台	具备对工作人员一般权限及业务模板进行调整的功能。权限管理包括数据、功能权限的配置，临时权限的管理等。系统功能权限和数据管理权限分离
集中式数据存储	建立人事档案资源库系统和备份系统，统一保存备份资源库系统的数据信息及操作日志信息
其他功能	补充材料录入、主题宣传、通知公告、文件下载、用户管理、用户权限设置等功能

3. 系统安全性设计

为保证数据传输安全性，内网应使用 VPN 进行数据通信和传输；为保证应用系统安全性，所有接口访问都设有权限控制，增、删、改等操作会保存日志。

4. 系统性能需求

一是数据精确度和时间特性要按照严格的数据格式输入，否则系统不给予响应处理。操作的响应时间在 1~2 秒，对软磁盘和打印机的操作也应在可接受的时间内完成。二是适应性，查询时要保证查全率，所有相应域包含查询关键字的记录都应能查到。因为通常有文件的记录很多，系统应至少提供两种方法进行查询：直接查询和模糊查询，满足企业使用的需求（记录量控制在 1 000 项内）。三是系统的功能实现，用户可在系统中实现各种要求的功能，保证系统的安全性、容错性和封闭性。对于系统的重要数据均有密码保护，具有一定的安全性；用户输错数据均有提示信息，具有较好的容错性能；用户的封闭性较好，用户基本上在提示信息下输入数据。

本章附录案例请扫二维码查看

第三章
劳动关系管理

劳动关系管理主要是指企业通过一系列管理措施与手段，有效管理与维护与员工之间的关系，以达到促进企业发展和员工满意的目标。劳动关系管理贯穿劳动关系确立到解除（终止）的整个过程，包括员工入职、离职，劳动关系确立、维护和劳动争议处理等，直接关系到企业运营效率、员工满意度及企业形象。

第一节　劳动关系的确立

劳动关系作为一种社会经济关系，受劳动力市场等价交换原则支配。在劳动关系确立过程中，企业和劳动者均具有平等的法律地位，应遵循合法公正、平等自愿、协商一致、诚实信用的原则，体现双方当事人的真实意愿，确定双方当事人的权利义务。

确立和谐的劳动关系不仅是企业与劳动者之间共赢的基础，还是推动社会进步与经济繁荣的关键要素，更是衡量一个国家或地区社会文明程度的重要标尺。在经济层面，良好的劳动关系有助于保持稳定的社会环境，为经济持续健康发展提供坚实的基础。在企业层面，和谐的劳动关系能显著提升员工工作满意度和忠诚度，形成积极向上的企业文化，提升整体运营效率和经济效益。

《中华人民共和国劳动合同法》（以下简称《劳动合同法》）第七条规定，用人单位自用工之日起即与劳动者建立劳动关系。劳动关系的确立以产生劳动用工行为或发生事实劳动用工关系为标志，订立劳动合同是确定劳动关系的主要形式，如在未订立书面劳动合同的情形下，可通过员工入职登记表、工资单或工资签收凭证、员工工资发放花名册、员工缴纳各项社会保险记录、员工工作证、员工考勤记录、企业其他员工的证言等对劳动关系进行认定。

一、劳动合同订立

劳动合同订立指企业和劳动者经过相互选择、平等协商，就劳动合同条款达成一致，明确双方权利义务的法律行为。订立劳动合同是劳动关系建立与维护的重要一环，为双方权利义务提供法律保障。

二、劳动合同订立要点

劳动合同须在用工前或用工之日起 1 个月内与劳动者书面订立（非全日制用工除外）。若劳动者拒绝订立劳动合同，企业应自用工之日起 1 个月内，书面通知劳动者终止劳动关系。

三、劳动合同的内容

企业在订立劳动合同时应遵循相关法律要求，完善劳动合同必备条款，包括但不限于：企业名称、住所和法定代表人或主要负责人；劳动者姓名、住址、居民身份证或其他有效身份证件号码；劳动合同期限；工作内容及工作地点；工作时间及休息休假；薪酬、社会保险；劳动保护、劳动条件和职业危害防护；法律法规规定应当纳入劳动合同的其他事项。除必备条款外，劳动合同主体双方可根据劳动合同期限约定试用期、培训、保密义务、竞业限制及福利待遇等其他事项。但需注意的是劳动合同内容的约定须符合法律规定，否则视为无效合同，如试用期约定不符合法律规定，约定劳动者自愿放弃缴纳社保或其他福利待遇，约定限制女性劳动者生育、休假等都属于无效合同。

四、劳动合同订立流程

劳动合同订立流程如图 3-1 所示。

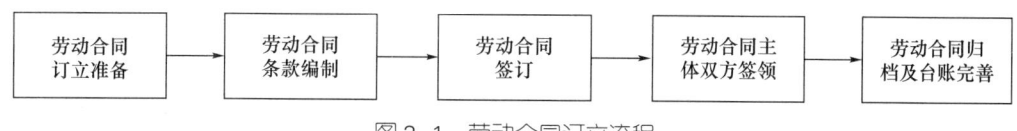

图 3-1 劳动合同订立流程

（一）劳动合同订立准备

企业在与劳动者订立劳动合同前，劳动者应提供与原企业解除、终止劳动合同或未与任何其他企业存在劳动关系的证明材料原件，如"终止（解除）劳动合同证明"等。确实无法提供的，应提供由本人签字的无原单位或已与原单位依法解除劳动合同的书面声明。若劳动者为应届毕业生，仅提供毕业相关证件及查验证明即可。

（二）劳动合同条款编制

劳动合同可采用人社部门监制的劳动合同示范文本，也可由各企业在遵守有关法律法规前提下，结合实际制定本企业劳动合同范本。劳动合同主体双方以合同范本为基础，就具体事项协商达成一致后，即可逐一填入劳动合同文本中。

（三）劳动合同签订

合同签订应遵循相应规范，如劳动合同盖章、劳动合同份数等，还可根据企业实际情况签订保密协议或其他专项协议。

（四）劳动合同主体双方签领

注重劳动合同日常管理规范，建立劳动合同签领台账，及时通知劳动者本人签领劳动合同。

（五）劳动合同归档及台账完善

劳动合同通常为一式三份，企业和劳动者各执一份、存入劳动者个人档案一份，并建立、完善劳动合同管理电子或纸质台账。

劳动合同订立工作完成后，为减少用工期间的劳动纠纷，企业还要对劳动者开展人力资源制度宣贯，如考勤休假制度、绩效考核管理制度、薪酬管理制度、员工违规违纪行为处理办法等，并由劳动者签订规章制度悉知书。

五、劳动合同订立风险点

订立劳动合同是劳动法律保护的关键内容之一，企业应对如下可能涉及的风险点加以重视。

（一）劳动合同订立欠缺规范

如订立劳动合同时未加盖企业公章、法人代表签章、骑缝章，劳动合同未标注页码等。

（二）劳动合同签收管理不严

如企业工作人员疏忽签收管理过程，未及时通知劳动者签领或任由他人代签合同，导致合同遗失或产生不必要的劳动纠纷。

（三）劳动者不配合订立劳动合同

《中华人民共和国劳动合同法实施条例》规定，自用工之日起一个月内，经用人单位书面通知后，劳动者不与用人单位订立书面劳动合同的，用人单位应书面通知劳动者终止劳动关系，无需向劳动者支付经济补偿。但实际操作中，企业常忽视书面通知的重要性，导致产生纠纷时面临双倍经济补偿风险。

六、关于劳动合同纠纷的案例

（一）案例1

某企业在与员工订立劳动合同时未盖骑缝章，且劳动合同编制时未标注页码，劳动合同订立后交给员工留存原件，未及时做好后续工作，即劳动合同未经员工签收、未建立劳动合同管理台账、劳动合同原件未及时存入员工个人档案保管等。该企业人力资源工作人员认为企业全年劳动关系订立、解除的数量不多，不需专门建立电子及纸质存档材料。时隔不久，该企业因业务调整而整合各项目人员结构，要求逐层落实人员调动沟通协商工作，涉及调动的3位员工情绪反应激烈并提出坚持按原劳动合同内容履行权利义务，经沟通无效，3位员工以企业非法调动员工为由提出劳动仲裁。

在仲裁双方举证中，该企业提出在劳动合同订立时已于"双方特别约定"条款中约定："1. 乙方须服从甲方的工作管理及工作岗位安排；2. 乙方承诺明确知晓甲方在当地多个市县具有运营项目，乙方同意甲方可根据经营及业务的需要按甲方运营项目地点调整乙方的工作地点。"因此企业有理由依据劳动合同约定，在平等协商的基础上调整员工工作岗位。但员工提供的劳动合同举证材料并不含以上条款内容页，经仲裁院核实，企业与劳动者双方提供的劳动合同原件证据内容及页数不一致，且均未盖骑缝章，而企业一方也无法提供员工签收劳动合同记录及任何电子存档材料，导致该企业在涉及劳动纠纷时举证困难。

案例解析：企业在工作实务中常易忽视劳动合同订立的细节工作，如盖章是否合规有效，劳动合同是否严格依据一式多份要求订立，是否做好员工签收台账、合同管理台账以便备查等。劳动合同订立虽仅为劳动合同管理的一环，大多企业不会将其列入制度规范中，但劳动合同订立涉及法律风险较多，为规避风险，企业在工作实务中可将劳动合同订立、解除等工作细节流程列入"人力资源业务流程指导"或相关工作流程规范要求中，明确劳动合同订立工作注意事项及标准，对于频繁更换人力资源工作人员的企业可在办公场所通过"流程上墙"的方式强化工作要求，避免不必要的劳动纠纷。

（二）案例2

某企业因经营业务调整而开展人员调动工作，经沟通协商一致，该企业员工张某由该企业下属 A 公司经营管理岗位调动至下属 B 公司营销管理专员岗位，入职后 B 公司人力资源专员口头通知张某办理劳动合同订立手续，张某口头同意并答复出差返程后办理，时隔 2 周后 B 公司人力资源专员通过 QQ、微信等社交媒体发出订立劳动合同通知，张某并未及时应约办理，人力资源专员因工作繁忙忘记此事。直至半年后，张某因不服从 B 公司长期出差安排与 B 公司产生劳动纠纷，并以 B 公司未及时订立劳动合同和违法用工为由发起劳动仲裁，经仲裁无法调解提起诉讼，法院认定 B 公司未及时订立劳动合同行为属违法行为，并要求 B 公司支付张某自用工之日起双倍经济补偿金。

案例解析：企业常易忽视劳动合同通知的重要性，劳动合同通知作为正式的法律要约具备一定的法律效力，根据《中华人民共和国劳动合同法实施条例》第五条、第六条，该公司应在张某一直未实际办理劳动合同订立手续 1 个月内，发出书面订立合同通知并保留送达证据，1 个月后劳动者仍未实际订立的应书面通知劳动者终止劳动关系并保留通知送达证据，以便作为举证材料，且避免支付双倍经济补偿金的处罚。

第二节 劳动关系的维护

企业劳动关系是指企业与劳动者之间的关系,不仅涉及劳动合同的续订、变更及解除(终止)等劳动合同管理工作,还涉及劳动法律法规、劳动条件、薪酬福利、劳动保护等多方面内容,具有保障双方权益、促进和谐稳定、提高企业生产效率、降低招聘培训成本及法律风险的意义。

一、劳动合同管理

加强劳动合同管理,严格履行合同管理要求,对于预防和减少劳动纠纷、维护和谐劳动关系、调动劳动者积极性、促进企业健康发展具有十分重要的意义。实际工作中,企业劳动合同管理通常涉及劳动合同续订、变更、解除(终止)等内容。

(一)劳动合同续订

劳动合同续订是指劳动合同期满后,企业与劳动者经协商达成一致,延续劳动关系的法律行为。

1. 劳动合同续订要点

在企业劳动合同续订环节中,需要注意以下问题:

(1)续订期限。劳动合同期满续订一般可分为固定期限、无固定期限或以完成一定任务为期限。根据《劳动合同法》第十四条,除非劳动者主动要求订立固定期限劳动合同,否则在以下情形中,企业应与劳动者订立无固定期限劳动合同:劳动者已在企业连续工作满十年;企业初次实行劳动合同制度,或国有企业改制需重新订立劳动合同时,劳动者已在企业连续工作满十年且距离法定退休年龄不足十年;劳动者已连续订立两次固定期限劳动合同,且期间未出现不符合订立无固定期限合同条件或违法情形,续订劳动合同的。

(2)续订的时间节点。企业应在劳动合同期满前的一个月内,完成续订劳动合同的审批和通知流程。需注意的是,续订完成时间须在原劳动合同到期日后的一个月内,否则将面临双倍经济补偿金风险。续订劳动合同的重要程度不亚于劳动合同的初次订立，企业应设置劳动合同到期提醒流程。

2. 劳动合同续订流程

劳动者劳动合同期满前一个月内，企业应根据实际用工需求，对劳动者进行合同期满考核。考核合格且劳动者同意续订劳动合同的，企业应以书面形式向劳动者发送"续订劳动合同意向通知书"（以下简称"通知书"），并在"通知书"中明确设定反馈时限，由人力资源部门通知劳动者办理劳动合同续订手续；或在形成事实劳动关系之日起30日内与劳动者协商续订劳动合同。如劳动者收到"通知书"后，未在规定时限内给予反馈，则视为劳动者不同意续订劳动合同。如企业无续订意向，但因企业原因造成事实劳动关系的，企业可提出终止劳动关系并支付经济补偿金。为确保劳动合同续订流程的规范性和法律效力，企业应将上述规定列入企业规章制度中。劳动合同续订流程如图3-2所示。

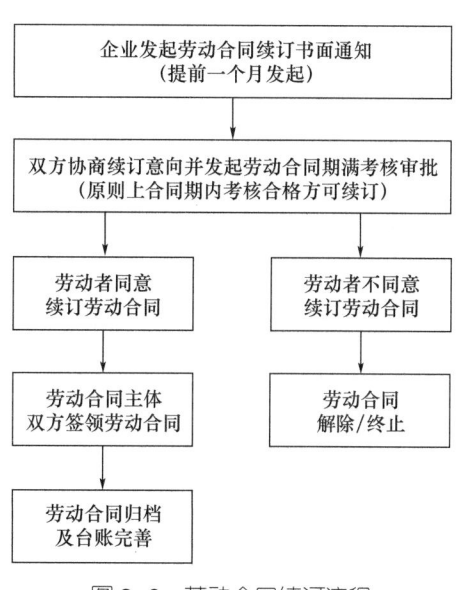

图3-2 劳动合同续订流程

3. 劳动合同续订风险点

在实际劳动合同续订工作中应避免出现延误续订、程序不规范等风险。

（1）延误续订。在劳动合同到期后，未及时续订劳动合同而发生事实劳动关系的，将面临赔付双倍经济补偿金的风险，延误续订1年及以上的，将被视为与劳动者订立无固定期限劳动合同。

（2）续订程序不规范。企业应建立标准化的续订流程，涵盖续订意向通知、协商、签订等环节,确保流程的公正与透明。劳动合同续订过程中的模糊条款、盲目决策及不规范流程,会影响企业效能,容易引起劳动纠纷。企业应实施劳动合同的动态管控,预先规划续订事宜并与劳动者就续订合同条款充分沟通。在合同期满考核中,依据劳动者绩效考核结果做出决策,激励优秀员工并调整不胜任者。

(二)劳动合同变更

劳动合同变更是指在劳动合同已订立但尚未履行完毕前,因主客观条件发生变化,经企业和劳动者双方协商同意,对部分合同条款进行修改、补充或删减的法律行为。

1. 劳动合同变更要点

结合《劳动合同法》有关规定及劳动关系管理实际工作,劳动合同变更需注意以下四个方面:

(1)符合变更情形。劳动合同履行中,当出现企业情况变更、劳动者岗位发生变化、客观情况发生重大变化或产生不可抗力时,应通过变更劳动合同进行调整,即劳动合同主体双方因特定原因对原劳动合同内容修改协商一致的行为,可能涉及工作内容、工作地点、劳动报酬、工作时间等多个方面的调整。

(2)限定变更内容。一般仅限内容变更,如工作内容、工作地点、工作岗位或合同期限等。企业变更名称、法定代表人、主要负责人或投资人等事项,不影响劳动合同的履行。企业发生合并或分立等情况,原劳动合同继续有效,劳动合同由承继其权利和义务的企业继续履行。

(3)协商一致变更。企业与劳动者协商一致,可变更劳动合同约定的内容。如协商过程中有任何一方当事人不同意变更内容,或一方当事人未经过对方当事人同意任意变更合同的,均属无效行为,变更内容部分不具备法律效力。

(4)书面形式变更。变更劳动合同应采用书面形式。任何口头、聊天记录等形式达成的变更都不具备法律效力。书面协议应指明具体变更条款,并明确变更协议的生效与终止日期,书面协议经双方当事人签字盖章后生效。变更后的劳动合同文本应由企业和劳动者双方各执一份,如有条件应留存一份至劳动者个人档案中,并保留劳动者签收变更协议的台账记录。

2. 劳动合同变更流程

劳动合同变更流程如图 3-3 所示。

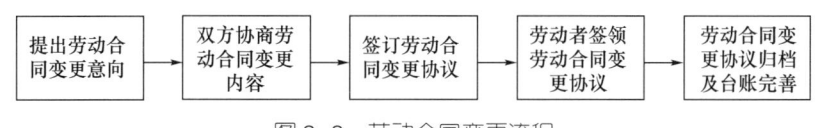

图 3-3 劳动合同变更流程

（1）提出劳动合同变更意向。可由企业或员工提出劳动合同变更意向，双方就变更事由在平等自愿、协商一致前提下进行沟通。

（2）协商、签订劳动合同变更协议。协商一致后，企业人力资源部门与劳动者签订"劳动合同变更协议书"（一式三份），企业及劳动者各执一份，一份存入员工人事档案。

（3）签领、归档及台账完善。企业人力资源部门通知劳动者签领"劳动合同变更协议书"，及时完善签领台账、劳动合同变更管理台账及材料归档。

3. 劳动合同变更风险点

变更劳动合同应注意规避以下风险：

（1）未充分沟通协商。因企业单方面原因需变更劳动合同时，应与劳动者充分沟通，提前向劳动者说明变更的背景、目的及对劳动者的具体影响，争取劳动者的理解和支持，力求双方就变更内容达成一致。如企业单方面通知劳动者实施变更、未经劳动者同意的，将面临法律风险。

（2）口头变更劳动合同。口头变更劳动合同极易产生误解与争议，且口头变更的内容无书面记录，发生纠纷时，劳动合同主体双方的权利义务难以界定，因此劳动合同的变更都应以书面形式体现且双方签字确认。

（三）劳动合同的解除（终止）

劳动合同的解除是指劳动合同依法生效后，在尚未履行或全部履行前，出于各种原因致使劳动合同双方或单方依法解除劳动关系的法律行为。劳动合同的终止是指劳动合同主体双方的劳动关系基于一定的法律事实出现而终结，双方原约定的权利与义务自此消失，即劳动合同的法律效力终止。

1. 劳动合同解除（终止）的常见情形

劳动合同双方当事人必须在法定前提下，按规定程序解除劳动合同，擅自解除的不仅属无效行为，甚至可能面临法律风险问题。企业单方解除劳动合同的一般为"解雇"或"裁员"，劳动者单方提出解除的一般为"辞职"。

（1）劳动者单方解除。劳动者行使单方解除权的，分以下两种情况：

1）非因企业过错解除。在企业不存在过错的情况下，劳动者遵守法定程序以书面形式提前30日通知企业预告解除（试用期除外），即可行使单方解除权。

2）因企业过错解除。《劳动合同法》第三十八条列出了劳动者可单方行使解除权的若干情形，包括：企业未按劳动合同约定提供劳动保护或劳动条件的；企业未及时足额支付劳动报酬的；企业未依法为劳动者缴纳社会保险费的；企业规章制度违反法律法规的规定，损害劳动者权益的；企业以暴力、威胁或非法限制人身自由的手段强迫劳动者劳动的；企业违章指挥、强令冒险作业危及劳动者人身安全的。

（2）企业单方解除。企业行使单方解除权的，分以下两种情况：

1）因劳动者过失解除。《劳动合同法》第三十九条规定了企业可单方行使解除权的若干情形，包括：劳动者在试用期内被证明不符合录用条件的；劳动者严重违反企业规章制度的；劳动者严重失职、营私舞弊给企业造成重大损害的；劳动者同时与其他用人单位建立劳动关系，对完成本企业的工作任务造成严重影响，或经企业提出拒不改正的；劳动者被依法追究刑事责任的。

2）非劳动者过失解除。根据《劳动合同法》第四十条，有下列情形之一的，企业提前三十日以书面形式通知劳动者或额外支付一个月工资后，可以解除劳动合同：劳动者患病或非因工负伤，在规定医疗期满后不能从事原工作，也不能从事由企业另行安排的工作的；劳动者不能胜任工作，且经培训或调整工作岗位，仍不能胜任工作的；劳动合同订立时所依据的客观情况发生重大变化致使劳动合同无法履行，经企业与劳动者协商，未能就变更劳动合同内容达成协议的。

（3）双方协商一致解除。企业与劳动者在平等自愿的基础上，通过协商一致达成解除劳动合同的共识，从而终止劳动合同关系及其效力。这种方式不受原有劳动合同解除条件的约束。为确保解除劳动合同协议的有效性，在实际操作中，双方应坚持采用书面形式进行办理,并始终遵循自愿、平等及协商一致的原则。

(4)经济性裁员。根据《劳动合同法》第四十一条,当企业符合下列情形之一时,可以裁减人员:

1)依照企业破产法规定进行重整的。

2)生产经营发生严重困难的。

3)企业转产、重大技术革新或经营方式调整,经变更劳动合同后,仍需裁减人员的。

4)其他因劳动合同订立时所依据的客观经济情况发生重大变化,致使劳动合同无法履行的。

企业实施人员裁减时,应当避免裁减《劳动合同法》第四十一条中规定的优先留用人员,且裁减人员后,在6个月内重新招用人员的,应当通知被裁减人员,并在同等条件下优先招用被裁减人员。此外,当裁减人员20人以上或不足20人但占员工总数10%以上的,企业应提前30日向工会或全体员工说明情况,在听取工会或员工意见后将人员裁减方案向当地人力资源社会保障行政部门报告。

2. 劳动合同解除(终止)的法律后果

双方协商一致或单方解除劳动合同的情形都会涉及相应的法律后果,如企业可能涉及支付经济补偿金、违约金、赔偿金等;劳动者单方合法或非法解除劳动合同可能涉及向企业支付违约金或赔偿金,部分涉及履行竞业限制义务等。

(1)经济补偿金。经济补偿金是指企业按法定程序解除或终止劳动合同后,依法向劳动者一次性支付一定数额的经济补助。经济补偿金的支付在法定情形下具有法律强制性,即无论劳动合同的内容有无相关约定,当出现《劳动合同法》第四十六条规定的有关情形时,企业必须支付经济补偿金。企业支付经济补偿金前应与劳动者就支付数额进行确定,通常由企业编制经济补偿金核对表,经双方一致确认后签字。某企业经济补偿金核对表见表3-1。

(2)违约金。违约金是指劳动合同主体双方通过事先约定确立的,且在违约情形出现后独立于履约行为之外的经济给付。如劳动合同主体双方在劳动合同中对企业需保密事项做出的相关约定,对负有保密义务的劳动者,企业可约定相关违约责任及违约金,但需注意违约金的合法性及有效性问题。

企业人力资源管理实务

表 3-1 某企业经济补偿金核对表

单位：元

人员编号					
姓名		性别	出生年月	身份证号码	
所属单位		部门及岗位		核实进入公司时间	核实进入公司后的连续工龄（年）
合同解除（终止）时间	年 月 日 至 年 月 日		合同解除（终止）原因		协商解除劳动合同经济补偿金总额（元）
离职前12个月	离职前12个月总收入（元）			离职前12个月平均工资（元）	
经济补偿金总额					
备注					

1. 经济补偿金为应发收入，社会保险及个人所得税由公司从经济补偿金中代扣代缴。
2. 本表一式二份，公司、本人各持一份。

经仔细核对，本人确认以上信息准确无误。

本人签名：

（按手印，右手食指）

×× 公司
（盖章）

经办人：

（3）赔偿金。赔偿金是劳动关系一方因自己的过错不当履行或解除劳动合同而给对方造成损失时，向对方支付的经济补偿，属于承担违约责任的形式之一。赔偿金对劳动合同主体双方适用情形各有不同。

1）企业涉及赔偿金的情形

①企业违法解除劳动合同的，需按《劳动合同法》规定经济补偿标准的双倍向劳动者支付赔偿金。

②企业解除劳动合同但未依法向劳动者支付经济补偿的，程序上应先由人力资源社会保障行政部门责令限期支付，逾期未付需按相应标准向劳动者支付赔偿金。

③劳动者依法解除劳动合同，企业违法扣押劳动者档案或其他物品并对劳动者造成损失的，企业应承担相应赔偿责任。

④企业解除劳动合同但未向劳动者出具书面证明，给劳动者造成损失的，企业应承担相应赔偿责任。

2）劳动者涉及赔偿金的情形

①劳动者违反法律规定解除劳动合同并对企业造成损失的，应承担赔偿责任。赔偿的范围有招聘成本、培训成本、对生产经营造成直接经济损失费用或其他劳动合同内约定的赔偿费用等。

②劳动者违反已约定保密义务或竞业限制，对企业造成经济损失的，应承担赔偿责任。

3. 劳动合同解除（终止）的完善措施

（1）规范规章制度。企业行使单方解除权时须依据相关规章制度，以保证其合法性、规范性。如以劳动者严重违反企业规章制度作为解除劳动合同原因，企业须提供规章制度制定的规范流程，量化可导致合同解除的具体行为，根据不同行为及程度制定相应的处罚措施，语言清晰明确，确保提供法律证明时具备充分的举证能力。

（2）确保知悉认可。企业制定详细的规章制度后须及时印发，并做好宣贯及签收工作，确保全员知悉。避免发生劳动争议时企业无法举证劳动者已知悉相关制度的情形。

（3）材料归集完整。企业应将招聘、入职、劳动合同订立、保密及竞业协议、培训服务协议、考勤、绩效与薪酬结果等一系列材料及时整理归档，并建立相应签收台账，以免发生劳动纠纷时举证困难。

4. 劳动合同解除（终止）流程

（1）劳动合同期满终止或双方协商一致解除流程如图3-4所示。

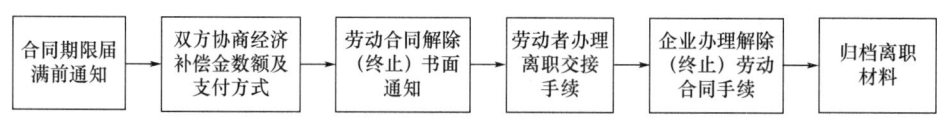

图3-4　劳动合同期满终止或双方协商一致解除流程

1）合同期限届满前通知。企业在劳动者劳动合同期限届满前，综合考虑组织目标、规划及劳动者绩效结果等因素，考量员工去留问题，如明确不予留用的劳动者以劳动合同期满终止或双方协商一致解除（终止）劳动关系的，须于合同期限届满前30日发出通知。

2）双方协商。劳动合同主体双方就劳动合同期内工作表现、业绩考核结果及组织规划等内容进行沟通，就结果达成共识。采用协商方式解除劳动合同关系的，劳动合同主体双方应就经济补偿金赔付事宜进行平等协商，并签订经济补偿赔付协议。

3）劳动合同解除（终止）书面通知。人力资源部门发出"解除（终止）劳动合同通知书"（一式二份），人力资源部门及劳动者各执一份。

4）劳动者办理离职交接手续。劳动者填写"员工离职交接清单"后到相关部门办理离职手续，包括但不限于与岗位接替人进行岗位职责及相关文件的交接、清算财务欠款等。

5）企业办理解除（终止）劳动合同手续。人力资源部门出具"解除（终止）劳动合同证明书"，双方协商签订"解除劳动合同协议书"，由劳动者本人签领。人力资源部门应按约定时间转出劳动者人事档案，办理社会保险停保等手续。

6）归档离职材料。离职手续办理完毕后，应及时完善劳动合同解除（终止）电子或纸质台账，并及时归档材料以便查询。

（2）单方提前终止情形。企业或劳动者单方解除流程如图3-5所示，企业处理劳动关系解除基本工作要点见表3-2。

第三章 劳动关系管理

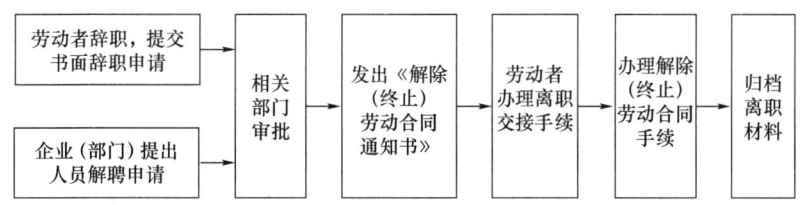

图 3-5 劳动合同单方解除流程

表 3-2 企业处理劳动关系解除基本工作要点

工作流程	责任部门或责任人	工作要点及流程说明
1. 劳动者提交书面辞职申请 2. 企业（部门）提出人员解聘申请	1. 劳动者 2. 企业（部门）	1. 劳动者单方解除劳动关系的，递交书面辞职申请 2. 企业（部门）单方解除劳动关系的，应通过相应审批流程后方可提出 3. 提前30日提出书面申请（劳动者试用期内提前3天提出）
相关部门审批	人力资源部门	1. 劳动者单方提出辞职。人力资源部门会同劳动者所在部门与拟辞职员工进行沟通确认，了解辞职原因，并填写"解除（终止）劳动合同审批表"。人力资源部门负责人向相关领导汇报后，签字确认 2. 企业（部门）提出解聘。一般用人部门填写"解除（终止）劳动合同审批表"提交人力资源部门审核，人力资源部门出具审核意见，并向相关领导汇报，由企业相关领导签批
发出《解除（终止）劳动合同通知书》	人力资源部门	人力资源部门需提前30日以书面形式通知企业拟解聘的劳动者，通知书应一式二份，人力资源部门及劳动者各执一份，由劳动者本人签领
劳动者办理离职交接手续	劳动者本人、所在部门及相关业务部门	劳动者按企业业务流程填写员工离职交接清单，与所在部门、业务相关部门办理工作交接
企业办理解除（终止）劳动合同手续	劳动者本人、人力资源部门	人力资源部门出具"解除（终止）劳动合同证明书"，双方协商签订"解除劳动合同协议书"，由劳动者本人签领。人力资源部门按约定时间转出劳动者人事档案，办理社会保险停保等手续
归档离职材料	人力资源部门	离职手续办理完毕后，人力资源部门完善劳动合同解除（终止）电子或纸质台账

（3）裁员。根据相关法律政策，企业裁员流程如图3-6所示。

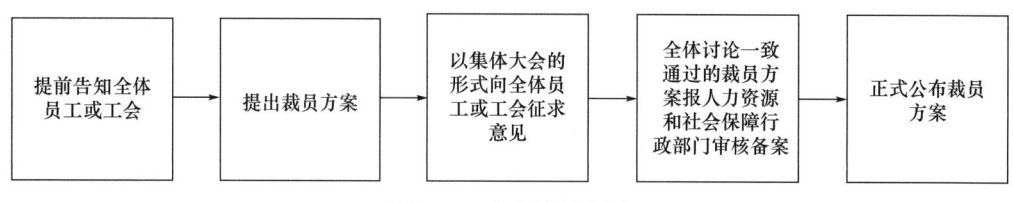

图3-6　企业裁员流程

1）提前告知。企业应提前30日向全体员工或工会说明情况，并提供实施裁员的依据。

2）提出裁员方案，包括裁员名单、裁员时间、实施步骤及经济补偿方案等。被裁减人员要符合法律、行政法规规定和集体合同约定的适用范围。

3）征求意见。以召开集体大会的形式向全体员工或工会征集裁员方案的意见或建议，并对裁员方案进行修改和完善，最终以书面形式确定并由各级人员签字确认。

4）报人力资源社会保障行政部门审核备案。将全体讨论一致通过的裁员方案报至当地人力资源社会保障行政部门，听取其意见。

5）正式公布裁员方案。由企业公布及公示经人力资源社会保障行政部门审批通过的裁员方案，由人力资源部门与被裁减人员办理劳动合同解除手续，按有关规定向被裁减人员支付经济补偿金，出具裁减人员证明书。

5. 劳动关系解除（终止）风险点

（1）劳动合同期满终止风险点。劳动合同期满终止时，须确保按法律规定，在合同到期前及时通知劳动者，明确双方劳动关系即将解除（终止）。同时认真核查是否存在符合订立无固定期限劳动合同的条件，并仔细确认劳动者是否处于医疗期、孕期、产期、哺乳期等需特殊保护的阶段。务必与劳动者就未结清的工资、加班费、奖金以及年假折算工资等事宜达成一致。

（2）协商或单方解除劳动合同风险点

1）协商解除劳动合同。确保解除通知及时送达，与劳动者进行充分协商，并做好相关备案工作，以保证整个解除程序的合法性。在协商过程中，双方应就经济补偿金的计算方式、具体数额及支付方式进行深入讨论，并在书面协议中明确记录，消除可能出现的分歧。协商须遵循公平、平等、公开透明的原则，严防任何可能被解读为歧视性解除劳动关系的行为。为防范纠纷，双方应留存协商过程中的电子邮件、会议记录、书面协议等关键证据，确保在需要时能真实反映双方的协商意愿和达成的协议内容。

2）单方解除劳动合同。若企业在劳动者没有严重违纪或不能胜任工作等法定解除理由的情况下解聘员工，或未遵循提前通知、支付经济补偿金等法定程序，都可能构成违法解除。特别是在劳动者怀孕、哺乳期、医疗期等特殊情况下进行解除，很可能被视为歧视性解除。

二、保密义务与竞业限制

保密义务与竞业限制用于保护企业商业机密与利益，防止无形资产流失。

（一）保密义务与竞业限制定义

保密义务是指掌握企业商业秘密的劳动者，应严格遵守企业保密制度，履行与其工作岗位相应的保密职责，不泄露企业商业秘密。保密义务以保密协议等形式约定劳动合同主体双方的权利与义务。保密协议是企业在与劳动者建立劳动关系时，针对涉及企业商业秘密岗位所签订的一种协议，主要内容为保守企业的商业秘密、知识产权及其他需保密的事项。竞业限制是指企业与负有保密义务的劳动者约定竞业限制条款，并约定在解除或者终止劳动合同后，在竞业限制期限内按月给予劳动者经济补偿。竞业限制包含法定竞业限制和约定竞业限制两种。

（二）保密协议签订流程

企业保密协议签订流程如图3-7所示。

图3-7　企业保密协议签订流程

1. 达成合意

劳动合同主体双方在确立劳动关系前，在平等协商的基础上就需保密的内容达成一致。

2. 起草协议

合理设置保密内容、保密责任、保密期限及违约责任，定稿前应征询专业律师意见，确保相关条款合法合规。经审核后可将起草的协议设为保密协议模板。

3. 签订协议

双方对协议条款复核无误后，采用书面形式签订，保密协议通常与劳动合同同步签订。

4. 签收归档

与劳动合同同步完成签收及归档，以免材料遗失。

（三）竞业限制协议签订流程

企业竞业限制协议签订流程如图3-8所示。

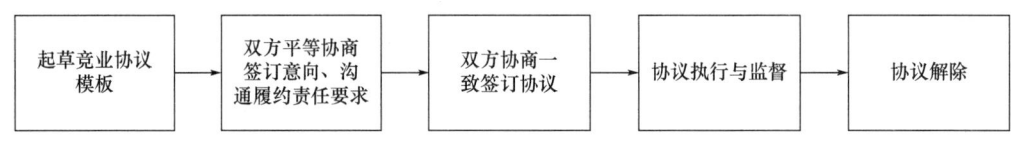

图3-8 企业竞业限制协议签订流程

1. 起草协议模板

在法律框架下制定竞业限制协议模板，包含竞业限制约束范围、地域范围、时限限制、保密义务、解除协议规定、补偿规定、违约责任及其他条款等内容。

2. 协商与签订

双方在自愿、平等基础上进行协商，达成合意后签订协议。

3. 执行与监督

竞业限制协议于劳动者离职之日起生效，竞业期限一般不超过2年。竞业限制期间劳动者须遵守协议内容，如发现劳动者违反协议，企业可通过法律途径维护自身权益。

4. 协议解除

竞业限制协议可由双方协商解除，或竞业限制期满自动解除，并按规定程序处理。

（四）保密协议与竞业限制协议风险点

1. 保密协议风险点

（1）协议条款不完善。保密义务被视作劳动者自然承担的责任，部分企业仅在劳动合同中简要提及，或单独签订保密协议但条款约定相对简单，如"乙方须对岗位相关商业秘密保密"，却未明确保密的具体项目、数据及材料等范围，这可能削弱协议的可操作性，无法有效保护企业商业秘密。

（2）保密范围界限不清。保密协议中约定的保密范围过于宽泛，如限制劳动者离职后利用自身积累经验、技能、通用性知识的权利，不利于劳动者离职后的就业机会选择等，容易引发劳动纠纷。

（3）缺乏执行监督。在与劳动者签订保密协议后，如缺乏执行监督，企业可能面临泄密风险，包括劳动者无意泄密或因执行不严格而增加泄密可能性。这可能导致法律纠纷、赔偿责任、市场竞争不利地位及内部管理混乱等风险，进而损害企业声誉、经济利益和竞争优势。

2. 竞业限制协议风险点

（1）期限限制风险。竞业限制期限由企业与劳动者约定，但最长不得超过2年。这是《劳动合同法》规定的上限，任何超过此期限的竞业限制约定都将被视为无效。

（2）地域限制风险。企业约定竞业限制地域范围不可过大，如覆盖全国甚至全球，这可能会被认为是侵犯劳动者的择业自主权，从而导致该约定无效。企业不得任意扩大竞业限制区域或一概规定不得从事同行业，否则该约定无效。

（3）竞业经济补偿金。一是未约定经济补偿金金额。虽竞业限制协议不因未约定经济补偿而无效，但劳动者有权要求企业按其劳动合同解除或终止前12个月平均工资的30%按月支付经济补偿。二是未实际发放经济补偿金。竞业限制协议不因未支付竞业限制经济补偿而自动解除或终止，但劳动者有权在因用人单位原因3个月未支付经济补偿的情况下要求解除协议。

三、集体合同

集体合同是指企业员工一方与用人单位通过平等协商，就劳动报酬、工作时间、休息休假、劳动安全卫生、保险福利等事项订立的合同，目的是协调用人单位内部劳动关系,确定劳动者的共同利益。

(一)集体合同管理要点

1. 集体合同的适用性

集体合同适用于企业全体员工,集体劳动合同约定的权利义务具有整体性、通用性,且不受岗位不同性质的影响。订立集体劳动合同不具备法律强制性。

2. 集体合同的种类

集体合同可分为专项集体合同、区域集体合同、行业集体合同。

3. 集体合同的生效

集体合同订立后并非即刻生效,依据法律要求还应报送县级以上人力资源社会保障行政部门审批,人力资源社会保障行政部门自收到企业报送集体合同文本之日起15日内未提出异议的,集体合同即可生效。

4. 集体合同的效力

集体劳动合同的法律效力高于劳动合同的法律效力,劳动者个人与企业订立的劳动合同条款标准不得低于集体劳动合同规定。

5. 集体合同的维权

因履行集体合同发生争议,经协商解决不成的,企业工会可依法申请仲裁、提起诉讼。

(二)集体合同与劳动合同的区别

集体合同与劳动合同在订立双方主体、内容、双方责任及法律效力等方面都各有不同。

1. 合同主体不同

劳动合同主体由企业及劳动者构成,集体合同主体由企业与工会或员工代表构成。

2. 合同内容不同

集体合同内容主要涉及劳动报酬、工作时间、休息休假、劳动安全卫生、保险福利等劳动条件和生活条件,而劳动合同则更具体规定劳动者个人的权利义务。

3. 合同生效方式不同

劳动合同一经订立即生效，集体合同须制定集体合同草案，提交员工代表大会审议通过并报人力资源社会保障行政部门审核通过等法定程序后才可签署生效。

4. 订立目的不同

劳动合同是企业与劳动者确立劳动关系，明确双方权利与义务的协议，是劳动合同主体双方建立劳动关系的法律依据。集体合同订立的目的在于维护劳动者整体的合法权益，调整与改善劳动关系，维护企业与劳动者双方共同的基本利益。

5. 法律效力不同

集体合同法律效力一般高于劳动合同法律效力，是企业订立劳动合同的重要依据，劳动者与企业订立的劳动合同条款标准不得低于集体合同中的约定，当二者出现不一致时，以集体合同相关条款为准。

（三）集体合同订立流程

根据相关法律政策，集体合同订立流程如图 3-9 所示。

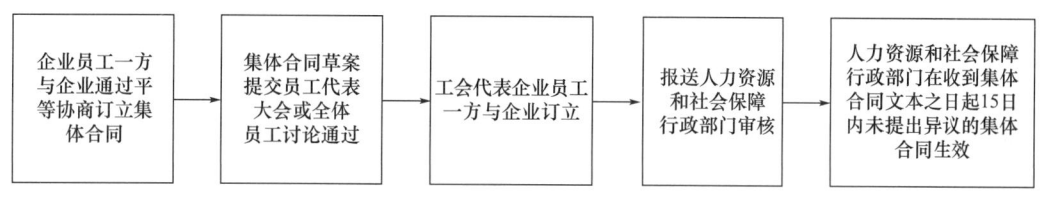

图 3-9　集体合同订立流程

（四）集体合同涉及风险点

1. 合同主体资格风险点

集体合同的一方为工会或经合法选举产生的员工代表，代表劳动者的集体利益；另一方为企业。双方作为集体合同的主体，均需要具备相应主体资格。若工会或员工代表未经合法选举产生，则在发生集体合同纠纷时，可能导致集体合同无效或效力待定。

2. 订立程序合法性风险点

集体合同的订立应严格遵循协商、草案公示、员工代表大会审议、投票等法定程序，且每一程序都应注意关键步骤的合法性与严谨性，完善每一阶段材料归档。任何程序的瑕疵都极有可能导致合同有效性受影响。

3. 合同内容及合法性风险点

集体合同表述应避免歧义与条款模糊不清，内容须符合国家法律法规规定，工资标准、工时制度、劳动条件、福利待遇等内容应在法规范围内确定。

4. 合同变更与解除风险点

经集体协商一致通过的集体合同，在一定时间内具有一定稳定性。由于集体合同变更与解除涉及多方利益，若因重大变革或不可抗力需进行变更或解除时，须遵循特定法律程序。涉及工资、工时及福利等敏感内容的调整，应通过员工代表大会或全体员工大会讨论通过，否则易引起劳动者的不满或引发群体性事件，对企业声誉造成不良影响。

第三节　劳 动 争 议

劳动争议也称劳动纠纷，是指在劳动合同关系或事实劳动关系中，企业和劳动者之间因执行劳动法律法规或履行劳动合同、集体合同发生的劳动权利和义务方面的纠纷。纠纷可能涉及多个方面，包括但不限于劳动关系的确立、变更、解除（终止）、薪酬福利、休息休假、工作条件、劳动保护等。

一、劳动争议的基本特征

（一）主体特定

一是当事人身份特定，劳动争议的当事人一方是企业，另一方是劳动者。二是当事人关系特定，发生劳动争议的主体之间须存在劳动合同关系或事实劳动关系。

（二）类型多样

劳动争议案件主要存在几种类型：拖欠、克扣工资纠纷；欠缴社会保险费和住房补贴等福利待遇纠纷；开除、除名、辞退及以其他形式解除劳动合同的纠纷和经济补偿金的支付纠纷；工伤事故赔偿纠纷；企业改制或股权变动引发的劳动关系变动纠纷等。

(三)仲裁前置

劳动争议仲裁委员会做出仲裁裁决后,当事人不服,才能依法向人民法院提起诉讼。

(四)一裁两审

"一裁"指劳动争议经调解不成后,可向劳动争议仲裁委员会申请仲裁。符合法定情形的劳动争议仲裁案件,劳动争议仲裁委员会做出裁决书之日起即发生法律效力。"两审"指当事人对劳动争议仲裁委员会做出的仲裁裁决不服的,可向人民法院提起诉讼;如当事人对一审判决不服,还可向上一级人民法院提起上诉。

以上特征共同界定了劳动争议区别于其他普通民事纠纷的本质,对于确定争议处理的法律途径及适用法律具有重要意义。

二、劳动争议的处理原则

劳动争议处理原则指在处理劳动争议过程中应当遵循的基本框架和指导思想,对于确保劳动争议得到公正、合理、及时的解决有重要意义。依据相关法律法规和企业实际,可将劳动争议处理主要原则归纳如下:

(一)自愿调解

调解是在双方当事人自愿的前提下进行的,双方自愿达成的调解协议,具有民事法律效力,一方当事人在协议约定期限内不履行调解协议的,另一方当事人可依法申请仲裁。

(二)依法处理

劳动争议的依法处理体现在遵循有法必依的原则,即使是劳动争议双方当事人自愿达成的调解协议,也应限定在法律框架下,否则应认定为无效。

(三)公正对待

处理劳动争议时,坚持公正原则既体现在当事人在仲裁和诉讼等民事活动中法律地位和适用法律一律平等,又体现在侧重于维护处于弱势一方的劳动者的合法权益,以实现当事人力量与利益的平衡,从而促进和谐劳动关系的构建。

(四)及时救济

劳动争议处理需遵循及时原则,以保障当事人合法权益,主要体现在:一是调解是非必经程序，无法调解时当事人可申请仲裁，劳动争议仲裁委员会应及时作出裁决；二是限定仲裁期限，逾期未裁决当事人可提起诉讼，部分事实清楚的可先行裁决；三是先予执行制度，对特定案件，劳动争议仲裁委员会可裁决先予执行，劳动者可迅速获得法律救济。

除以上主要准则，处理劳动争议还应当遵循公开透明、以事实为依据及预防为主原则，旨在确保争议解决过程既能维护双方权益，又能促进劳动关系和谐稳定。

三、劳动争议的范围及处理程序

企业与劳动者在劳动关系存续期间可能会产生各方面的争议，并非所有争议都属劳动争议，只有围绕劳动权利义务的实现与保障，涉及劳动关系的才属劳动争议。劳动争议范围的明确界定有助于指导企业与劳动者了解双方权利与义务，在产生争议时可依据相关法律法规采取适当解决措施。

（一）属于劳动争议的范围

《中华人民共和国劳动争议调解仲裁法》（以下简称《劳动争议调解仲裁法》）第一章第二条明确规定了中华人民共和国境内的企业与劳动者之间发生的劳动争议范围，包括因确认劳动关系发生的争议，因订立、履行、变更、解除和终止劳动合同发生的争议，因除名、辞退和辞职、离职发生的争议，因工作时间、休息休假、社会保险、福利、培训及劳动保护发生的争议，因劳动报酬、工伤医疗费、经济补偿或者赔偿金等发生的争议，以及法律、法规规定的其他劳动争议。

（二）不属于劳动争议的范围

根据《最高人民法院关于审理劳动争议案件适用法律问题的解释（二）》第七条，以下与企业相关的纠纷不属于劳动争议：一是劳动者请求社会保险经办机构发放社会保险金的纠纷；二是劳动者与企业因住房制度改革产生的公有住房转让纠纷；三是劳动者对劳动能力鉴定委员会的伤残等级鉴定结论或对职业病诊断鉴定委员会的职业病诊断鉴定结论的异议纠纷。

（三）劳动争议处理基本流程

我国处理劳动争议的方式主要有四种，即协商、调解、仲裁和诉讼，此四种劳动争议处理方式的参与对象、效力和流程各有不同。企业劳动争议处理流程如图3-10所示。

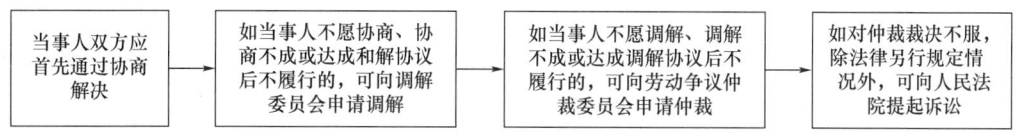

图 3-10　企业劳动争议处理流程

1. 协商

协商是劳动争议双方当事人自愿通过交涉达成和解的劳动争议处理方式。协商并非处理劳动争议的法定必经程序，但实际应用中对双方影响最小。协商流程如图 3-11 所示。

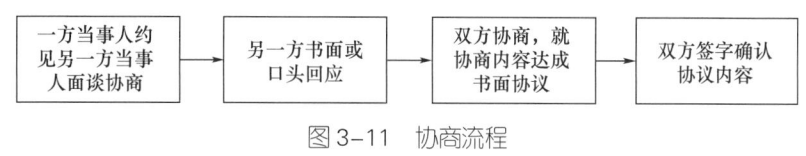

图 3-11　协商流程

2. 调解

劳动争议调解可分为口头申请与书面申请。调解协议书由双方当事人签名或盖章，经调解员签名并加盖调解组织印章后生效，对双方当事人具有约束力，当事人应当履行。调解流程如图 3-12 所示。

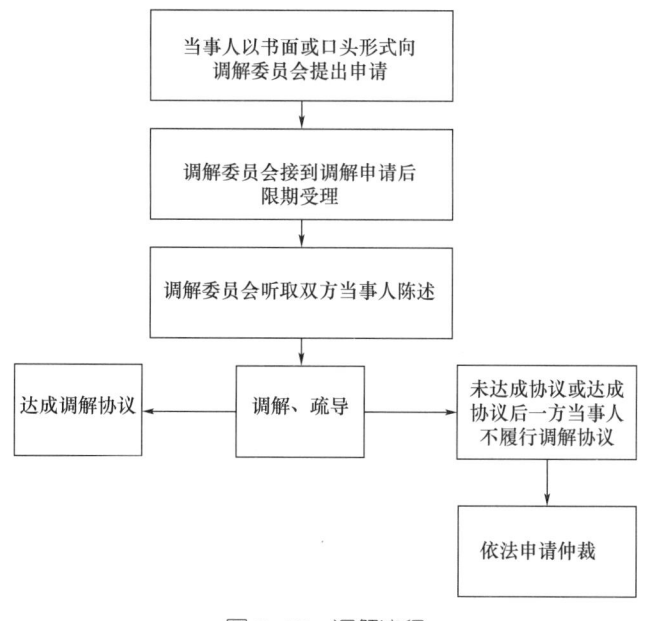

图 3-12　调解流程

3. 仲裁

仲裁是提起诉讼的前置程序，可降低劳动争议纠纷直接进入诉讼的概率，避免矛盾的尖锐化。仲裁流程如图 3-13 所示。

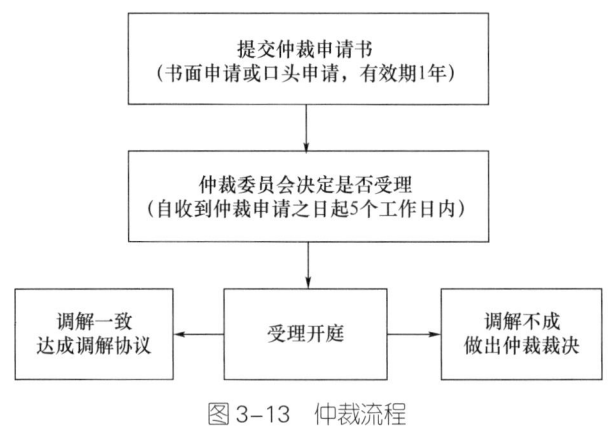

图 3-13　仲裁流程

4. 诉讼

劳动争议一方当事人对仲裁裁决不服的，可于收到仲裁裁决书之日起 15 日内向当地人民法院提起诉讼，启动诉讼程序。诉讼程序具有较强的法律性、程序性，做出的判决也具有强制执行力。

（四）劳动争议案例

1. 事实劳动关系案例

事实劳动关系是指企业与劳动者之间并未订立书面劳动合同或订立的劳动合同无效，但双方事实上已符合特定用工情形。认定事实劳动关系的关键是分辨企业与劳动者之间是否存在劳动关系的事实，对事实劳动关系的认定具有一定的复杂性。认定事实劳动关系的法律法规依据主要包括《中华人民共和国劳动法》《中华人民共和国劳动合同法》及《劳动和社会保障部关于确立劳动关系有关事项的通知》等。在实际操作中，应综合考虑各种证据和因素，根据相关法律法规的规定来认定事实劳动关系存在与否。

案例：某矿业有限公司旗下的太平煤矿与员工周某因劳动关系确认问题发生争议。太平煤矿对二审判决中认定双方自 2014 年 9 月起存在劳动关系的结果表示不服，于是向当地高级人民法院提出了再审申请。在法院审查过程中，周某提供了由工友毛某制作的"工天统计表"和"工资计算单"，清楚地显示了他在 2014

年9月至2015年8月期间在太平煤矿的工作情况。此外，太平煤矿制定的"某市煤矿矿工人井（检身）升井（销号）登记表"也明确记录了周某有两天在煤矿内工作的记录。太平煤矿的另一名员工林某在二审中还出庭作证，他的证言与上述书面证据相互印证。基于上述证据，法院认为二审判决的劳动关系认定是合理且合法的，因此驳回了太平煤矿的再审申请。

案例解析：本案核心在于劳动关系的认定及其证据支持。根据《中华人民共和国劳动争议仲裁法》及相关司法解释，劳动者主张劳动关系存在时，初步举证责任在劳动者，但本案中周某提供的"工天统计表""工资计算单"及证人证言等，已构成充分且相互印证的证据链，足以证明其自2014年9月起在太平煤矿工作的事实。在企业与员工之间的劳动关系认定中，双方都应保留好相关的工作记录和证据，这些证据不仅有助于维护员工的合法权益，也能在发生争议时为企业提供有力的支持。因此，企业在人力资源管理中，要建立健全考勤、工资发放等管理制度，确保所有记录的真实性和完整性。

2. 劳动仲裁时效案例

劳动争议申请仲裁的时效期间为一年，仲裁时效期间从当事人知道或应知道其权利被侵害之日起计算。前述仲裁时效，因当事人一方向对方当事人主张权利，或向有关部门请求权利救济，或对方当事人同意履行义务而中断。从中断时起，仲裁时效期间重新计算。因不可抗力或有其他正当理由，当事人不能在前述仲裁时效期间申请仲裁的，仲裁时效中止，从中止时效的原因消除之日起，仲裁时效期间继续计算。劳动关系存续期间因拖欠劳动报酬发生争议的，劳动者申请仲裁不受仲裁时效期间的限制；但劳动关系终止的，应自劳动关系终止之日起一年内提出。

案例：张某因向某建筑安装总公司追讨2020年全年的欠薪共计149 668元，对二审法院的判决结果不满，遂向当地高级人民法院申请再审。张某认为，自己一直积极通过微信与公司员工及法人代表沟通索要工资，因此不应被视为超过劳动仲裁时效。在审查过程中，法院认为：张某于2020年12月31日离职，若他当时认为公司拖欠工资，就应立即意识到自己的权益受损，应在一年内，即2021年12月31日之前，向劳动仲裁机构提出申请。但实际上，张某直到2023年3月30日才申请劳动仲裁，明显超出了仲裁时效。尽管张某提供了与公司员工的微信聊天记录作为证据，但这些记录并未能证明存在导致仲裁时效中断的正当理由。因此，法院认为原审法院判定本案已过仲裁时效是合理的，维持了原判。

案例解析：本案核心在于劳动仲裁时效的适用与证据效力评估。法院认定张某未能在法定时效内主张权利，且微信记录不足以证明时效中断，体现了对仲裁时效制度的严格适用，旨在督促劳动者及时维权，维护劳动关系的稳定性与可预测性。同时也提醒企业在处理劳动争议时，应关注时效管理，确保及时沟通记录，避免潜在法律风险。

3. 劳动争议仲裁管辖案例

《中华人民共和国劳动争议调解仲裁法》第二十一条规定，劳动争议仲裁委员会负责管辖本区域内发生的劳动争议。劳动争议由劳动合同履行地或企业所在地劳动争议仲裁委员会管辖。双方当事人分别向劳动合同履行地和企业所在地的劳动争议仲裁委员会申请仲裁的，由劳动合同履行地的劳动争议仲裁委员会管辖。企业所在地一般指企业的注册地，企业的注册地与实际营业地不一致的，企业所在地以经常营业地为准。

案例：杨某于2021年3月入职A省某公司，担任危险货物运输驾驶员。2022年4月，杨某与公司之间因劳动争议向A省B市C区劳动人事争议仲裁委员会申请仲裁。仲裁委员会以无管辖权为由，驳回了杨某的全部仲裁请求，并告知杨某若对裁决不服，可向法院提起诉讼。随后，杨某将此事诉至法院。一审法院受理并做出了实体判决，但公司不服，提起上诉。二审法院认为一审法院受理此案违反了法定前置程序。杨某不服二审裁定，遂向当地高院申请再审。再审过程中，法院认为：我国法律规定的劳动争议处理机制要求仲裁程序应当是实体审理，而非程序性审理。劳动仲裁管辖不允许当事人自由约定，具有法定性。因此，不能以被申请人在一审时表示认可仲裁程序为由对抗二审法院对仲裁案件管辖权的审查。二审裁定认定事实清楚，再审事由不能成立。

案例解析：本案的焦点在于劳动争议仲裁管辖权的确定及仲裁前置程序的理解。我国法律规定的劳动争议处理机制，要求仲裁程序应当是实体审理，因此，管辖权错误导致未经仲裁前置程序的劳动争议案件，应当通过纠错的形式完成仲裁程序。从人力资源管理实务的角度来看，企业应加强对劳动法律法规的学习和了解，确保在劳动争议发生时能够正确引导员工向具有管辖权的仲裁机构申请仲裁，从而避免不必要的法律纠纷。

第四章
绩效考核管理

企业绩效考核是在既定战略目标下,运用特定的标准和指标,在某一阶段内对企业组织和员工个人工作业绩做出量化评价,并将评价结果应用于薪酬分配、人员选拔和培训提升等方面,促进未来工作绩效提升的过程和方法。

第一节 企业绩效考核概述

企业绩效考核是企业经营管理中的重要环节,掌握绩效考核的相关概念、作用、关键因素,对做好绩效考核,完成企业战略目标有积极意义。

一、企业绩效考核的相关概念

与企业绩效考核相关的概念主要是绩效和绩效管理。绩效是企业或员工通过符合要求的行为来实现目标的综合体现。绩效管理是企业和员工为实现目标共同制订计划、辅导沟通、考核评价、结果应用、目标提升的持续循环过程。企业绩效考核一般分为企业组织绩效考核和员工绩效考核,企业组织绩效考核是对组织战略目标实现、整体运营效果做出的评价,员工绩效考核是对员工工作行为和直接工作效果对组织整体贡献或价值影响进行评判的过程。

二、企业绩效考核的主要作用

（一）战略目标实现的有效手段

企业绩效考核是将企业战略目标转化为具体行动的有效方式，通过设定考核指标，将企业战略目标分解为各子企业绩效目标，再细化分解为各岗位员工绩效任务，助力企业战略目标实现。

（二）薪酬体系调整的重要依据

企业绩效考核是企业薪酬分配的重要依据，企业以考核结果为导向进行薪酬体系设计，按照绩效结果计算薪酬额度，表现为多劳多得、优质优酬。

（三）人员选拔培养的重要参考

员工绩效考核是评价员工工作成效的主要手段，也是员工聘用、评先评优、岗位变动等的重要依据。企业绩效考核还可评估员工素质和发展潜能，帮助企业了解员工的优势和不足，指导员工认知自我、发挥专长、弥补不足，提升综合素质。

三、企业绩效考核的关键因素

企业绩效考核只有在获得企业决策层的支持、业务部门的配合和员工的充分理解下才能保证实施效果。企业决策层是绩效考核的直接推动者，需在政策权力、人力物力方面给予充分支持。业务部门和员工是绩效考核的直接参与者，绩效考核结果与员工切身利益相关，绩效考核成效如何，需要业务部门和员工的支持、配合和理解。

第二节　企业组织绩效考核管理

企业组织绩效考核根据不同层次可分为履行出资人职责机构对监管企业的业绩考核、监管企业对下属企业的经营业绩考核和企业内部部门绩效考核三个方面。在实际工作中，三种类型的绩效考核会相互影响，同时并行。

一、企业组织绩效考核方案编制

（一）明确考核导向

企业组织绩效考核以推动高质量发展为主线，聚焦主责主业，以提高核心竞争力和增强核心功能为导向。不同类型的企业会根据企业特性、定位等实施差异化考核。履行出资人职责机构对国有企业的考核导向如下：

1. 充分竞争类企业

主业处于充分竞争行业和领域，以增强国有经济活力、放大国有资本功能、实现国有资产保值增值为导向，重点考核经济效益、资本回报水平和市场竞争能力，引导国有资本优化布局，提高资本运营效率，提升价值创造能力。

2. 特定功能类企业

主业处于关系国家安全、国民经济命脉的重要行业和关键领域，主要承担政府重大专项任务，在保证合理回报和国有资本保值增值基础上，加强对服务国家战略、保障国家安全和国民经济运行、发展前瞻性和战略性产业及完成重大专项任务情况的考核。

3. 公益类企业

以支持企业更好地保障民生、服务社会、提供公共产品和服务为导向，坚持把社会效益放在首位，重点考核产品服务质量、成本控制、营运效率和保障能力。各级履行出资人职责机构、国有企业，可结合实际制定分类考核方案。

（二）设置考核周期

企业组织绩效考核采用年度考核与任期考核相结合的方式。年度考核以公历年为考核周期，任期考核一般以三年为一个考核周期。年度考核从质量效益、管理效能、绩效对标、功能任务四个维度进行差异化考核；任期考核从价值创造、可持续发展和任期内各年度业绩表现三个维度进行差异化考核。

企业内各部门绩效考核周期根据企业实际和部门管理要求进行设置，分为季度、半年、年度考核。因涉及企业重点工作和经营目标分解，企业内各部门绩效考核往往以年度考核居多，结合日常重点工作进行限期督办。

(三）确定考核指标及权重

企业组织绩效的年度考核指标分为质量效益指标、管理效能指标、绩效对标指标和功能任务指标（见表4-1）；任期业绩考核指标分为价值创造指标、可持续发展指标和任期内各年度业绩表现。各项指标权重可以采取百分制，也可以按企业组织类型和实际情况进行动态设置调整。

表4-1 企业组织绩效的年度考核指标

指标分类	指标名称	备注
质量效益指标	利润总额	企业合并财务报表利润总额
	经济增加值	企业税后净营业利润减去资本成本余额
管理效能指标	人均利润等	按照"一企一策"予以确定
	营业现金比率等	
绩效对标指标		从盈利回报、资产运营、风险防控和持续发展四个维度进行绩效对标评价
功能任务指标		企业承担国家、地方国防建设、乡村振兴等重大专项任务

企业部门分为职能部门和业务部门，不同类型部门考核重点会有所不同。企业各部门绩效考核指标主要来源于企业战略目标、年度重点工作任务和部门工作职责，设置共性和个性指标。职能部门具有计划、组织、协调、指挥等职责，如办公室、人力资源部、经营管理部等，由于部分工作不能设置量化指标，对职能部门考核需考虑定性指标，如服务质量指标等。业务部门是企业中实际执行业务及推动工作的部门，如市场部、生产部、研发中心等，业务部门的指标设置应围绕企业考核指标，如将营业收入指标纳入企业考核指标，则对市场部的考核指标也要相应纳入营业收入指标。

（四）确定考核计分规则

企业组织绩效考核计分可采取百分制（也可以另外设置分数后换算），设置加减分上下限值。年度业绩考核分数以各项考核指标得分为基础，结合年度企业经营难度系数及目标值对标先进程度完成值等进行综合计分。任期业绩考核分数以各项考核指标得分为基础，结合任期经营难度系数平均值等进行综合计分。考核计分规则详见以下计分公式：

年度业绩考核评分 =（质量效益指标得分 + 管理效能指标得分 + 绩效对标指

标得分 + 功能任务指标得分）× 经营难度系数 + 目标值对标先进程度加分 + 考核加分 − 考核扣分

任期业绩考核评分 =（价值创造指标得分 + 可持续发展指标得分）× 任期经营难度系数 + 任期内各年度业绩表现得分 + 考核加分 − 考核扣分

企业内各部门绩效考核计分涉及目标设定、过程监控、结果评估和反馈改进等多个环节，考核计分方法包括关键指标（KPI）考核法、360°考核法等，对不同部门应综合使用不同的考核计分方法。例如，业务部门主要使用关键指标（KPI）考核法，360°考核法为辅；职能部门则关键指标（KPI）考核法和360°考核法并重。部门考核计分也可采取百分制计分，设置加减分上下限值，根据情况设定不同的考核比例。如某企业定性指标计分由部门负责人进行年度述职，企业领导、各部门负责人、下属企业进行360°综合评分。

360°综合评分 = 企业领导评分 × 55%+ 各部门负责人评分 × 20%+ 下属企业代表评分 × 25%

（五）确定考核结果

企业组织绩效考核结果体现为考核等级及考核分数。考核等级由好到差分为优秀、良好、合格、不合格四个等级，考核等级的确定主要有比例法和分数线法。比例法即规定每个等级的最高或最低比例，缺点是考核等级的达标分数线不固定，即使考核业绩得分都不好时也有优秀、良好等级；分数线法即在考核方案中直接明确考核分数线，缺点是可能考核得分普遍高时得优秀等级的比例过大，无法形成考核差距。由于以上两种办法均有缺点，在实际工作中大多数企业会采用复合法，既规定各等级的比例，又划定各等级分数线。

二、企业组织绩效考核实施

（一）考核期初

企业根据考核要求，将考核期内考核指标内容、目标建议值和说明材料上报上级主管部门或企业，上级主管部门或企业对考核指标及目标建议值等进行审核，就指标有关内容与被考核企业进行沟通协商，确定后签订经营业绩责任书。经营业绩责任书中最重要的是确定考核指标目标值。年度考核目标值以近三年考核指标平均完成值或上年完成值中的较高值作为确定基准值，设置三档：第一档高于基准值一定幅度，第二档不低于基准值，第三档低于基准值。选择不同档次的目标值将决定被考核企业年度目标的等级，如不选择第一档目标值的企业不得进入最优等级，引导企业提出更高目标；被考核企业选择第一档目标但未完成，可能导致企业最终得分会低于选择第二档目标时的得分。因此，被考核企业在上报目标时要科学合理。任期考核目标值以上一任期目标完成值为基准，结合行业对标情况等确定。

企业内各部门的考核结合企业年度重点工作任务和专项工作任务对应进行任务目标分解，作为考核部门定量指标完成情况的重要参考依据。

（二）考核期中

对绩效考核实施情况实行动态监控、评估，对考核目标完成进度不理想的提出预警。

（三）考核期末

被考核企业依据经审计的财务决算数据，形成经营业绩自评报告报送上级主管部门或企业，上级主管部门或企业对被考核企业开展经营业绩目标完成情况考核，形成考核意见并反馈给被考核企业。被考核企业如有异议，可进行反馈，双方确认无误后形成最终考评意见，公布考核结果。

（四）考核的具体流程

企业组织绩效考核具体流程一般分为方案计划制订、组织实施、效果评估、结果应用4个主要方面。监管企业对下属企业经营业绩考核流程示例见表4-2。

表4-2 监管企业对下属企业经营业绩考核流程示例

责任部门	流程	工作说明和要求
企业绩效管理部门	根据企业发展规划，确定年度经营业绩考核责任书	1. 企业绩效管理部门根据企业年度工作目标和重点工作任务，编制下属企业年度经营业绩考核责任书 2. 企业绩效管理部门向下属企业征求年度经营业绩考核指标及考核目标建议值意见 3. 企业绩效管理部门将编制的下属企业年度经营业绩考核责任书向企业业务分管领导汇报，经企业主要领导同意后提交企业党委会和董事会审议
企业绩效管理部门	发布下属企业经营业绩考核责任书通知	企业绩效管理部门将审议通过的下属企业年度经营业绩考核责任书拟文下发

续表

责任部门	流程	工作说明和要求
各下属企业	绩效执行	1. 各下属企业根据经营业绩考核责任书执行绩效工作任务 2. 企业绩效管理部门定期汇总下属企业绩效工作执行情况，报企业领导审阅
企业绩效管理部门/各下属企业	绩效管控与调整	1. 各下属企业在执行绩效工作任务过程中，适时与企业绩效管理部门沟通反馈绩效指标意见 2. 企业绩效管理部门将修订后的经营业绩考核指标向分管领导汇报，经企业主要领导同意后，拟文下发
企业绩效管理部门	绩效考核评估	1. 各下属企业在考核周期末填报经营业绩考核指标自评情况，提交企业绩效管理部门 2. 企业绩效管理部门根据下属企业提交自评情况，组织考核小组进行核实 3. 企业绩效管理部门负责收集、整理、汇总各下属企业考核结果，并向企业业务分管领导汇报，经企业主要领导同意后提交企业党委会和董事会研究确定
企业绩效管理部门	考核通报与申诉	1. 企业绩效管理部门拟文下发下属企业年度经营业绩考核结果 2. 各下属企业对考核结果有异议的，须在考核规定时限内向企业绩效管理部门提出申诉 3. 企业绩效管理部门负责受理绩效考核过程中的考核申诉，报企业党委会和董事会讨论表决，确保绩效考核工作公正性
企业绩效管理部门	绩效辅导与提升	1. 企业绩效管理部门根据各下属企业经营业绩考核情况，提出下属企业经营业绩改进建议，提高下属企业经营管理水平 2. 企业绩效管理部门根据企业战略和发展现状适时修订经营业绩考核办法，并经企业全体员工代表大会通过后执行
人力资源部门/组织人事部门	考核结果应用	1. 人力资源部门负责考核结果的应用 2. 组织人事部门对考核材料进行归档保存

三、企业组织绩效考核结果应用

企业组织绩效考核结果是企业工资总额计算和企业负责人薪酬分配的决定性依据，也会影响员工个人考核等级，进而影响个人薪酬分配、个人职务任免、职级升降。

第三节　员工绩效考核管理

员工绩效考核能让企业准确了解员工人效作用，为制定合理的人力资源管理策略提供有力依据。

一、员工绩效考核计划编制

合理编制绩效考核计划是有效开展考核的前提。员工绩效考核计划编制包含设定绩效考核目标、设置绩效考核周期、明确绩效考核相关角色与任务等。

（一）设定绩效考核目标

开展绩效考核要设定合适的绩效考核目标。员工的绩效考核目标制定应结合企业目标及个人岗位职责，明确具体的内容及考核时间，保持个人目标与组织目标一致，注重以业绩为导向，指标最好可量化。

（二）设置绩效考核周期

员工绩效考核周期根据企业的实际情况和对员工的管理要求进行设置，常见的有月度、季度、半年、年度和任期考核。

1. 月度和季度考核

月度和季度考核适用于工作技能简单、内容能量化的岗位，能及时反映工作成效，激发员工积极性，但考核密度大，会增加考核管理人员的工作量。月度和季度考核适用于一般管理人员和技能岗位员工。

2. 半年和年度考核

半年和年度考核适用于业绩稳定、职责复杂、内容难以量化的岗位，能客观评价，避免频繁考核带来的问题；但因考核间隔时间长，易出现数据更新不及时、重要工作遗漏等问题。半年和年度考核适用于中层管理岗位员工考核。

3. 任期考核

任期考核适用于管理任务复杂，需较长时间评估的岗位。任期考核周期因地区和行业而异，通常周期为三年，确保被考核者在一定时期内得到全面评估，鼓励长期发展和持续改进。任期考核适用于中高层管理人员和关键核心岗位人员。不同层级人员考核周期设置见表4-3。

表4-3 不同层级人员考核周期设置

层级	适用考核周期
高层管理人员	年度考核/任期考核
中层管理人员	季度考核/半年度考核
一般管理人员、技能人员	月度考核/季度考核

（三）明确绩效考核相关角色与任务

实施绩效考核的相关主体包含被考核者、考核管理者和人力资源部门。每个主体在员工绩效考核实施过程中都承担着不同的职能。

1. 被考核者

被考核者根据职务分工的不同，有一般员工、中层管理人员和高层管理人员之分。被考核者在绩效考核实施过程中主要参与考核目标的制定，以及根据考核要求对目标进行分步实施，是绩效考核的主要参与主体。

2. 考核管理者

考核管理者主要为被考核者的部门或企业主管，主要承担对被考核者的培训与指导工作，并在绩效考核实施过程中主要负责与被考核者共同制定考核目标，开展绩效沟通及反馈。

3. 人力资源部门

人力资源部门作为员工绩效考核管理的部门，其主要职责为建立绩效考核体系、考核培训、检查督促、考核信息收集和分析、向管理层提供绩效考核结果应用建议、绩效考核档案整理等。

二、员工绩效考核实施

员工绩效考核在具体实施环节需开展一系列工作，包括绩效考核指标设计、考核方法确定、员工绩效考核流程设计、考核评估与反馈等。

(一)绩效考核指标设计

绩效考核指标是绩效考核标准的具体体现,用于评价、衡量员工工作业绩、工作能力、工作态度,是绩效评价的基础。

1. 绩效考核指标的分类及属性

根据考核内容,员工绩效考核可分为业绩指标、能力指标和态度指标;根据评估手段和指标的属性可分为定量指标和定性指标。各类指标的主要内容、属性及评分标准可参照表4-4。

表4-4 员工绩效考核指标

指标类别	指标细分	考核具体内容	指标属性	评分标准
业绩指标	财务类指标	营业收入、利润值、投资收益率、资产报酬率	定量指标	按实际完成率线性计算
	对标指标	市场占有率、满意度、质量指标、数量指标		
能力指标	人际交往指标	团队合作、协调能力、解决矛盾能力	定性指标	很好 较好 一般 较差 很差
	影响力指标	沟通力、说服力、应变力		
	领导力指标	管理能力、评估能力、工作授权		
态度指标	积极性	行业知识学习、工作技能提升	定性指标	
	协作性	主动协助领导、同事,与客户保持良好合作关系		
	责任心	对工作完成质量、工作结果的态度		
	纪律性	考勤情况、廉洁情况		

2. 绩效考核指标的设计步骤

员工绩效考核指标设计可参照以下几个步骤开展,如图4-1所示。

(二)员工绩效考核方法

员工绩效考核常用的方法有关键事件法、360°绩效考核法、目标管理法等。由于每种考核方法特点不同,在实际工作中可依据绩效考核的实用性、适合度、应用成本进行选择。

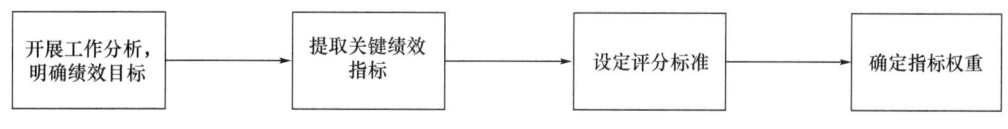

图 4-1 员工绩效考核指标设计步骤

1. 关键事件法

关键事件法是通过收集被考核者在工作中特别成功或特别失败的事件,对其进行分析及评价的方法。关键事件法关注的事件和行为以被考核者工作职责和流程为基础,而不是以被考核者能力和技能为基础。

关键事件法的核心在于记录关键性事件,并对关键事件进行提炼,适用于工作职责目标难以量化,但工作流程和工作标准较明确的岗位,如服务窗口类型的岗位。关键事件记录方法见表 4-5。

表 4-5 关键事件记录方法

记录要点	记录详情
情境	事件发生时的情境
目标	被考核者为什么这么做
行动	被考核者采取了哪些行动措施
结果	最后通过这些行动措施获得了什么结果

2. 360°绩效考核法

360°绩效考核法评价维度多元,有 4 个及以上考核维度。通过不同的维度(自我、上级、同级、下级和服务对象等),全方位地对被考核者的业绩成效进行评价,如图 4-2 所示。该绩效考核方法适用于企业中层管理人员,优点在于打破常规自上而下的考核模式,能全面、客观地对被考核者做出评估,得出公正的结果;缺点是涉及的人员较多,数据收集和处理工作量大,成本高。

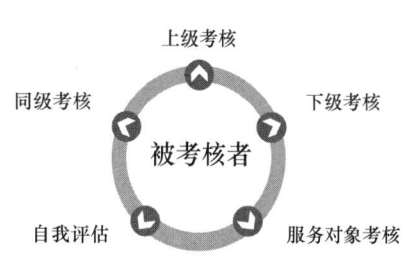

图 4-2 360°绩效考核法

3. 目标管理法

目标管理法通过上下级共同参与制定详细的、可测量的、受时间限制的具体目标,再进行逐级目标分解和传递,并细化为每个岗位的具体行动,是一个上下

互动的过程。该考核方法有效性较高，易于被考核者接受，但强调短期目标，对企业长远发展有一定影响。

（三）员工绩效考核具体流程

员工绩效考核的具体实施流程与监管企业对下属企业经营业绩考核、企业内各部门考核基本一致，工作要求稍有不同。某企业员工绩效考核流程见表 4-6。

表 4-6　某企业员工绩效考核流程

责任部门或责任人	流程	工作说明和要求
各部门	根据本部门绩效工作计划，确定年度工作目标和考核周期	1. 各部门向员工发放本部门绩效工作计划和重点工作 2. 各部门根据本部门绩效工作计划确定考核周期
各部门员工	编制并提交绩效工作计划	员工编制绩效工作计划，向本部门负责人汇报，经本部门分管领导同意后提交绩效管理部门
各部门	编制绩效考核指标	1. 员工根据绩效工作计划编制个人的绩效考核指标，并通过双方面谈沟通确定 2. 各部门负责人将编制的绩效考核指标向本部门分管领导汇报，经本部门分管领导同意后，拟文下发 3. 员工考核指标如需调整，由相关员工提出调整申请，本部门负责人上报分管领导审批
	发布绩效考核指标通知	1. 各部门向本部门员工发布绩效考核指标通知 2. 员工根据绩效考核指标按既定考核周期报送绩效工作计划
各员工	绩效执行	1. 员工根据绩效考核指标通知执行工作任务 2. 各部门负责人汇总绩效工作执行情况，报本部门分管领导审阅
各部门	绩效辅导与实施	1. 各部门对本部门员工进行针对性的绩效管理培训，对本部门员工绩效考核工作进行指导和检查 2. 各部门负责人负责本部门员工的绩效辅导与沟通 3. 员工按指标进度要求，适时与本部门负责人沟通反馈
	绩效管理与调整	1. 员工在执行绩效工作任务过程中，适时与本部门负责人沟通反馈考核指标调整意见 2. 各部门负责人将修订后的绩效考核指标向本部门分管领导汇报，领导同意后下发

续表

责任部门或责任人	流程	工作说明和要求
各部门、绩效管理部门	绩效考核评估	1. 员工在考核周期末填报绩效指标完成情况，提交本部门负责人审定 2. 各部门负责人严格按绩效管理规范和流程进行考核，并将绩效考核结果报本部门分管领导同意后，提交绩效管理部门 3. 绩效管理部门负责收集、整理、汇总和备案各部门考核结果，并对考核结果进行分析 4. 绩效管理部门负责将绩效考核结果报本企业党委会和董事会研究后确定
绩效管理部门	考核通报与申诉	1. 绩效管理部门通报考核结果 2. 员工对考核结果有异议的，须在考核规定时限内向绩效管理部门提出申诉 3. 绩效管理部门负责受理绩效考核过程中的考核申诉，报本企业领导讨论表决，确保绩效考核工作公正性
各部门	绩效辅导与提升	1. 各部门负责人负责向本部门员工确认考核结果并进行绩效面谈，负责绩效辅导与沟通，跟踪绩效改进过程，确保绩效持续提升 2. 各部门负责人根据绩效情况，提出本部门员工培训计划，不断提高员工工作能力 3. 绩效管理部门负责根据企业经营发展适时修订绩效考核办法，并经全体员工代表大会通过后执行
人力资源部门/组织人事部门	考核结果应用	1. 人力资源部门负责考核结果的应用 2. 组织人事部门对考核材料进行归档保存

（四）员工绩效评估与反馈

员工绩效考核完成后，需进行阶段性评估并开展绩效反馈，以提高员工工作绩效，并对前期考核计划进行修正和改进。

1. 绩效评估

对员工而言，绩效评估为其提供反馈，助其认识优劣势，挖掘潜能并应用于工作；对企业而言，绩效评估能提升企业人力资源管理效果，结果可应用于评先评优、薪酬调整、末位调整及培训等。

2. 绩效反馈

绩效反馈是向员工告知考核结果的关键环节，通过面谈达成共识，听取员工意见，确保考核公正，促进绩效改进。面谈需注意以下三个方面：

（1）面谈准备。考核者整理绩效事实和关键事件，做好收集反馈，明确员工成绩和改进方向。员工需对考核周期进行回顾，思考存在问题和需求事项。

（2）面谈过程。考核者要营造面谈氛围，客观回顾绩效事实，过程中要及时回应、记录重点，坦诚告知结果，共同商讨改进建议和发展计划。

（3）面谈技巧。考核者需多倾听、善提问，了解员工需求和问题，提供有效反馈和支持，共同制定改进方案，指导员工成长和提升绩效。

三、员工绩效考核结果应用

（一）薪酬分配调整

绩效考核结果是薪酬确定、发放和调整的重要依据。实行"业绩升、薪酬升，业绩降、薪酬降"的管理方式可达到奖优罚劣的效果。对于绩效优良的员工而言，可得到激励；对于绩效不佳的员工而言，降低绩效工资，可促进其尽快改善业绩不佳的现状。

（二）职级与岗位调整

企业可根据员工的绩效表现进行岗位调整，如晋升、降职或调动。绩效突出的员工会承担更多责任，而绩效不佳的员工则应进行培训或岗位调整。绩效考评结果也是实行末位淘汰的重要依据。

（三）员工培训和提升

通过绩效考核结果和相关记录，企业能充分了解组织和员工绩效和能力，进而发现管理工作不足和员工个人能力短板，由此提供专项培训，帮助提升企业管理质量、提高员工业务技能。

（四）职业生涯规划指导

企业通过绩效辅导和沟通，与员工共同分析绩效指标完成情况，并制订详细的绩效改进计划。这样不仅能指导员工长远的职业生涯规划，明确其在企业中的发展路径，还能为企业考核指标设置等提供反馈和改进方向。

第五章 薪酬管理

薪酬指员工因工作而获得的所有形式的报酬，有广义薪酬和狭义薪酬之分。广义薪酬包括直接以货币形式支付给员工的报酬，还包括以其他间接货币或非货币形式支付给员工的福利和奖励；狭义薪酬仅指直接以货币形式支付给员工的报酬，也称工资。工资作为薪酬的核心部分，是员工提供劳动后获得的直接经济回报，也是员工与企业之间劳动关系的直接体现。在企业管理中，合理制定薪酬策略、设计工资管理体系、调控工资总额和工资水平，对于激励员工、保障企业持续健康发展具有重要意义。

本章主要介绍国有企业的狭义薪酬管理。

第一节 工资总额预算管理

工资总额是所有员工薪酬的总和，反映了企业整体人力成本水平。企业工资总额管理方式是指组织开展工资总额管理的具体方案和方法。根据《国务院关于改革国有企业工资决定机制的意见》，国有企业全面实行工资总额预算管理。

一、国资监管国有企业工资总额预算管理原则

工资总额预算管理是指在国有企业监督管理机构依法调控下,企业围绕发展战略,依据年度生产经营目标、经济效益情况和人力资本管理要求,对年度工资总额的确定、发放、员工工资水平的调整做出计划安排,进行有效控制和监督的活动。

《中央企业工资总额管理办法》规定,国有企业工资总额预算管理需要紧跟我国收入分配价值导向,符合国有企业高质量发展要求,在兼顾效益、效率与公平的基础上,坚持以下四个原则。

(一)坚持市场化改革方向

工资总额预算管理作为推动企业高质量发展的重要激励手段,必须坚持市场化改革方向。通过实行与社会主义市场经济相适应的企业工资分配制度,对比市场上同类企业的工资水平,逐步实现国有企业员工工资水平与劳动力市场价位相适应,为国有企业引进人才、留住人才,推动国有企业高质量发展提供保障。

(二)坚持效益导向原则

坚持效益导向是工资总额预算管理和工资确定机制改革的核心原则。通过经济效益与工资总额、劳动生产率与工资水平增减联动,确定企业工资增减额,实现"效益升、工资升,效益降、工资降"。

(三)坚持兼顾公平原则

坚持兼顾公平是合理调控工资总额、更好发挥效益导向的重要原则。通过设置工资增长调控线、给予工资增长倾斜等多种调控手段,确保工资总额在坚持效益导向的基础上,合理调控工资水平差距,促进形成工资增长长效机制,推动企业健康可持续发展。

(四)坚持分类分级管理原则

国务院国有资产监督管理委员会监管的国有企业(以下简称国资监管国有企业)实行工资分配逐级管理原则。企业工资总额预算管理要根据企业功能定位、行业特点,实行分类差异化的管理方式。通过完善出资人依法调控与企业自主分配相结合的企业工资总额分级管理体制,国资委调控一级国有企业(包括下属企业)整体工资分配水平,一级企业对总部及二级企业进行分配,二级企业再对本级或下一级企业进行分配,依次类推,实现工资分配逐级管理。

二、国资监管国有企业工资总额预算管理的主要内容

国资监管国有企业现行工资总额预算管理办法主要有工资总额确定方式、工资与效益联动指标、工资方案确定方式等七项内容，如图 5-1 所示。

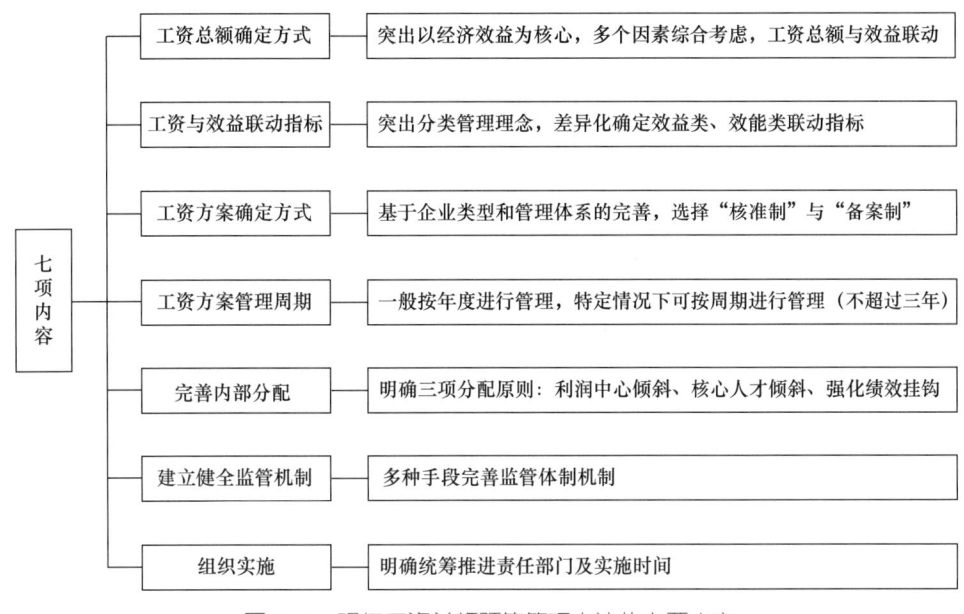

图 5-1　现行工资总额预算管理办法的主要内容

（一）工资总额确定方式

工资总额根据企业经济效益（利润总额、经济增加值等）、外部市场（工资指导线、市场劳动力价格水平等）、内部效益（企业发展战略、薪酬策略、劳动生产率等）等因素综合确定。原则上"增人不增工资总额、减人不减工资总额"，但企业发生兼并重组、新设企业或机构等情况，可合理增加或减少工资总额。工资总额确定方式如图 5-2 所示。

（二）工资与效益联动指标的分类确定

根据《国务院关于改革国有企业工资决定机制的意见》，国有企业应根据企业功能性质定位、行业特点，科学设置联动指标，合理确定考核目标，突出不同考核重点。国有企业按照功能性质、行业特点可分为商业类国有企业、公益类国有企业、金融类国有企业、文化类国有企业。

各省在此分类框架下可结合实际细化省属国有企业分类。例如，《广西壮族自治区人民政府关于改革国有企业工资决定机制的实施意见》将企业界定为商业类

企业、公益类企业、金融类企业和文化类企业，其中商业类企业细分为商业一类企业、商业二类企业，具体企业分类和效益联动指标如下。

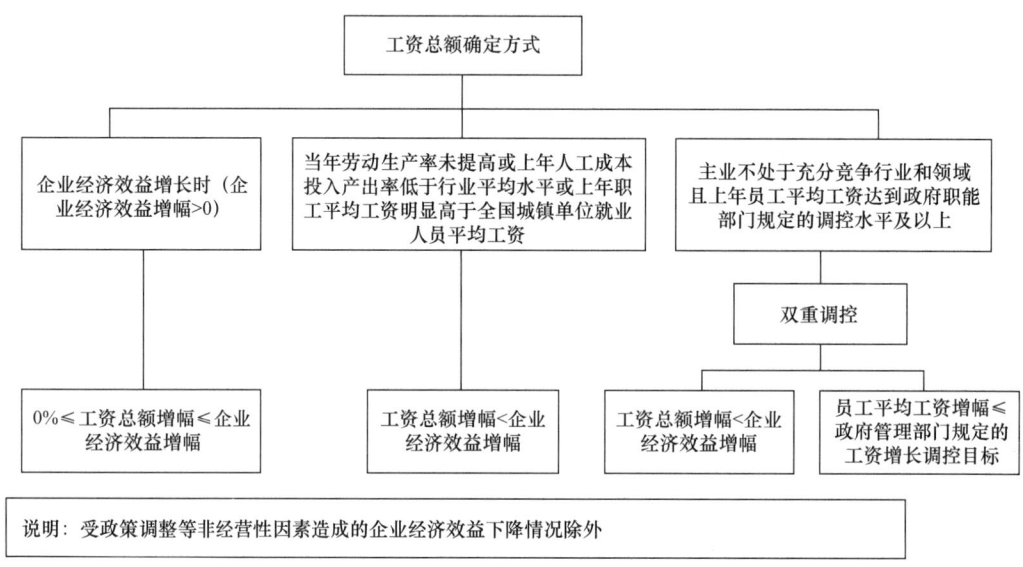

图 5-2　工资总额确定方式

1. 充分竞争类企业（商业一类企业）

工资与效益联动指标侧重经济效益、国有资本保值增值和市场竞争能力，经济效益指标主要是利润总额（或净利润）、经济增加值、净资产收益率等。

2. 特定功能类企业（商业二类企业）

工资与效益联动指标侧重经济效益、国有资本保值增值，同时增加体现服务国家战略、保障国家安全和国民经济运行、发展前瞻性战略性产业以及完成特殊任务等指标。

3. 公益类企业

工资与效益联动指标侧重成本控制、产品服务质量、营运效率和保障能力等服务保障类指标，并兼顾经济效益、国有资本保值增值，服务保障类指标权重一般大于经济效益指标权重。

4. 金融类企业

属于开发性、政策性金融企业的，工资与效益联动指标侧重服务国家战略和风险控制的指标，兼顾经济效益。属于商业性金融企业的，工资与效益联动指标侧重经济效益、资产质量和偿付能力。

5. 文化类企业

工资与效益联动指标侧重社会效益、经济效益、国有资本保值增值、劳动生产率。

(三)工资总额预算方案管理方式

履行出资人职责机构(如国资委)根据企业功能定位、行业特点、公司治理、人力资源管理市场化程度等情况,对企业工资总额预算实行备案制或核准制管理。

1. 备案制

主业处于充分竞争行业和领域的商业类国有企业实施工资总额预算备案制;已建立规范董事会、法人治理结构完善、内控机制健全的其他企业可申请实施工资总额预算备案制,需履行出资人职责机构批准。

2. 核准制

除备案制以外的企业使用工资总额预算核准制。实行工资总额预算核准制管理的企业,根据履行出资人职责机构有关制度要求,编制年度工资总额预算方案,报履行出资人职责机构核准后实施。

(四)工资总额预算周期管理

《国务院关于改革国有企业工资决定机制的意见》规定,国有企业工资总额预算一般按年度进行管理。对行业周期性特征明显、经济效益年度间波动较大或存在其他特殊情况的企业,工资总额预算可探索按周期进行管理(一个周期不超过3年),周期内的工资总额增长应符合工资与效益联动的要求。

周期性行业指和国内或国际经济波动相关性较强的行业,特征就是产品价格呈周期性波动,分为消费类周期性行业和工业类周期性行业。其中,消费类周期性行业包括房地产、银行、证券、保险、汽车、航空等;工业类周期性行业包括有色金属、钢铁、化工、水泥、电力、煤炭、石化、工程机械、航运、装备制造等。对于周期性行业而言,上年度效益情况不再是影响次年工资总额的唯一因素。

工资总额周期管理的主要特点:一是企业可在周期内对工资总额增量进行调节,达到周期内工资总额以丰补歉,有利于建立员工工资正常增长机制;二是履行出资人职责机构三年批复一次工资总额预算方案，周期内工资总额联动指标、工资总额基数直接逐年滚动，无须每年申报；三是可采用第三年工资总额联动指标来清算周期内工资，也可采用逐年完成额逐年清算的方式清算工资，工资清算方式更灵活。

（五）工资总额监管机制的建立

1. 增长调控机制

为规范国有企业工资总额分配，有效调控企业工资总额增长，国家有关部门依据国家统计数据、国资委薪酬调查数据、企业工资指导线对企业工资总额增长进行控制。

（1）国家统计数据。国家统计部门每年要求社会各界填报工资统计报表，包括各企业工资总额、员工人数、工资水平等数据，在国家统计局国家数据官方网站进行分级公开。这是企业获取社会平均工资的重要数据来源。

（2）国资委薪酬调查。国务院国资委为掌握国有企业薪酬整体情况，每年6—8月组织国有企业填报"国资委系统监管企业职工薪酬调查表"，通过国家统筹、分级填报、集中汇总的方式，分级分类对国有企业薪酬分配情况进行统计。这是了解和调控国有企业工资总额的重要数据依据。

（3）工资指导线。工资指导线是政府为保证宏观经济目标的实现，依据社会经济发展水平和居民消费价格指数及其他社会经济指标来确定工资增长水平，指导工资分配的一种宏观调控形式。工资指导线有三条：上线（预警线）、基准线、下线。

1）工资增长上线（预警线）是政府允许企业工资增长的最高限额，适用于经济效益有较快增长的企业。

2）工资增长基准线适用于生产正常发展、经济效益增长的企业。这类企业应按工资增长基准线的要求，妥善安排员工工资的正常增长。

3）工资增长下线适用于经济效益下降或亏损企业，企业须严格遵守国家有关最低工资的规定。

2. 工资监管机构的监管职责

国有企业工资监管机构监管职责如图5-3所示。

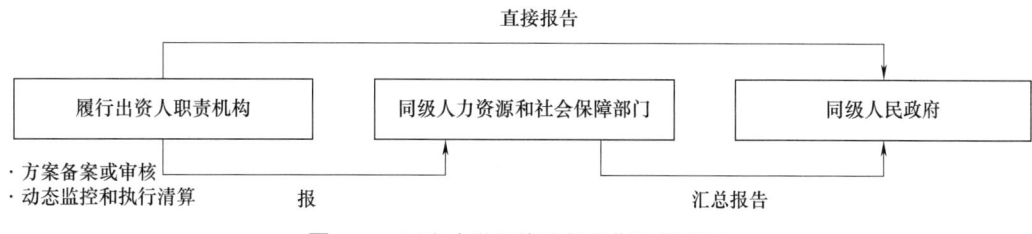

图 5-3 国有企业工资监管机构监管职责

3. 信息公开制度

企业每年定期将企业工资总额和员工平均工资水平等相关信息向社会披露，接受社会公众监督。

4. 收入监督检查制度

国家对国有企业工资总额的监督检查实行工作会商和资源共享机制。监督检查方由人力资源社会保障部门、财政部门、国资监管部门等组成；协同监督方由出资人、审计部门、税务部门、纪检监察机关等组成。

在监督检查过程中发现企业存在超提、超发工资总额及其他违规行为的，应扣回违规发放的工资总额，并视违规情形对企业负责人和相关责任人员依有关规定给予经济处罚和纪律处分；构成犯罪的，移交司法机关追究刑事责任。

（六）组织实施工作落实

根据《国务院关于改革国有企业工资决定机制的意见》，各级机构按照分级管理原则推进国有企业工资总额预算管理方案的实施，由各级履行出资人职责机构制定所监管企业的具体改革实施办法；由同级人力资源社会保障部门和财政部门审核改革实施办法；由各级国有企业制定内部工资总额管理制度。

三、工资总额预算管理操作要点

各地政府根据《国务院关于改革国有企业工资决定机制意见》的要求，分别制定了本地改革国有企业工资总额决定机制的实施意见，各类国有企业监督管理机构（或履行出资人职责机构）根据本地实施意见和监管企业的情况，制定本系统国有企业工资总额预算管理办法。下面以某省级国资委的工资总额管理办法为例，对工资总额预算管理操作要点进行介绍。

（一）企业工资总额主要构成

企业工资总额 = 工资总额预算基数 + 工资增减额 + 其他工资

（二）工资总额预算基数的确定及计算

1. 企业当年工资总额预算基数

企业当年工资总额预算基数以上年工资总额实发数为基础，剔除以下因素后确定。

（1）编制预算时已发生的兼并重组、关闭退出等规模性减少人员造成的工资总额变动因素，按企业上年度工资总额发放情况剔除不合理因素并结合人员变化情况确定。

（2）企业负责人薪酬、科技成果转化、股权和分红激励、经本级人民政府批准的特殊奖励等国家有关文件规定不纳入工资总额基数管理的工资。

（3）超提超发需要扣减的工资。

（4）履行出资人职责机构认为应予以剔除的工资。

2. 新设企业或机构增人增资等有关事项

新设企业或机构增人增资按照人力资源社会保障部门的有关规定执行。新设立并取得营业执照的子公司、分公司、分支机构，根据新设企业或机构新增人员数量（不含企业集团内部调整至新设企业或机构的现有人员），统筹考虑离退休人员等自然减员因素，参考企业现有员工平均工资水平、市场薪酬价位等因素，合理增加工资总额。

3. 结构化管理企业工资总额预算基数的计算

特定功能类企业（商业二类企业）可将工资总额划分为功能性工资总额和效益性工资总额两部分，实行工资总额结构化管理。功能性和效益性工资总额比重由企业根据功能定位、行业特点等情况合理申报，履行出资人职责机构审核同意后 3 年内保持不变。

功能性工资总额预算基数 = 工资总额预算基数 × 功能性工资总额权重

效益性工资总额预算基数 = 工资总额预算基数 × 效益性工资总额权重

功能性工资总额权重不超过 50%。

(三)工资增减额的计算

工资增减额 = 工资总额预算基数 × 工资增减率 = 效益性工资总额预算基数 × 效益性工资增减率 + 功能性工资总额预算基数 × 功能性工资增减率

非结构化管理工资总额预算基数的企业,效益性工资总额预算基数占比为100%,无功能性工资总额。

1. 效益性工资增减率的计算

效益性工资增减率 = 经济效益指标增减率 × 档位调节系数 × 偏差调节系数 × 效率调节系数

(1)经济效益指标增减率 = [当年经济效益预算目标值(或完成值)- 当年预算基数] ÷ |当年预算基数| × 100%。为避免当年预算基数过低导致企业经济效益指标绝对值增长较少,但相对增幅却过大的情况,在一定的范围内按经济效益指标增加的绝对值确定工资增减率幅度。如净资产超过20亿元的企业,当年预算基数在"-1亿元"至"1亿元"区间的,设置当年经济效益预算目标值(或完成值)比预算基数每增(减)100万元,计正(负)1%的增长率。企业减损时,经济效益指标增减率减半计算。

(2)档位调节系数。档位调节系数根据经济效益指标目标值的先进性确定,目标值越先进,效益增长时工资对应的档位调节系数越高,工资增幅越大;经济效益下降时对应的档位调节系数越低,工资降幅越小,以此鼓励企业结合实际尽可能制定更高的效益目标。档位调节系数设定见表5-1。

表5-1 档位调节系数设定

目标值(或完成值)所处档位	经济效益增长时	经济效益下降时
一档	1.0	0.3
二档	0.9	0.4
三档	0.8	0.5

(3)偏差调节系数(工资总额清算时使用)。偏差调节系数根据经济效益指标的实际完成值与预算目标值相比的偏离程度确定。为引导企业科学制定目标,避免目标与实际偏差过大,设置偏差调节系数提高企业设置目标的准确度,目标偏

差越大，效益增长时偏差调节系数越小，工资增幅就被打折扣；效益下降时偏差调节系数越大，工资降幅就被扩大。偏差调节系数设定见表5-2。

表5-2 偏差调节系数设定

偏离度（P）	偏差调节系数	
	经济效益增长时	经济效益下降时
$P \geqslant -20\%$	1.00	1.00
$-20\% > P \geqslant -50\%$	0.95	1.05
$P < -50\%$	0.90	1.10

（4）效率调节系数。效率调节系数根据劳动生产率、人工成本投入产出率、员工平均工资等情况设定。效率调节系数设定见表5-3。

表5-3 效率调节系数设定

调节情形	经济效益增长时	调节情形	经济效益下降时
一般情况	1.0	一般情况	1.0
劳动生产率未提高	0.7	劳动生产率未下降	0.4
上年人工成本投入产出率低于行业平均水平	0.7	上年人工成本投入产出率优于行业平均水平	0.4
上年员工平均工资达到全国城镇单位就业人员平均工资2.5倍以上	0.7	上年员工平均工资未达到全国城镇单位就业人员平均工资水平	0.4

2. 功能性工资增减率

功能性工资增减率 = 功能性指标增减率 ÷ 3 = ［（当年预算（预计或实际）完成值 − 当年预算基数）÷ | 当年预算基数 |］÷ 3 × 100%

功能性工资增减率按不超过当地工资指导线上线核定；当企业经济效益下降、劳动生产率未提高、上年人工成本投入产出率低于行业平均水平或上年员工平均工资达到全国城镇单位就业人员平均工资2.5倍时，功能性工资增长率不超过当地工资指导线的基准线。功能性任务指标受国家及当地政策影响，增长率难以计算的，按功能性任务完成进度、质量等情况合理确定。

3. 工资增减额调控

工资增减额在按以上办法计算出来后，还需根据本地企业工资指导线及企业劳动生产率、人工成本投入产出率、员工人均工资水平等因素对标情况合理调控。

企业经济效益增长但劳动生产率未提高、上年人工成本投入产出率低于行业平均水平或上年员工平均工资达到全国城镇单位就业人员平均工资2.5倍以上的，工资总额增幅在不超过经济效益增幅的70%范围内确定，且企业当年员工平均工资增幅不超过当地工资增长基准线。

企业经济效益下降但劳动生产率未下降、上年人工成本投入产出率优于行业平均水平或上年员工平均工资未达到全国城镇单位就业人员平均工资水平的，工资总额降幅在不超过经济效益降幅的50%范围内确定。

同时，根据国家对国有企业工资管理"一适应、两挂钩"（与劳动力市场基本适应，与企业经济效益和劳动生产率挂钩）的要求，工资总额的核定既要管工资总额，又要管人均工资水平。履行出资人职责机构根据工资指导线及监管的国有企业工资水平情况设置人均工资增长调控线，通过调控人均工资的增长调控企业工资总额的增长。当企业人均工资增长幅度超过人均工资增长调控线时，企业工资总额计算如下：

企业工资总额 = 上年员工平均工资标准 × (1+ 人均工资增长调控线) × 本年员工平均人数

（四）其他（单列）工资核定

除工资总额基数和效益工资外，还有一些有特殊管理目的的工资项目［统称为其他（单列）工资］根据监管部门及履行出资人职责机构的规定需要纳入工资总额单独管理。由于其他（单列）工资具有一定的特殊性，因此，履行出资人职责机构对国有企业其他（单列）工资的核定较为严格，一般需要提供相关的政策依据、佐证材料和专项审计报告等。

（五）工资总额调控措施

各地履行出资人职责机构主要根据当地的企业工资指导线、当地社会平均工资水平等对工资总额进行调控，并根据所监管企业的特点制定差异化的调控措施。某省国资委的调控政策如下：

（1）根据行业工资水平对标情况，企业经济效益大幅增长的，可适当超过工资指导线上线增长，但对超过部分的增幅进行打折，如效益增幅在工资指导线上线至25%（含）的部分可按不超过50%的比例安排工资增幅；在25%~40%（含）

的部分可按不超过30%的比例安排工资增幅；在40%以上的部分可按不超过10%的比例安排工资增幅。

（2）对效益大幅波动的企业，人均工资增幅不超过近年效益的平均增幅。

（3）鼓励企业开展中长期激励，通过中长期激励方案产生的新增工资，工效联动范围内，可适当提高工资指导线上线。

（4）对企业总部员工工资水平进行严格调控，其增幅不能超过本企业全部员工平均工资增幅。当总部员工平均工资超过全国城镇单位就业人员平均工资或本企业全部员工平均工资一定倍数时，总部员工平均工资不得增长。

某省级企业工资总额管理见附录案例15。

第二节　员工工资管理

员工工资管理包括工资构成、工资核发两方面内容，做好员工工资管理，有利于充分调动全体员工的积极性和创造性，提高企业竞争实力。

一、工资构成

企业员工工资由岗位基本工资、绩效工资、津贴补贴、特殊工资等部分组成。根据人力资源社会保障部办公厅印发的《国有企业内部薪酬分配指引》，工资的各组成部分具体如下：

（一）岗位基本工资

岗位基本工资是指员工履行岗位基本职责而应得的基本劳动报酬，主要是保障员工基本工作和生活需要的相对固定的工资项目。

（二）绩效工资

绩效工资是指体现员工实际业绩和贡献差别的工资项目，根据员工个人绩效考核结果发放，具体可采取业绩提成、计件工资、项目奖金、年终奖金等形式。

(三) 津贴补贴

津贴补贴是岗位基本工资的补充。津贴是与员工所在岗位相关,对员工因特定劳动条件、技术技能等特殊因素所带来的劳动消耗或贡献的补偿。补贴是与员工基本生活相关,为降低物价影响或特定生活支出的补助。

(四) 特殊工资

1. 计时工资

计时工资指按计时工资标准和工作时间支付给员工的劳动报酬,包括实行结构工资制的单位支付给员工的基础工资和岗位(职务)工资、按计时工资标准支付的工资、新参加工作员工的见习工资(学徒的生活费)等。

2. 计件工资

计件工资指对已做工作按计件单价支付的劳动报酬,包括按定额和计件单价支付给员工的工资、按工作任务包干方法支付给员工的工资、按营业额提成或利润提成办法支付给员工的工资。

3. 最低工资

最低工资指劳动者在提供正常劳动的前提下,用人单位依法应支付的最低劳动报酬。

二、工资核发

(一) 考勤管理

考勤管理是企业为维护正常工作秩序、提高工作效率,依据有关法律法规,对员工出勤情况进行管理的一种制度,包括出勤、加班、请假、出差等管理。考勤管理是工资核发的主要依据之一,考勤种类及规定如下:

1. 出差与外勤

出差是指正常上下班时间内,根据工作需要离开固定工作场所所在驻地,到外地开展公务活动、培训等情形。外勤是指员工到企业办公场所以外,但仍在企业驻地市辖区(城区)以内的地方工作的情形。

(1) 出差审批。员工出差应按相关流程履行审批手续,上级或企业内部下发的通知、培训审批单、领导批示的文件等材料可作为出差的依据。

（2）外勤审批。外勤应实行报告制度。员工出外勤应向上一级领导履行报告程序。报告可采取书面、口头、电话、短信、邮件等形式。

（3）出差和外勤的管理。员工出差和外勤期间应遵守法律法规及企业各项规章制度，非因公务发生的任何意外情况或不良后果，或因员工违规行为导致的任何意外情况或不良后果，企业不承担任何责任。员工出差和外勤时应严格按审批或预定的时间出发和返回，遇突发情况不能按时出发或返回的，应及时向上级领导汇报情况。除极端不可抗力影响外，未按时返回又未汇报或经查汇报情况不实的，视为旷工。员工出差和外勤时应严格按审批地点和路线执行公务，不得擅自更改行程或办理个人私事。违反规定的，按有关制度处理。

2. 加班

加班是指员工因工作需要在法定节假日、休息日从事工作，或工作日在企业规定标准工作时间外延长工作时间。

《国务院关于职工工作时间的规定》第三条规定，职工每日工作 8 小时、每周工作 40 小时。在综合计算工时制下计算加班，首先应确定企业综合计算工作时间的计算周期，如以季度为周期，则一个季度以内，企业标准工作日为 62 天，标准工作时间 =62 天 × 8 小时 / 天 =496 小时，如果员工在一个季度中工作时间超过 496 小时即为延长工作时间，要按照相关劳动法规计算加班报酬。企业中属于不定时工作制的人员，不计算加班。

企业应在考勤制度中约定加班审批程序，既能让企业在核算加班补休及加班工资时有明确依据，又能保护签订合同双方的利益。

3. 请假

请假是指员工因事或因病无法正常出勤，向企业申请休假的行为。企业应根据国家（地方）法规，结合企业实际情况制定相关管理制度，对企业员工请假的种类和请假天数做出规定。

（1）事假。国家对于何种情形下企业员工可请事假没有统一规定，但各单位可以根据自身的规章制度和实际情况，在事假的申请、批准、待遇等方面做出具体规定。

（2）病假。病假指员工因患病或非因工负伤需要停止工作接受治疗时，经医院出具诊断证明后，员工向企业申请休息的假期。根据《企业职工患病或非因工负伤医疗期规定》，病假休假天数根据员工实际参加工作年限和在本企业工作年限确定，含公休日和法定节假日。

（3）工伤假。员工因工作遭受事故伤害或患职业病，需暂停工作接受工伤医疗的，经二级或以上医院证明，可给予一定的停工留薪期（即工伤假）。员工因工发生事故或患病时应第一时间报告企业，人力资源部门接到员工告知后，收集有关资料提交工伤保险相关部门并报告事故发生经过。人力资源部门应依据工伤保险相关部门认定的工伤及指定医疗机构出具的医疗证明核定工伤假时长。工伤假的天数应符合《工伤保险条例》第三十三条规定，员工因工伤接受工伤医疗的，在停工留薪期内，原工资福利待遇不变，由所在单位按月支付。停工留薪期一般不超过12个月，伤情严重或者情况特殊，经设区的市级劳动能力鉴定委员会确认，可适当延长，但延长不得超过12个月。

（4）探亲假。根据《国务院关于职工探亲待遇的规定》，与企业签订全日制劳动合同且工作满一年的员工，与配偶不住在一起，又不能在公休假日团聚的，可以享受探望配偶的假期待遇；与父母都不住在一起，又不能在公休假日团聚的，可享受探望父母待遇。员工与父亲或与母亲一方能够在公休假日团聚的，不能享受探望父母待遇。

员工探望配偶的，每年给予一方探亲假一次，假期为30天。新婚后与配偶分居两地的从第二年开始享受探亲假。未婚员工探望父母的，每年给假一次，假期为20天，如因工作需要，企业当年不能给予假期，或员工自愿两年探亲一次，可两年给假一次，假期为45天。已婚员工探望父母的，每4年给假一次，假期为20天。上述假期均包括休息日和法定节假日。

（5）年休假。根据《职工带薪年休假条例》，员工连续工作满1年以上，每年依法享有保留职务和工资的一定期限连续休息的假期。年休假天数根据员工累计工作时间确定，员工累计工作已满1年不满10年的，年休假5天；已满10年不满20年的，年休假10天；已满20年的，年休假15天。国家法定节假日、休息日不计入年休假的假期。年休假可一次性休，也可分段休，但原则上应年度休完。年休假天数因国家延迟退休政策涉及调整的，按照有关规定执行。

员工请假需提前申请并经批准，事假、病假等可事后补办手续。假期满应按时返岗并销假，延假需获批准，否则视为旷工。除年休假等特定假期外，其他假期应一次休完，经批准可分次休假。

人力资源部门应做好考勤管理，定期收集各部门考勤记录，根据考勤记录情况核发员工工资，做好员工全年出勤情况汇总，根据员工全年出勤情况核发年终绩效奖。

（二）日常工资计发

1. 工资数据收集

每月收集新入职员工数据、离职员工数据、员工调动数据、转正员工数据、绩效考核结果、工资调整情况、员工考勤统计、员工社保及住房公积金情况、员工津贴补贴及扣款数据等与工资发放相关的数据，汇总后整理。

2. 工资表制作

工资表是用来核算员工工资的表格，可按部门编制，也可按单位编制。一份完整的工资表应包括应发工资、应减工资、实发工资三部分，企业可根据实际设计符合管理需求的工资表。

3. 工资支付

（1）支付周期。企业采取固定工资支付周期，确保员工每月按时领取工资。工资至少每月支付一次，实行周、日、小时工资制的可按周、日、小时支付工资。具体支付日期应在员工入职时告知，并在劳动合同中明确规定。如遇节假日或休息日，则应提前在最近的工作日支付。

（2）工资保密保障。企业应严格遵守相关法律法规，保护员工的薪酬信息安全。只有被授权人员才能查阅和处理员工的薪酬信息，确保薪酬的保密性。企业可要求员工签订"薪酬保密承诺书"。

（3）薪酬异议处理机制。如员工对薪酬有异议，可向人力资源部门提出申诉，企业要调查核实，及时回应和解决，提供有效的处理机制。

（4）遵守法定薪酬支付标准。企业须严格遵守国家的法定薪酬支付标准，确保按时支付员工工资，避免出现拖欠工资或少发工资的情况。

4. 工时计算

工时分为标准工时制、综合计算工时制、不定时工时制。

（1）标准工时制是正常工作时间标准，即法律规定的员工在每个工作日相对固定的工作时间。根据《国务院关于职工工作时间的规定》，我国企业员工每天工作 8 小时，每周工作 40 小时。

（2）综合计算工时制适用于因工作性质特殊，需连续作业或受季节及自然条件限制的企业员工。根据《关于企业实行不定时工作制和综合计算工时工作制的审批办法》，实行综合计算工时制的企业，分别以周、月、季、年等为周期，综合计算工作时间，但其平均日工作时间和平均周工作时间应与法定标准工作时间基本相同。

（3）不定时工时制适用于无法按标准工作时间衡量的、因工作性质特殊需采用机动作业时间的企业员工。

根据《关于职工全年月平均工作时间和工资折算问题的通知》规定，工作时间计算公式为：

年工作日 =365 天 −104 天（休息日）−13 天（法定节假日）=248 天

季工作日 =248 天 ÷4 季 =62 天

月工作日 =248 天 ÷12 月 =20.67 天

月计薪天数的计算不能剔除企业依法支付工资的 13 天法定节假日，其计算公式为：月计薪天数 =［365 天 −104（休息日）］÷12 月 =21.75 天。

5. 请假工资计算

员工请假期间应按国家及地方相关规定核算扣减休假天数对应的部分或全部工资，需扣减工资的休假包括事假、病假、探亲假等。具体核算如下：

（1）事假工资计算。国家对员工请事假的工资待遇没有统一规定，部分地方会出台相关政策要求，如《深圳市员工工资支付条例》规定，员工请事假的，用人单位可以不支付其事假期间的工资。在实际管理工作中，企业可在内部规章制度中明确员工事假期间的薪资标准。

例如，某企业考勤制度规定，请事假期间不发工资，月度绩效工资、季度绩效工资和年度绩效工资均按实际出勤天数计算。某月小张请事假 3 个工作日，假设其月度工资标准为 7 500 元（含岗位工资、绩效工资、工龄工资等所有工资科目），事假应减工资可用以下两种方式计算。

1）采用标准月计薪天数计算

事假应减工资 = 月度应发工资 ÷21.75× 事假对应工作日天数

小张当月应减事假工资 =7 500÷21.75×3=1 034.48（元）。

2）采用当月全勤天数计算

事假应减工资 = 月度应发工资 ÷ 当月全勤天数 × 事假对应工作日天数

如小张 8 月全勤天数为 22 天，请事假对应工作日天数为 3 天，则小张当月应减事假工资 =7 500÷22×3=1 022.73（元）。

（2）病假工资计算。根据《关于贯彻执行〈中华人民共和国劳动法〉若干问题的意见》，职工患病或非因工负伤治疗期间，在规定的医疗期间内由企业按有关规定支付其病假工资或疾病救济费，病假工资或疾病救济费可以低于当地最低工资标准支付，但不能低于最低工资标准的 80%。

部分地方结合实际出台了病假期间工资具体计算方法，以下以上海市的规定举例说明：

病假工资 = 计算基数 ÷ 月计薪天数 × 计算系数 × 病假天数

计算基数为员工所在岗位相对应的正常出勤月工资，不包括年终奖、上下班交通补贴、工作餐补贴、住房补贴、夜班津贴、夏季高温津贴、加班工资等特殊情况下支付的工资。

计算系数即计算比例，根据员工的连续工龄确定病假期间工资发放比例，员工因病或非因工负伤连续休假在 6 个月以内，连续工龄不满 2 年的为 60%，满 2 年不满 4 年的为 70%，满 4 年不满 6 年的为 80%，满 6 年不满 8 年的为 90%，满 8 年及以上的为 100%。员工因病或非因工负伤连续休假超过 6 个月，连续工龄不满 1 年的为 40%，满 1 年不满 3 年的为 50%，满 3 年及以上的为 60%。

（3）探亲假工资计算。根据《关于印发工资支付暂行规定的通知》第十一条，员工依法享受探亲假期间，企业应按劳动合同规定的标准支付员工工资。

假期当月工资 = 员工劳动合同规定工资标准 ÷21.75 天 × 当月出勤天数

6．加班工资计算

（1）加班工资规定。《中华人民共和国劳动法》第四十四条规定，有下列情形之一的，用人单位应当按照下列标准支付高于劳动者正常工作时间工资的工资报酬：安排劳动者延长工作时间的，支付不低于工资的 150% 的工资报酬；休息日安排劳动者工作又不能安排补休的，支付不低于工资的 200% 的工资报酬；法定休假日安排劳动者工作的，支付不低于工资的 300% 的工资报酬。

实行计件工资的劳动者，在完成计件定额任务后，由企业安排延长工作时间的，应根据上述规定的原则，分别按不低于其本人法定工作时间计件单价的 150%、200%、300% 支付其工资。经人力资源社会保障部门批准实行综合计算工时工作制的，其综合计算工作时间超过法定标准工作时间的部分，应视为延长工作时间，并应按上述规定支付劳动者延长工作时间的工资。实行不定时工时制度的劳动者，不执行上述规定。

在综合计算工时周期内，如在计算周期内员工的总实际工作时间超过总法定标准工作时间，则超过部分应视为延时加班，按不低于小时工资标准的 150% 支付加班工资。企业安排劳动者在法定休假日加班的，按不低于日或者小时工资标准的 300% 支付加班工资。地方政府有明确规定的，从其规定。

（2）加班工资计算公式。以标准工时制的加班工资为例，加班工资计算公式如下：

工作日加班工资 = 月度工资标准 ÷ 21.75 天 ÷ 8 × 150% × 加班小时数

休息日加班工资 = 月度工资标准 ÷ 21.75 天 ÷ 8 × 200% × 加班小时数

法定休假日加班工资 = 月度工资标准 ÷ 21.75 天 ÷ 8 × 300% × 加班小时数

例如，某企业与员工约定劳动合同中月度工资标准为岗位工资标准，员工小王月度工资标准为 8 500 元，其中月度岗位工资标准 3 500 元。3 月的某个周六上午小王从 8 点加班至 12 点，则其加班工资 = 3 500 ÷ 21.75 ÷ 8 × 200% × 4=160.92（元）

（3）旷工。一般情况下，旷工是指除不可抗力因素导致无法履行请假手续外，员工不按规定办理请假手续又不到岗位上班的情形。企业应结合实际针对旷工制定相应规定。

第三节　企业负责人薪酬管理

根据《企业国有资产监督管理暂行条例》《中央企业负责人经营业绩考核办

法》，国有资产监督管理机构应建立健全适应现代企业制度要求的企业负责人激励约束机制。国有资产监督管理机构应依照有关规定，确定所出资企业中的国有独资企业、国有独资公司的企业负责人的薪酬；依据考核结果，决定其向所出资企业派出的企业负责人的奖惩。企业负责人薪酬管理应遵循物质激励与精神激励相结合的原则，采取分类分级的差异化薪酬分配办法，坚持短期激励与中长期激励相结合，注重形成企业负责人与企业员工之间的合理工资收入分配关系。

下面以广西壮族自治区国资监管的某省属交通类国有企业（以下简称 A 企业）为例，对企业负责人薪酬管理进行介绍。

一、企业负责人薪酬构成

企业负责人薪酬由年度薪酬和任期激励构成。其中，企业负责人年度薪酬由基本年薪和绩效年薪构成。

$$企业负责人薪酬 = 基本年薪 + 绩效年薪 + 任期激励$$

基本年薪为固定薪酬，按岗位和职务确定。绩效年薪为浮动薪酬，与企业年度经营业绩考核挂钩。任期激励收入为薪酬，与企业任期经营业绩考核挂钩。

二、基本年薪

$$基本年薪 = 基本年薪基数 \times 基薪分配系数$$
$$基本年薪基数 = 上年基本年薪基数 \times (1 + 基薪增长率)$$

基本年薪基数在上年基本年薪基数的基础上按不高于企业员工平均工资增长率确定，具体由企业根据年度经营情况、员工各层级薪酬差距等确定。

三、绩效年薪

企业负责人绩效年薪不仅需考虑企业的经营业绩，还应根据企业的类型分类核定。A 企业的下属企业类型包含公路运营类企业、公路铁路建设类企业、商业类企业。结合实际情况，A 企业下属企业负责人绩效年薪计算公式如下：

$$绩效年薪 = 绩效年薪基数 \times 难度系数 \times 经营变量指数 \times 年度绩效考核系数 \times 绩效薪酬调节系数$$

（一）绩效年薪基数

绩效年薪基数以基本年薪基数为基础，结合企业负责人绩效分配系数确定。

绩效分配系数是按任职岗位、职级、个人考核等因素确定的各企业负责人之间的薪酬比值。仍以 A 企业为例，担任企业负责人正职的，绩效分配系数为 1.0；担任企业负责人副职的，绩效分配系数为 0.85。

（二）难度系数

难度系数根据各类企业的规模、经营管理特点、目标任务等因素确定。以 A 企业为例，公路运营类企业的难度系数结合管养历程、收费站个数、运营管理总费用、员工人数和交通量等因素确定；公路建设类企业的难度系数结合投资额、桥隧比、建设模式及建设方式等因素确定；铁路建设类企业的难度系数结合投资额、桥隧比、设计时速和管理方式等因素确定；商业类企业的难度系数结合企业的资产总额、净资产、营业总收入、净利润、在岗职工平均人数等因素确定。

（三）经营变量指数

经营变量指数反映企业在经营中受政策变量及其他变量因素影响的程度，主要根据企业类型确定。

（四）年度绩效考核系数

年度绩效考核系数根据企业年度经营业绩考核等级和分数计算确定，计算方法与企业年度经营业绩考核有关制度匹配并随之同步调整。以商业类企业负责人为例，年度经营业绩考核分为 A、B、C、D 四个等级，结合企业考核分数，年度绩效考核系数计算公式如下：

（1）经营业绩考核等级为 A 的企业，企业负责人年度绩效考核系数分布区间为 1.8~2.0。

$$年度绩效考核系数 = 1.8 + 0.2 \times （考核分数 - A 级起点分） \div （A 级最高分数 - A 级起点分）$$

（2）经营业绩考核等级为 B 的企业，企业负责人年度绩效考核系数分布区间为 1.5~1.8。

$$年度绩效考核系数 = 1.5 + 0.3 \times （考核分数 - B 级起点分） \div （A 级起点分 - B 级起点分）$$

（3）经营业绩考核等级为 C 的企业，企业负责人年度绩效考核系数分布区间为 1.2~1.5。

年度绩效考核系数 =1.2+0.3×（考核分数 –C 级起点分）÷

（B 级起点分 –C 级起点分）

（4）经营业绩考核等级为 D 的企业，企业负责人年度绩效考核系数分布区间为 0~1.2。

年度绩效考核系数 =1.2×（考核分数 –60）÷（C 级起点分 –60）

（五）绩效薪酬调节系数

绩效薪酬调节系数一般情况下为 1，企业可根据特殊贡献、整体薪酬水平对标等情况进行调整。

四、任期激励

任期激励是建立健全市场化经营机制、激发企业活力的一项措施，能促进完善企业领导人员分类分层管理制度，更好解决三项制度改革中的突出矛盾和问题，有效激发企业经理层经营创效活力。A 企业下属企业董事会与经理层成员实施任期制和契约化管理，与经理层依法依规建立契约关系，签订岗位聘任协议和经营业绩责任书，明确任期期限、岗位职责、权利义务、业绩目标、薪酬待遇、退出规定、责任追究等内容。

（一）设置任期

经理层成员的任期应与本企业董事会的任期（届次）保持一致，或与企业负责人的经营业绩考核周期保持一致。经理层成员任期期满后，应重新履行聘任程序并签订岗位聘任协议。未能续聘的，自然免职（解聘）。

（二）契约签订

企业董事会根据本企业年度和任期业绩考核指标任务，按岗位聘任协议对经理层成员的任务目标进行分解，与经理层成员签订年度和任期经营业绩责任书。

（三）考核

企业董事会依经审计的财务决算数据等，结合本企业经营业绩考核结果，对经理层成员考核内容及指标的完成情况进行考核，形成考核与奖惩意见，并反馈给经理层成员。

（四）任期激励与任期经营业绩考核结果挂钩

任期激励按先考核后兑现的原则，在任期经营业绩考核完成后，在下一任期按约定的比例逐年兑现。

（五）退出管理

凡出现《中华人民共和国公司法》等国家法律法规和企业相关管理规定不得担任公司高级管理人员情形的，或有违反有关党纪、政纪和法律法规行为的，不得聘任为经理层成员。经考核认定不适宜继续任职的，应按干部管理程序免去现职。

五、企业负责人薪酬发放管理

企业负责人薪酬由企业董事会或董事会授权薪酬与考核委员会管理。日常工作由企业人力资源部门负责。企业负责人基本年薪按月支付，每月支付1/12。企业负责人绩效年薪按先考核后兑现的原则，在年度经营业绩考核完成后兑现。

第四节　中长期激励管理

中长期激励指根据超过一年（通常是3~5年）的绩效周期来评定员工的绩效并据此对员工进行激励。中长期激励将员工收益与企业长期发展效益联系在一起，激励员工为企业中长期效益发展做出贡献。中长期激励既能培养员工主人翁意识，又有助于企业招募、保留高绩效员工，为企业的发展打下良好基础。

根据《中共中央 国务院关于深化国有企业改革的指导意见》，国有企业要实行与社会主义市场经济相适应的企业薪酬分配制度，采取多种方式探索完善中长期激励机制。中长期激励方式灵活多样，包括股票期权、股票增值权、限制性股票、股权出售、股权奖励、股权期权、超额利润分享、岗位分红激励、项目分红激励等。国有企业实施的中长期激励主要有国有控股上市公司股权激励、国有科技型企业分红和股权激励、国有控股混合所有制企业员工持股、超额利润分享、职务科技成果赋权等。本节主要对国有科技型企业股权激励、国有企业超额利润分享和职务科技成果赋权三种中长期激励方式进行举例介绍。

一、国有科技型企业股权激励

国有科技型企业股权激励是指科技型企业以本企业股权为标的,采取股权出售、股权奖励、股权期权等方式,对企业重要技术人员和经营管理人员实施激励的行为。

根据《国有科技型企业股权和分红激励暂行办法》,国有科技型企业要对照判断本企业是否符合实施股权激励的条件,并根据相关规定制定股权激励方案。制定股权激励方案需考虑四个关键点:一是激励对象的确定。激励对象应为与公司签订劳动合同的重要技术人员和中高级经营管理人员,行政办公室、人力资源部门等综合后勤管理部门不能纳入激励对象范围。二是激励方式的确定。股权激励方式有股权出售、股权奖励、股权期权等,不同激励方式的激励力度和兑现方式不同,需要企业根据企业所处的不同阶段、不同激励目的来选择。三是股权激励分配比例的确定。大型企业的股权激励总额不超过企业总股本的5%;中型企业的股权激励总额不超过企业总股本的10%;小、微型企业的股权激励总额不超过企业总股本的30%,且单个激励对象获得的激励股权不能超过企业总股本的3%。企业应根据激励对象岗位的重要程度确定个体的激励额度。四是退出机制的确定。股权激励对象自取得股权之日起5年内不得转让、捐赠,因本人提出离职或者个人原因被解聘、解除劳动合同,其个人出资部分由企业按上一年度审计后净资产计算退还本人;因公调离本企业的,其个人出资部分由企业按上一年度审计后净资产计算与实际出资成本孰高的原则返还本人。

下面以广西壮族自治区国资监管的交通类国有企业(以下简称 A 企业)为例,对中长期激励管理进行介绍。

[股权激励案例]

K 企业作为省级国有企业 A 企业下属子企业,是以工程试验检测、交通科技研发、新材料推广、结构健康监测、数字交通、标准规范制定等为主要业务的国家高新技术企业,近 3 年的业务发展和财务状况等条件符合国家对国有科技型企业股权和分红激励办法的有关规定,股权激励工作取得很好的效果。

1. 激励对象的确定

国家对国有科技型企业股权和分红激励的相关办法规定，激励对象为与企业签订劳动合同的重要技术人员和中高级经营管理人员。公司员工职位等级设置 1~17 级，首期激励对象为职位等级在 10 级以上，且为重要技术人员或直接参与经营生产的管理人员。

2. 股权激励方式的选择

综合考虑 K 企业为一家比较成熟稳定，预期收益率较高的企业，同时其开展股权激励的目的是吸引和留住人才，因此在股权激励方式的选择上采用最保守的股权出售方式，以定向激励对象增发股份的方式出售股权。通过资产评估，其股权溢价率达到 30% 以上，但激励对象认可该企业的长期盈利能力，均自愿购买股权。

3. 股权激励分配比例的确定

K 企业在设置股权激励比例时需要综合考虑 A 企业整体薪酬水平的平衡和激励水平对 K 企业引才留才的作用，因此，根据 K 企业所处行业薪酬水平的 75 分位值作为薪酬水平基准，减去 K 企业现行人员的薪酬水平，产生的薪酬缺口通过实施股权激励来弥补的方式计算股权激励比例。通过测算，确定首期实施股权激励的比例为 12.5%。实施 2 年后效果明显，激励额度超过了预期，A 企业通过增资扩股 K 企业的方式将实施股权激励的比例调整到 8%，使整体薪酬激励具有较强竞争力，且避免薪酬水平过高。

4. 持股比例的确定

由于个人年度薪酬水平在一定程度上体现了个人在企业中的价值，K 企业根据激励对象的年度薪酬水平确定股权激励的个人持股比例，再按岗位的重要性、稀缺性及对科技创新的贡献度设置岗位调整系数（0.3~1.25），以此对个人持股比例进行调整，科学公平地确定激励对象持股比例。

5. 持股方式的选择

持股方式分为直接持股和间接持股，考虑到激励对象人数较多、持股分散，为便于日常管理和根据需要调整激励对象持股比例，K 企业采取间接持股方式，成立合伙制企业作为员工持股平台。

6. 退出机制

股权激励对象自取得股权之日起 5 年内不得转让、捐赠，因本人提出离职或个人原因（不含退休、工伤、死亡等客观因素）被解聘或离岗的，个人出资部分按上一年度审计后净资产计算退还本人；调动、退休等按个人出资部分由企业根据上一年度审计后净资产计算与实际出资成本孰高的原则返还本人，个人利益不受影响。

K 企业实施股权激励后，激励对象人数逐步覆盖全部骨干人才，带动企业内部革新，优化绩效考核和激励分配机制，极大激发了员工干事创业的热情，助推企业快速发展壮大。

二、国有企业超额利润分享

超额利润分享是指企业综合考虑战略规划、业绩考核指标、历史经营数据和本行业平均利润水平，合理设定目标利润，并以企业实际利润超出目标利润的部分作为超额利润，按约定比例在工资总额中提取超额利润分享额，分配给激励对象的一种中长期激励方式。超额利润分享一般以 3 年为一个周期，最长不超过 5 年。

企业可按照国务院国资委《"双百企业"和"科改示范企业"超额利润分享机制操作指引》编制超额利润分享方案，设计核心为"三个 30%"：每期激励人数控制在企业在岗员工总数的 30% 以内，激励总额度不超过超额利润总值的 30%，企业高级管理人员合计激励额度不超过激励额度的 30%。

激励人数控制在员工总数的 30% 以内，指激励对象为与企业签订劳动合同，在该岗位上连续工作满 1 年，对企业经营业绩和持续发展有直接重要影响的管理、技术、营销、业务等核心骨干人才，每期激励人数控制在企业在岗员工总数的 30% 以内。

[超额利润分享案例]

J 企业是省级国有企业 A 企业下属子企业，主营业务包括高速公路、铁路建设项目相关物资贸易，其目前主要为内部供应链业务，市场化业务占比不高。为促进市场化转型发展，J 企业根据有关政策和制度规定，制定市场化业务超额利润分享方案（2024—2026 年）。

1. 激励对象

企业选定了在企业工作 1 年以上的中高级管理人员、与市场供应链业务相关工作骨干等 60 人，占该企业员工总数的 29%。

2. 利润指标确定

鉴于 A 企业对子企业的考核以利润总额为主要业绩指标，且推行超额利润分享的目的是推动企业市场化转型，因此 J 企业以市场化业务的利润总额（剔除 J 企业在 A 企业内部的供应链业务）作为超额利润分享的利润指标。J 企业 2021—2023 年实现市场化利润总额分别为 1 000 万元、500 万元、1 500 万元，2021—2023 年三年平均利润为 1 000 万元。在确定 J 企业市场化利润年度基准目标时，采用上年利润总额 1 500 万元与前三年平均利润 1 000 万元中的较高值（即 1 500 万元）作为超额利润分享的计算基数，同时根据 A 企业对 J 企业市场化利润年均增长率不低于 20% 的增长要求，确定 J 企业超额利润分享的利润目标值为 1 800 万元［1 500 ×（1+20%）］。

3. 总体分享比例设置

根据科学激励的原则，J 企业参照个人所得税超额累计计算方法，设置了超额累计计算的股权激励分享方案：超额利润在 0~500 万元区间的分享比例为 15%，在 500 万~1 000 万元区间的分享比例为 20%，在 1 000 万~2 000 万元区间的分享比例为 25%，在 2 000 万元以上的分享比例为 30%。通过逐级递增分享比例的方式激励员工努力创造利润。

4. 个人分享比例设置

个人分享比例根据激励对象的薪酬水平，结合激励对象所处岗位在市场化业务中的关联度、贡献度综合确定。

5. 设置履约金

J 企业按"风险共担、利益共享"原则，创新在超额利润分享机制中引入风险履约金机制，要求激励对象按预计超额利润分享最高比例缴纳履约金。当企业市场化业务盈利时，履约金不受影响；当市场化业务出现亏损时，先从未分配的超额利润分享中扣除，再从缴纳履约金中扣除，直至扣完为止，避免传统超额利润只有激励、不承担风险的弊端，在推动激励对象追求利润最大化的同时关注风险防控，确保资产保值增值。J 企业 2024 年预计完成 4 800 万元市场化利润，应缴纳履约金900万元〔（预计完成利润值4 800万元 – 超额利润分享利润目标值1 800万元）× 最高分享比例30%〕。同时，为保证企业足额计算和缴纳履约金，规定企业实际完成的超额利润分享额超过缴纳履约金的部分，按50%的比例计算超额利润分享额度。

引入风险履约金机制并不是超额利润分享的强制措施，而是该企业为确保超额利润分享实施达到预期效果的创新举措。

6. 兑现方式

为确保J企业追求市场化业务的同时，确保完成A企业下达的主要业务指标，规定当J企业完成A企业下达的整体利润指标时，可按方案约定的分享比例计算超额利润分享额；如未完成A企业下达的整体利润指标，则按利润指标的完成率打折计算超额利润分享额；如利润指标完成比例低于70%，则不予计算超额利润分享额。

激励采用递延方式分三年兑现，第一年支付50%，第二年支付30%，第三年支付20%。计划周期内企业净利润出现大幅递减或亏损的，对上一年度超额利润分享额未兑现部分进行扣减，并对已兑现部分进行追回。超额利润分享额追索扣回标准见表5-4。

表5-4　超额利润分享额追索扣回标准

净利润与上年同比减少比例（T）	对上年超额利润分享额扣减办法	
	未亏损时	亏损时
$T \leqslant 20\%$	不扣减	按100%扣减上年度超额利润分享额（延期部分全额扣减，已兑现部分全额追回）且终止实施
$20\% < T \leqslant 50\%$	上年度超额利润分享额的15%	
$T > 50\%$	上年度超额利润分享额的30%	

7. 退出机制

激励员工出现个人绩效考核不合格、违反企业管理制度受到重大处分、违纪违法行为受到处理等情况的，自当年起不得继续参与超额利润分享兑现，同周期内以前年度递延支付部分不再支付。有规定要求对以前年度已兑现部分进行追回的，应予以追回。企业出现当年亏损、经营性现金流为负、发生重大风险事故、重大安全及质量事故、重大负面影响等情况的，终止实施超额利润分享方案。

三、职务科技成果赋权

职务科技成果赋权是指国有企业赋予科研人员职务科技成果部分所有权、长期使用权。根据《国有企业职务科技成果赋权改革试点实施方案》,职务科技成果赋权改革要注意以下三个关键点:一是赋权人员范围。聚焦科技成果主要完成人、项目负责人和关键核心技术人员。二是赋权内容。赋予科研人员科技成果的部分所有权或长期使用权。职务科技成果的转化方式有转让、作价出资、许可使用等。科研人员职务赋权获得的收益不属于员工薪酬,不纳入企业工资总额预算管理。三是赋权比例。原则上赋予科研人员科技成果所有权的比例不高于50%,赋予科研人员长期使用权的使用年限不超过10年,获得许可使用收益比例不高于30%,单个科研人员赋权比例不高于5%。

[职务科技成果赋权案例]

G企业作为省级国有企业A企业的下属子企业,业务范围涵盖智能装备产品研发制造、机电交安产品研发和工程施工等多个领域。该企业2024年获得职务科技成果赋权改革试点资格。

1. 赋权人员

项目组科研人员总人数为38人,拟赋权人员为项目的核心技术人员14人,包括项目负责人和技术骨干。

2. 赋权内容及转化方式

对"某系列成套装备"项目的新产品原型进行赋权。项目为G企业自主研发,拥有100%产权。转化方式为对外许可使用,使用年限为6年。

3. 赋权比例及收益分配

根据科技成果完成人在项目中的实际贡献度,确定团队获得许可使用收益总比例为25%,单个人员比例不超过5%。个人比例分配综合考虑项目角色重要度、技术难度、绩效表现等3个要素进行评估确定。具体计算方式为:

个人赋权分配系数 = 项目角色重要度系数 × 技术难度系数 × 绩效表现系数

个人赋权比例 = 个人赋权分配系数 ÷ Σ个人赋权分配系数 × 团队获得许可使用收益总比例

4. 约束机制

定期对科研人员在项目研发过程中的角色分工、贡献度等进行重新评估和调整。对于无正当理由实施不力或未开展产业化的赋权科技成果,企业有权终止赋权。

本章附录案例请扫二维码查看

第六章
员工福利与保险管理

福利指企业依据国家的相关法律法规及企业自身情况为员工提供的各种非直接支付的货币报酬与服务,一般由法定福利和企业自主福利两部分组成。法定福利是国家通过立法强制实施的对员工的保护政策,主要包括社会保险、住房公积金、法定带薪假期等;企业自主福利是企业为满足员工的生活和工作需要,在工资收入和法定福利之外自主建立的,向员工本人及其家属提供的一系列福利项目,包括企业补充性保险(如企业年金、补充医疗保险)、货币津贴、实物和服务等。

本章重点介绍两项法定福利(社会保险和住房公积金)和两项企业自主福利(企业年金和补充医疗保险)的实操业务。

第一节 社会保险管理

社会保险指国家为保障公民在年老、疾病、工伤、失业、生育等情况下依法从国家和社会获得物质帮助的权利,建立的基本养老保险、基本医疗保险、工伤保险、失业保险、生育保险等社会保险制度。企业应依法为员工缴纳社会保险费,以保障员工的法定福利。

社会保险与商业保险之间既有联系，又有本质的区别。从功能看，两者都是社会风险化解机制，但社会保险是多层次社会保障体系的主体，商业保险可以作为社会保险的补充，是多层次社会保障体系的组成部分。社会保险与商业保险的区别见表6-1。

表6-1 社会保险与商业保险的区别

区别	社会保险	商业保险
性质不同	国家立法强制实施，属于政府行为	一种商业行为，保险人与投保人之间完全是自愿的契约关系
目的不同	不以营利为目的，其出发点是确保劳动者的基本生活，维护社会稳定，促进经济发展	根本目的是获取利润，只是在此前提下给投保者以经济补偿
资金来源不同	国家、用人单位和个人三者分担	完全由投保人负担
政府承担的责任不同	社会保险是公民享有的一项基本权利，政府对社会保险承担最终的兜底责任	商业保险受市场竞争机制制约，政府主要依法对商业保险进行监管，保护投保人的利益

企业应自成立之日起30日内凭营业执照、登记证书或单位印章，向当地社会保险经办机构申请办理社会保险登记。社会保险经办机构应自收到申请之日起15日内予以审核，发放社会保险登记证件。企业的社会保险登记事项发生变更或企业依法终止的，应自变更或终止之日起30日内，到社会保险经办机构办理变更或注销社会保险登记。企业应自用工之日起30日内为其员工向社会保险经办机构申请办理社会保险登记。国家建立全国统一的个人社会保障号码，个人社会保障号码为居民身份证号码。

一、基本养老保险

基本养老保险是按国家统一政策规定强制实施的，保障广大离退休人员基本生活需要的一种养老保险制度。

（一）基本养老保险参保

企业申请办理社会保险登记，参加企业职工基本养老保险，由企业和员工个人共同缴纳基本养老保险费。

（二）基本养老保险缴费基数

企业缴纳基本养老保险费的缴费基数是本企业员工工资总额，员工缴纳基本养老保险费的缴费基数是本人上年度月平均工资。基本养老保险缴费基数上下限以各省（自治区、直辖市）全口径城镇单位就业人员平均工资核定。

以广西壮族自治区为例，根据自治区对规范企业职工基本养老保险相关规定，企业员工应以本人上年度（自然年度）月平均工资收入作为缴费年度月缴费工资基数，员工个人月缴费基数下、上限分别为上年度全区全口径城镇单位就业人员月平均工资的60%和300%。广西壮族自治区2023年全区全口径城镇单位就业人员平均工资81 070元（6 756元/月），2024年度职工基本养老保险缴费基数上限为20 268元/月、下限为4 053.6元/月。以个人缴费比例8%计算，员工个人缴纳2024年度职工基本养老保险的上限为1 621.44元/月。

（三）基本养老金计发

1. 基本养老金的领取条件

参加基本养老保险的员工，达到法定退休年龄时累计缴费年限满足国家统一规定的最低标准，可按月领取基本养老金。若在达到法定退休年龄时累计缴费年限不满足国家统一规定的最低标准，可选择继续缴费至满足条件后，再行按月领取基本养老金；也可以转入新型农村社会养老保险或者城镇居民社会养老保险，按照国务院规定享受相应的养老保险待遇。参加基本养老保险的员工，因病或者非因工死亡的，其遗属可以领取丧葬补助金和抚恤金；在未达到法定退休年龄时因病或者非因工致残完全丧失劳动能力的，可以领取病残津贴。

根据《国务院关于渐进式延迟法定退休年龄的办法》，从2030年1月1日起，将员工按月领取基本养老金最低缴费年限由15年逐步提高至20年，每年提高6个月，见表6-2。员工达到法定退休年龄但不满最低缴费年限的，可以按照规定通过延长缴费或者一次性缴费的办法达到最低缴费年限，按月领取基本养老金。

表6-2 提高最低缴费年限情况表

年份	当年最低缴费年限
2025年	15年
2026年	15年
2027年	15年

续表

年份	当年最低缴费年限
2028 年	15 年
2029 年	15 年
2030 年	15 年 +6 个月
2031 年	16 年
2032 年	16 年 +6 个月
2033 年	17 年
2034 年	17 年 +6 个月
2035 年	18 年
2036 年	18 年 +6 个月
2037 年	19 年
2038 年	19 年 +6 个月
2039 年	20 年

2. 基本养老金计发规定

基本养老金计发是指参保人员在达到国家规定的退休年龄，且个人缴费累计满一定年限后，退休时领取国家法定的基本养老金的计算办法。具体来说，基本养老金的计发通常遵循"多缴多得、长缴多得"的原则，即参保人员的缴费水平高低和缴费年限长短会直接影响其退休后领取的基本养老金数额。此外，基本养老金的计发还与当地经济发展情况、员工平均工资增长、物价上涨情况等因素密切相关。

参加企业职工基本养老保险的员工，其基本养老金从经社会保险经办机构核准符合领取条件的次月起发放。各省（自治区、直辖市）关于基本养老金计发有详细规定，下面以广西壮族自治区为例进行介绍。

（1）建立个人账户后参保缴费。达到法定退休年龄时累计缴费满足国家规定的参保人员，基本养老金由基础养老金和个人账户养老金两部分组成。

1）基础养老金 = 参保人员退休时全区上年度城镇单位在岗职工月平均工资 ×［（1+ 本人平均缴费工资指数）÷2］× 缴费年限 ×1%

本人平均缴费工资指数 = Σ（参保人员月实际缴费基数 ÷ 缴费年度全区上年度城镇单位在岗职工月平均工资）÷ 累计实际缴费月数

2）个人账户养老金＝个人账户累计储存额÷本人退休年龄相对应的计发月数

［基本养老金计发举例（无视同缴费年限）］

黄某，男，1963年7月出生，1992年8月开始参保缴费，2023年7月达到法定退休年龄，累计缴费30年7个月（折算为30.59年），个人账户累计储存额为146 398.09元，本人平均缴费工资指数为1.293 5，全区2022年度城镇单位在岗职工月平均工资为6 629元。

基础养老金＝参保人员退休时全区上年度城镇单位在岗职工月平均工资×［（1＋本人平均缴费工资指数）÷2］×缴费年限×1%＝6 629×［（1＋1.293 5）÷2］×30.59×1%＝2 325.4元

个人账户养老金＝个人账户累计储存额÷本人退休年龄相对应的计发月数＝146 398.09÷139＝1 053.2元

黄某的月基本养老金＝2 325.4＋1 053.2＝3 378.6元

（2）建立个人账户前参保缴费（含建立个人账户后参保缴费，有视同缴费年限）、达到法定退休年龄时累计缴费满足国家规定的参保人员，在发给基础养老金和个人账户养老金的基础上，再发给过渡性养老金。

过渡性养老金＝参保人员退休时全区上年度城镇单位在岗职工月平均工资×本人平均缴费工资指数×（视同缴费年限＋建立个人账户前本人实际缴费年限）×1.4%

1）实行个人缴费前按国家和自治区规定计算的连续工龄视同缴费年限，视同缴费年限与实际缴费年限合并计算为缴费年限。

2）本人平均缴费工资指数＝［∑（参保人员月实际缴费基数÷缴费年度全区上年度城镇单位在岗职工月平均工资）＋（视同缴费指数×视同缴费月数）］÷（累计实际缴费月数＋视同缴费月数）

3）视同缴费指数统一计为1，建立个人账户前实际缴费指数低于1的，按1计算。

［基本养老金计发举例（有视同缴费）］

覃某，女，1968年4月出生，企业干部身份人员，1986年9月参加工作，1995年8月开始缴费，2023年4月达到法定退休年龄，视同缴费年限7年11个月（7.92年），实际缴费年限28.67年，累计缴费年限36.59年，其中：建立个人账户前实际缴费年限加视同缴费年限合计为8年10个月（8.84年），个人账户累计储存额为186 062.43元，本人平均缴费工资指数为1.256 5，全区2022年度城镇单位在岗职工月平均工资为6 629元。

基础养老金=参保人员退休时全区上年度城镇单位在岗职工月平均工资×[（1+本人平均缴费工资指数）÷2]×缴费年限（含视同缴费年限）×1%=6 629×[（1+1.256 5）÷2]×36.59×1%=2 736.7元

个人账户养老金=个人账户累计储存额÷本人退休年龄相对应的计发月数=186 062.43÷170=1 094.5元

过渡性养老金=6 629×1.256 5×8.84×1.4%=1 030.9元

覃某的月基本养老金=2 736.7+1 094.5+1 030.9=4 862.1元

3. 基本养老金领取流程

参加基本养老保险的个人，在达到法定退休年龄且满足基本养老金领取条件时，其基本养老金申领由企业人力资源部门负责统一办理。具体流程如下：

（1）审核与准备阶段。首先，人力资源部门需要细致审核即将退休员工的人事档案，以确认其是否符合退休条件。随后，填写"企业参保人员基本养老金申领表"，要求员工本人对该表信息核对无误后签名确认。同时，收集并整理员工所需的个人身份证复印件、社保卡复印件等必要材料。

（2）申请提交。在材料准备齐全后，人力资源部门需及时向当地社保经办机构提交上述材料及养老金申领申请，正式办理退休手续。

（3）社保卡金融功能激活提醒。为确保养老金能够顺利发放至个人账户，人力资源部门应提前告知并提醒员工激活其社保卡的金融功能，避免因功能未激活而导致的养老金发放受阻。

需要特别注意的是，对于新增的养老金领取待遇人员，在待遇核定通过后的首次领取待遇当月内，必须完成首次建模认证。此后，每年均需进行一次认证，以保证待遇持续发放。若逾期未完成认证，将暂停发放养老金，待认证通过后次月恢复发放，并补发停发期间的养老金。

领取社会保险待遇资格认证的方式多样，个人可持有效身份证件，前往就近的社保机构、已安装认证客户端的参保单位、所在街道（社区）等地点进行现场认证。此外，随着技术的进步，全国大部分地区已支持通过网上渠道进行认证，进一步提升了认证的便捷性。

下面以广西壮族自治区为例，介绍领取基本养老保险待遇资格手机线上认证操作流程。

（1）"广西人社服务"微信公众号认证流程

1）打开微信，关注"广西人社服务"微信公众号，如图6-1所示。

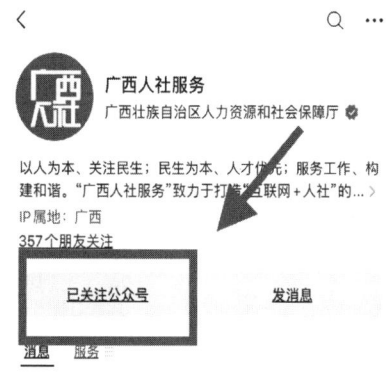

图6-1　"广西人社服务"微信公众号

2）点击下方"便民服务"，选择"待遇资格认证"，输入个人身份信息后点击"开始认证"，过程中如提示使用前置摄像头权限请点击允许，人脸验证通过即可完成认证，如图6-2所示。

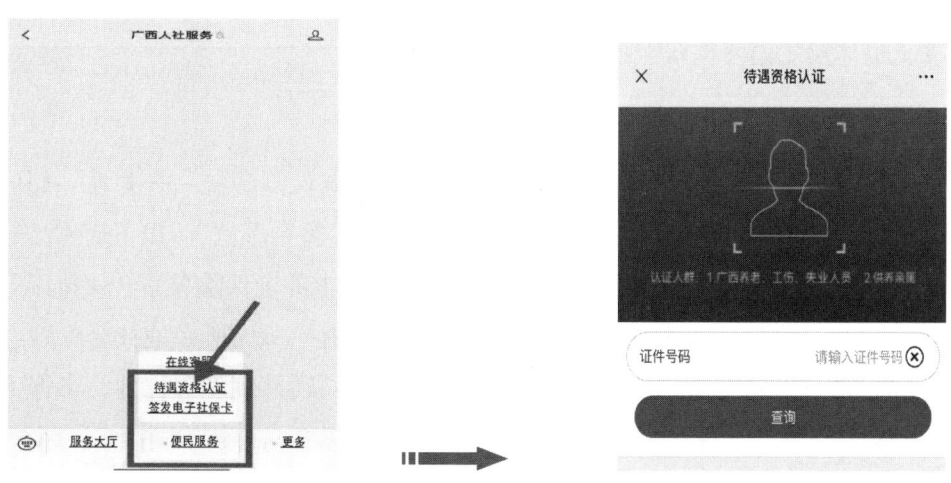

图6-2　待遇资格认证

（2）"广西人社"App 认证流程

1）下载"广西人社"App，如图 6-3 所示。

2）打开"广西人社"App，点击"待遇资格认证"，输入个人身份信息后点击开始认证，过程中如提示使用前置摄像头权限请点击允许，人脸验证通过即可完成认证，如图 6-4 所示。

图 6-3　"广西人社"App

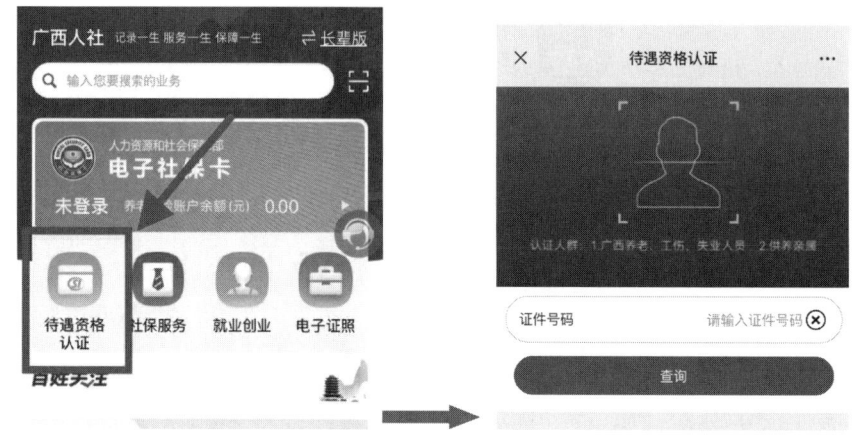

图 6-4　待遇资格认证

因退休后有相应的手续需要员工本人到社区等机构去办理，为了更好体现企业对员工的关爱，协助员工办理好各项业务，企业可以给员工一份温馨提示卡（某企业退休员工温馨提示卡见附录案例 16）。

（四）养老保险关系转移接续

养老保险关系转移是把在不同工作地缴纳的养老保险费统一合并在一起的过程。根据《城镇企业职工基本养老保险关系转移接续暂行办法》（以下简称《暂行办法》）、《人力资源社会保障部关于城镇企业职工基本养老保险关系转移接续若干问题的通知》等规定，参保人员跨省流动就业的，由原参保所在地社会保险经办机构开具参保缴费凭证，其基本养老保险关系应随同转移到新参保地。参保人员达到基本养老保险待遇领取条件的，其在各地的参保缴费年限合并计算，个人账户储存额（含本息）累计计算；未达到待遇领取年龄前，不得终止基本养老保险关系并办理退保手续；其中出国定居和到香港、澳门、台湾地区定居的，按国家有关规定执行。

1. 关于转移资金计算

参保人员跨省流动就业转移基本养老保险关系时，按下列方法计算转移资金。

（1）个人账户储存额的转移

1）1998年1月1日之前。个人账户储存额的转移基于该日期前个人缴费部分累计的本息进行。

2）1998年1月1日之后至2005年12月31日。个人账户储存额的转移按照个人缴费工资基数的11%记入个人账户的全部储存额（含本息）进行。

3）2006年1月1日及以后。个人账户储存额的转移按照个人缴费工资基数的8%记入个人账户的全部储存额进行。

（2）统筹基金（单位缴费）的转移。以本人1998年1月1日后各年度实际缴费工资为基数，按12%的总和转移，参保缴费不足1年的，按实际缴费月数计算转移。

2. 关于视同缴费年限计算地问题

参保人员的基本养老保险待遇领取地按《暂行办法》确定，具体规则如下：

（1）户籍所在地为首选。若参保人员的基本养老保险关系位于其户籍所在地，则由户籍所在地负责直接办理待遇领取手续，享受该地的基本养老保险待遇。

（2）基本养老保险关系所在地满10年。若基本养老保险关系不在户籍所在地，但在某一参保地的累计缴费年限（含实际缴费年限和视同缴费年限，除非另有特殊规定，下同）已满10年，则参保人员有权在该地办理待遇领取手续，并享受当地的基本养老保险待遇。

（3）转回上一个满10年参保地。若基本养老保险关系不在户籍所在地，且在其基本养老关系所在地累计缴费年限不满10年的，则其基本养老保险关系应转回最近一个缴费年限满10年的原参保地，在该地办理待遇领取手续并享受基本养老保险待遇。

（4）归集至户籍所在地。若基本养老保险关系既不在户籍所在地，且在所有参保地的累计缴费年限均未满10年，则参保人员的基本养老保险关系及其相应资金将统一归集至户籍所在地，由户籍所在地按照规定为其办理待遇领取手续，并享受当地的基本养老保险待遇。

对于在机关事业单位或企业工作的参保人员，其视同缴费年限按照当时工作地的标准进行计算；若在不同地区均有视同缴费年限，则分别按照各自地区的规定进行独立计算。这一计算方式确保了全国范围内（以省、自治区、直辖市为单位）的累计缴费年限的完整性和准确性。

3. 关于缴费信息历史遗留问题的处理

由于各地政策或建立个人账户时间不一致等客观原因，参保人员在跨省转移接续养老保险关系时，转出地无法按月提供1998年1月1日之前缴费信息，或提供的1998年1月1日之前缴费信息无法在转入地计发待遇的，转入地应根据转出地提供的缴费时间记录，结合档案记载将相应年度视同缴费年限。

4. 关于重复领取基本养老金的处理

《暂行办法》实施之后重复领取基本养老金的参保人员，由本人与社会保险经办机构协商确定保留其中一个养老保险关系并继续领取待遇，其他的养老保险关系应予以清理，个人账户剩余部分一次性退还本人。

5. 各地养老保险关系转移接续规定

目前，全国各省（自治区、直辖市）已实现企业职工养老保险省级统筹，省内流动就业不需转移养老保险关系，只需办理变更登记即可。

以广西壮族自治区为例，养老保险关系转移接续一般步骤如下：

（1）参保人员在广西壮族自治区内企业之间流动就业的，不需转移养老保险关系，只需到社保中心办理变更登记即可。

（2）参保人员发生跨省流动或跨制度流动，需办理养老保险关系转移。参保人员在广西壮族自治区内机关事业单位与企业之间流动的，需转移基本养老保险关系。

（3）参保人员跨省流动不用回原参保地办理关系转移，直接到新参保地的社保机构提出申请即可，也可线上办理，即登录国家社会保险公共服务平台、"掌上

12333"App，与电子社保卡相关联的公众号和小程序也都提供转移申请服务。

（4）申请之后可利用"养老保险关系转移申请审核结果查询"和"养老保险关系转移进度查询"两个模块，查看申请审核结果、跟踪转移进度。

具体操作流程：

1）线上转移方法一

①打开微信，关注"广西人社服务"微信公众号。

②点击按左下角"服务大厅"，点击"我要办→更多"，选择"转移接续申请"项操作，如图6-5所示。

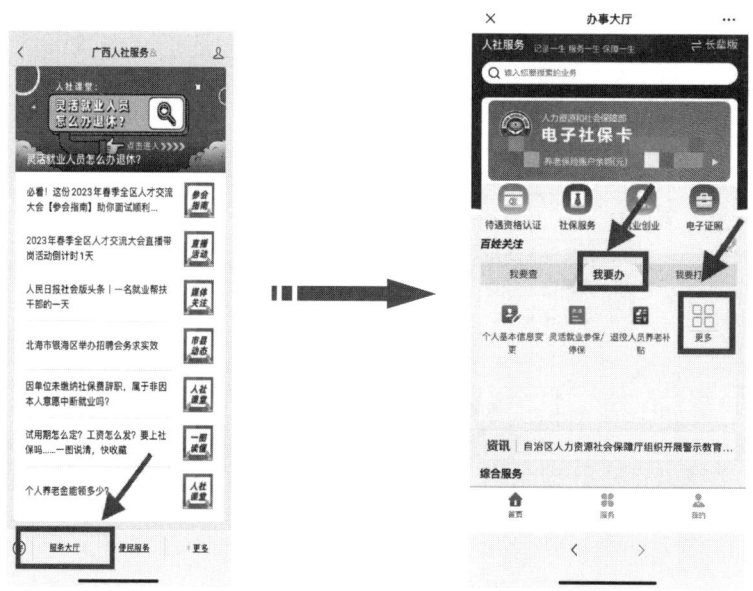

图6-5　服务大厅

③点击"转移接续申请"，填写转移信息。转入地为广西壮族自治区区本级；转出地为参保时具体行政区参保单位。

信息完善后点击下一步，上传附件（申请人身份证及社保卡照片）后点击"提交"即可完成申请，如图6-6所示。

2）线上转移方法二。下载"掌上12333"App，识别登录后依次点击服务、社保关系转移，填写对应信息后提交申请，如图6-7所示。

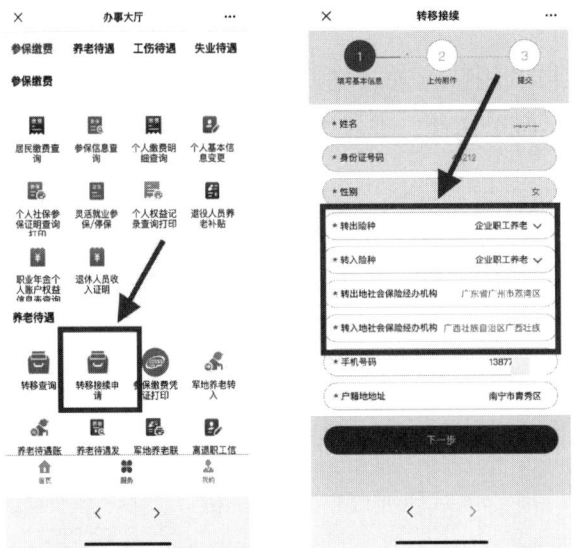

图 6-6 填写转移信息

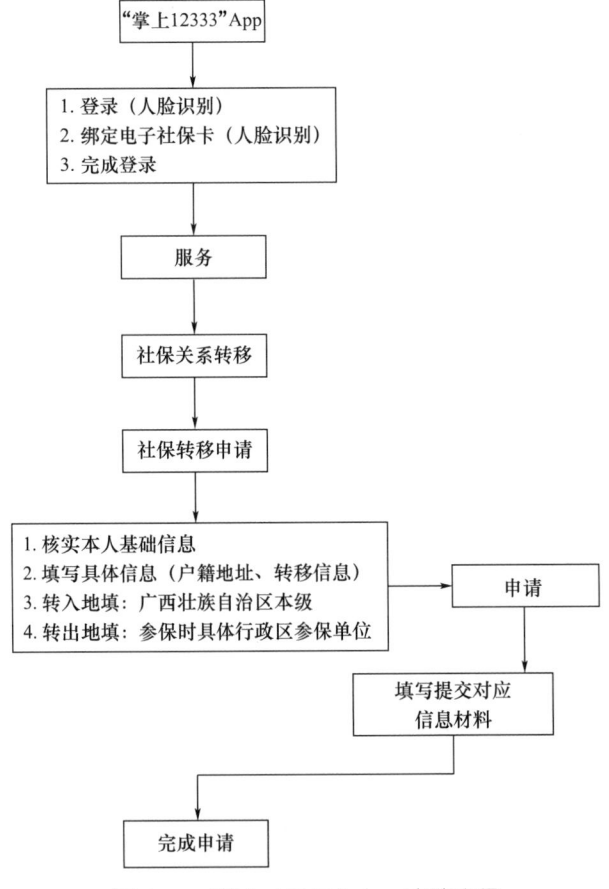

图 6-7 "掌上 12333" App 申请流程

3）线上转移方法三

①参保人可注册登录国家社会保险公共服务平台（http：//si.12333.gov.cn），点击"关系转移"栏目中的"企业职工养老保险关系转移申请"，进入下一步操作，如图6-8所示。

图6-8　国家社会保险公共服务平台

②点击"企业职工养老保险关系转移申请"，按要求填写并勾选相关选项，提交申请，如图6-9所示。

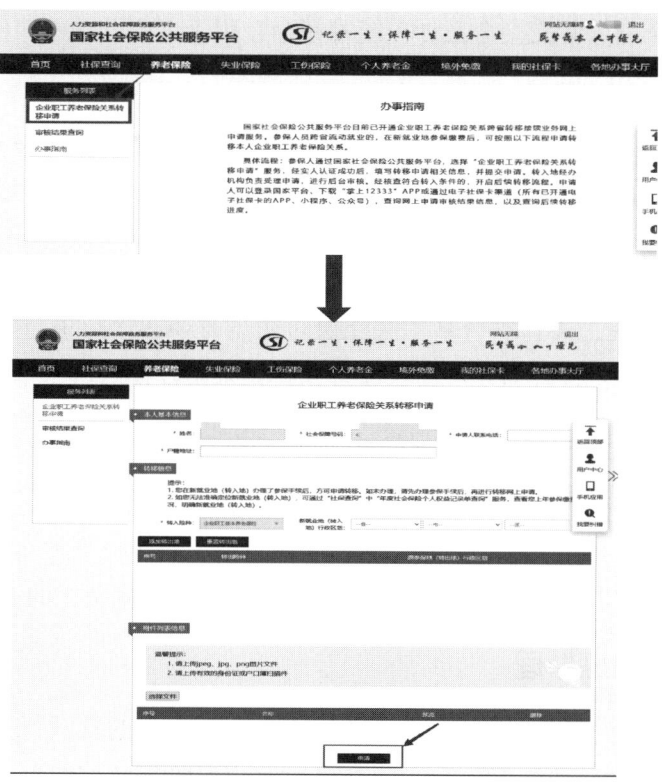

图6-9　企业职工养老保险关系转移申请

二、基本医疗保险管理

《国务院关于建立城镇职工基本医疗保险制度的决定》规定，基本医疗保险费由企业和员工共同缴纳。企业缴费率应控制在员工工资总额的6%左右，员工缴费率一般为本人工资收入的2%。随着经济发展，企业和员工缴费率随国家和各地相关规定做相应调整。

根据《国务院办公厅关于全面推进生育保险和职工基本医疗保险合并实施的意见》，生育保险基金已正式并入职工基本医疗保险基金中，实现了两者的统一征缴和相同层次的统筹管理。在新的体系下，企业需按照生育保险与职工基本医疗保险合并后的缴费比例总和来缴纳基本医疗保险费用，而个人则无需额外承担生育保险的缴费责任。

（一）基本医疗保险缴费

基本医疗保险缴费体系由统筹基金与个人账户两大部分共同构成，其资金来源与管理方式各有侧重。在职员工的个人账户资金主要源自其个人缴纳的基本医疗保险费，按照参保缴费基数的2%计入，确保个人账户资金的直接来源。而企业缴纳的基本医疗保险费则全额计入统筹基金，用于更广泛的医疗保障支出。

对于退休人员，其个人账户资金则由统筹基金根据一定标准定额划入。这一标准正逐步调整，目标是达到统筹地区实施改革当年基本养老金平均水平的2%左右，体现对退休人员医疗保障的特别关照与合理安排。

（二）基本医疗保险报销范围和标准

企业员工就医、买药符合基本医疗保险药品目录、诊疗项目、医疗服务设施标准及急诊、抢救的医疗费用，按国家规定从基本医疗保险基金中支付。

根据《中华人民共和国社会保险法》，下列医疗费用不纳入基本医疗保险基金支付范围：应从工伤保险基金中支付的；应由第三人负担的；医疗费用应由第三人负担，第三人不支付或无法确定第三人的，由基本医疗保险基金先行支付，基本医疗保险基金先行支付后，有权向第三人追偿；应由公共卫生负担的；在境外就医的。

（三）异地就医办理

异地就医是指参保人员在统筹地区外定点医疗机构的就医行为。根据国家有关规定，参保人员异地就医应及时向参保地医疗保障行政部门办理备案，具体备案管理要求由各统筹地区制定。

(四) 基本医疗保险关系转移就医

根据《中华人民共和国社会保险法》第三十二条，个人跨统筹地区就业的，其基本医疗保险关系随本人转移，缴费年限累计计算，确保医疗保障的连续性和稳定性。

1. 需办理医保转移的情况

参保人员跨统筹地区流动，不得重复参保和重复享受待遇，按规定办理基本医疗保险关系转移接续。有单位的职工医保参保人员可由单位为其申请办理，灵活就业人员及居民等参保人员由个人申请办理。

（1）职工医保制度内转移接续。职工医保参保人员跨统筹地区就业，转出地已中止参保，在转入地按规定参加职工医保的，应申请转移接续。

（2）居民医保制度内转移接续。居民医保参保人员因户籍或常住地变动跨统筹地区流动，原则上当年度在转入地不再办理转移接续手续，参保人员按转入地规定参加下一年度居民医保后，可申请转移接续。

（3）职工医保和居民医保跨制度转移接续。职工医保参保人员跨统筹地区流动，转出地已中止参保，在转入地按规定参加居民医保的，可申请转移接续。居民医保参保人员跨统筹地区流动，转出地已中止参保，在转入地按规定参加职工医保的，可申请转移接续。

2. 待遇衔接

（1）办理转移接续的职工医保参保人员，在转移接续前中断缴费3个月（含）以内的，可按转入地规定办理职工基本医疗保险费补缴手续，补缴后不设待遇享受等待期，缴费当月即可在转入地按规定享受待遇，中断期间的待遇可按规定追溯享受。中断缴费3个月以上的，基本医疗保险待遇按各统筹地区规定执行，原则上待遇享受等待期不超过6个月。

（2）参保人员已连续2年（含2年）以上参加基本医疗保险的，因就业等个人状态变化在职工医保和居民医保间切换参保关系，且中断缴费3个月（含）以内的，可按转入地规定办理基本医疗保险费补缴手续，补缴后不设待遇享受等待期，缴费当月即可在转入地按规定享受待遇，中断期间的待遇可按规定追溯享受。中断缴费3个月以上的，基本医疗保险待遇按各统筹地区规定执行，原则上待遇享受等待期不超过 6 个月。

（3）参加职工基本医疗保险的个人，基本医疗保险关系转移接续时，基本医疗保险缴费年限累计计算。达到法定退休年龄时，享受退休人员基本医疗保险待遇的缴费年限按各地规定执行。各地不得将办理职工医疗保险退休人员待遇与在当地按月领取基本养老金绑定。

（五）基本医疗保险个人账户家庭共济

根据《国务院办公厅关于建立健全职工基本医疗保险门诊共济保障机制的指导意见》，个人账户可以用于支付参保人员本人及其配偶、父母、子女在定点医疗机构就医发生的由个人负担的医疗费用，以及在定点零售药店购买药品、医疗器械、医用耗材发生的由个人负担的费用。探索个人账户用于配偶、父母、子女参加城乡居民基本医疗保险等的个人缴费。

（六）职工基本医疗大额医疗保险

职工基本医疗大额医疗保险是指在城镇职工基本医疗保险的基础上，对参保人员发生的高额医疗费用给予进一步保障的一项制度性安排，是基本医疗保障制度的拓展和延伸。参加职工基本医疗保险的员工必须参加职工大额医疗保险，保险费由各统筹地区医保部门确定。

基本医疗保险明细报销范围和标准、流程和要求等由统筹地区确定，具体可以查阅各地政策。广西壮族自治区基本医疗保险有关规定和操作流程见附录案例 17。

三、工伤保险管理

企业应依照《工伤保险条例》规定参加工伤保险，为企业全部员工或者雇工缴纳工伤保险费。

（一）工伤认定范围

1. 员工认定为工伤的情况

（1）在工作时间和工作场所内，因工作原因受到事故伤害的。

（2）工作时间前后在工作场所内，从事与工作有关的预备性或者收尾性工作受到事故伤害的。

（3）在工作时间和工作场所内，因履行工作职责受到暴力等意外伤害的。

（4）患职业病的。

（5）因工外出期间，由于工作原因受到伤害或者发生事故下落不明的。

（6）在上下班途中，受到非本人主要责任的交通事故或者城市轨道交通、客运轮渡、火车事故伤害的。

（7）法律、行政法规规定应当认定为工伤的其他情形。

2. 员工视同工伤的情况

（1）在工作时间和工作岗位，突发疾病死亡或者在48小时之内经抢救无效死亡的。

（2）在抢险救灾等维护国家利益、公共利益活动中受到伤害的。

（3）员工原在军队服役，因战、因公负伤致残，已取得革命伤残军人证，到企业后旧伤复发的。

员工有前款第（1）项、第（2）项情形的，按照有关规定享受工伤保险待遇；员工有前款第（3）项情形的，按照有关规定享受除一次性伤残补助金以外的工伤保险待遇。

员工符合上述规定，但有故意犯罪、醉酒或者吸毒、自残或者自杀等情形之一的，不得认定为工伤或视同工伤。

（二）工伤认定流程

员工遭遇事故伤害或依据《中华人民共和国职业病防治法》被确诊为职业病，其所在企业需遵循以下严谨且明确的工伤认定流程。

1. 申请时限

企业应当自事故伤害发生之日或职业病确诊之日起30日内，向统筹地区的社会保险行政部门正式提交工伤认定申请。如遇特殊情况导致无法按时申请，企业需向社会保险行政部门申请并获得同意后，方可适当延长申请时限。

2. 企业未申请时的补救措施

若企业未能在规定时限内提出工伤认定申请，受伤员工、其近亲属或工会组织有权在事故伤害发生或职业病确诊之日起1年内，直接向企业所在地的社会保险行政部门提出工伤认定申请。

3. 企业责任

若企业未能在规定时间内提交申请，且在此期间内发生了符合《工伤保险条例》规定的工伤待遇等相关费用，这些费用将由企业自行承担。

4. 调查核实

社会保险行政部门在受理工伤认定申请后，根据审核需要，有权对事故伤害进行调查核实。对于职业病诊断及争议鉴定，遵循《中华人民共和国职业病防治法》的相关规定执行。若已依法取得职业病诊断证明书或职业病诊断鉴定书，社会保险行政部门将不再重复调查核实。

5. 举证责任

在工伤认定过程中，若员工或其近亲属认为是工伤而企业持异议，则由企业承担举证责任，以证明该情况不属于工伤范畴。

6. 认定决定与通知

社会保险行政部门应在受理工伤认定申请之日起60日内做出决定，并以书面形式通知申请工伤认定的员工或其近亲属及该员工所在单位。对于事实清楚、权利义务明确的申请，应在15日内迅速做出决定。若工伤认定决定需以司法机关或相关行政主管部门的结论为依据，则在结论未出之前，工伤认定决定的时限将暂停计算。

（三）申请工伤认定需提交的材料

（1）工伤认定申请表，工伤认定申请表应包括事故发生的时间、地点、原因及员工伤害程度等基本情况。

（2）与企业存在劳动关系（包括事实劳动关系）的证明材料。

（3）医疗诊断证明或者职业病诊断证明书（职业病诊断鉴定书）。

（四）劳动能力鉴定

员工发生工伤，经治疗伤情相对稳定后存在残疾、影响劳动能力的，应进行劳动能力鉴定。劳动能力鉴定是劳动功能障碍程度和生活自理障碍程度的等级鉴定。劳动功能障碍分为十个伤残等级，最重的为一级，最轻的为十级；生活自理障碍分为三个等级：生活完全不能自理、生活大部分不能自理和生活部分不能自理。劳动能力鉴定标准由国务院社会保险行政部门会同国务院卫生行政部门等制定。劳动能力鉴定由企业、工伤员工或其近亲属向设区的市级劳动能力鉴定委员会提出申请,并提供工伤认定决定和员工工伤医疗的有关资料。

(五)工伤保险待遇

依据《工伤保险条例》第三十条,员工因工作遭受事故伤害或者患职业病进行治疗,享受工伤医疗待遇。

员工治疗工伤应在签订服务协议的医疗机构就医,情况紧急时可先到就近的医疗机构急救。

以下费用可从工伤保险基金支付:

(1)符合工伤保险诊疗项目目录、工伤保险药品目录、工伤保险住院服务标准的治疗工伤费用。

(2)员工住院治疗工伤的伙食补助费。

(3)工伤员工到统筹地区以外就医所需的交通、食宿费用(到统筹地区以外就医需按照程序审批)。

(4)符合规定的工伤员工到签订服务协议的医疗机构进行工伤康复的费用。

工伤保险相关待遇标准可参考表6-3(本表根据《工伤保险条例》第五章整理)。

表6-3 工伤保险相关待遇标准

赔偿项目	待遇标准	待遇来源
医疗费	按工伤保险诊疗项目目录、工伤保险药品目录、工伤保险住院服务标准支付	工伤保险基金
伙食补助费	由统筹地区人民政府规定	工伤保险基金
交通、食宿费	到统筹地区以外就医产生,由统筹地区人民政府规定	工伤保险基金
康复治疗费	必须到签订服务协议的医疗机构治疗,按工伤保险诊疗项目目录、工伤保险药品目录、工伤保险住院服务标准支付	工伤保险基金
工伤医疗期工资	工资福利待遇不变,不超过24个月	企业
生活护理费	生活护理费按生活完全不能自理、生活大部分不能自理或者生活部分不能自理3个不同等级支付,其标准分别为统筹地区上年度职工月平均工资的50%、40%或者30%,按月支付	工伤保险基金

续表

赔偿项目	待遇标准	待遇来源
辅助器具费	经劳动能力鉴定委员会确认，按国家规定的标准支付	工伤保险基金
一次性伤残补助金	一级伤残为27个月的本人工资 二级伤残为25个月的本人工资 三级伤残为23个月的本人工资 四级伤残为21个月的本人工资 五级伤残为18个月的本人工资 六级伤残为16个月的本人工资 七级伤残为13个月的本人工资 八级伤残为11个月的本人工资 九级伤残为9个月的本人工资 十级伤残为7个月的本人工资	工伤保险基金
伤残津贴	一级伤残为本人工资的90% 二级伤残为本人工资的85% 三级伤残为本人工资的80% 四级伤残为本人工资的75% 伤残津贴实际金额低于当地最低工资标准的，补足差额	工伤保险基金
伤残津贴	五级、六级伤残，保留劳动关系，由企业安排适当工作；难以安排工作的，按月发给伤残津贴。五级伤残为本人工资的70%，六级伤残为本人工资的60% 伤残津贴实际金额低于当地最低工资标准的，补足差额	企业
一次性工伤医疗补助金	由省（自治区、直辖市）人民政府规定	工伤保险基金
一次性伤残就业补助金		企业
丧葬补助金	6个月的统筹地区上年度职工月平均工资	工伤保险基金
供养亲属抚恤金	配偶每月40%，其他亲属每人每月30%，孤寡老人或者孤儿每人每月在上述标准的基础上增加10% 核定的各供养亲属的抚恤金之和不应高于因工死亡员工生前的工资	工伤保险基金
一次性工亡补助金	上一年度全国城镇居民人均可支配收入的20倍	工伤保险基金
下落不明员工供养亲属抚恤金	从事故发生当月起3个月内照发工资，从第4个月起停发工资，由工伤保险基金向其供养亲属按月支付供养亲属抚恤金。生活有困难的，可以预支一次性工亡补助金的50%	工伤保险基金

四、失业保险管理

员工应参加失业保险,由企业和员工按国家规定共同缴纳失业保险费。

(一)失业保险领取标准

1. 申领资格

失业人员符合下列条件的,从失业保险基金中领取失业保险金:失业前,本人及其所在单位已按规定缴纳失业保险费满一年;失业并非出于本人意愿,即非主动辞职或解约;已完成失业登记手续,并明确表达有求职意愿。

2. 标准

失业保险金的具体标准由各省(自治区、直辖市)人民政府根据当地情况确定,但不得低于该地区的城市居民最低生活保障标准。例如,广西壮族自治区2023年11月1日起,失业保险金标准设定为每月下限1 791元/月,上限1 970元/月。

3. 领取期限

失业保险金的领取期限依据累计缴费时间而定。失业人员失业前企业和本人累计缴费满1年不足5年的,最长可领取12个月;累计缴费满5年不足10年的,最长可领取18个月;累计缴费10年以上的,最长可领取24个月。重新就业后再次失业的,缴费时间重新计算,且领取失业保险金的期限可与前次失业应当领取而尚未领取的失业保险金的期限合并计算,但最长不超过24个月。

4. 附加待遇

(1)医疗保障。失业人员在领取失业保险金期间,自动参加职工基本医疗保险,享受基本医疗保险待遇,其应缴纳的基本医疗保险费由失业保险基金承担,个人无须缴费。

(2)死亡待遇。失业人员在领取失业保险金期间死亡的,其遗属将参照当地在职职工死亡的规定,获得一次性丧葬补助金和抚恤金,所需资金由失业保险基金支付。若员工个人死亡的同时符合领取基本养老保险、工伤保险及失业保险的丧葬补助金条件,其遗属只能选择其中一项领取。

(二)失业保险领取流程

企业应及时为失业人员出具终止或者解除劳动关系的证明,并将失业人员的名单自终止或解除劳动关系之日起 7 日内报社会保险经办机构备案。失业人员应持本单位为其出具的终止或解除劳动关系的证明，及时到指定的社会保险经办机构办理失业登记。失业保险金自办理失业登记之日起计算，由社会保险经办机构按月发放。

失业人员在领取失业保险金期间有下列情形之一的，停止领取失业保险金，并同时停止享受其他失业保险待遇：重新就业的；应征服兵役的；移居境外的；享受基本养老保险待遇的；被判刑收监执行的；无正当理由，拒不接受当地人民政府指定部门或者机构介绍的工作或者提供的培训的。

员工跨统筹地区就业的，其失业保险关系随本人转移，缴费年限累计计算。

第二节　住房公积金管理

住房公积金是指国家机关、国有企业、城镇集体企业、外商投资企业、城镇私营企业及其他城镇企业、事业单位及其在职员工缴存的长期住房储金。员工个人缴存的住房公积金和员工所在企业为其缴存的住房公积金，属于员工个人所有。住房公积金应当用于员工购买、建造、翻建、大修自住住房，任何单位和个人不得挪作他用。

一、住房公积金缴存

（一）开户登记

企业应当到住房公积金管理中心办理住房公积金缴存登记，经住房公积金管理中心审核后，到受委托银行为本企业员工办理住房公积金账户设立手续。每个员工只能有一个住房公积金账户。

新设立的企业应当自设立之日起 30 日内到住房公积金管理中心办理住房公积金缴存登记，并自登记之日起 20 日内持住房公积金管理中心的审核文件，到受委托银行为本企业员工办理住房公积金账户设立手续。

企业合并、分立、撤销、解散或者破产的，应当自发生上述情况之日起 30 日内由原企业或者清算组织到住房公积金管理中心办理变更登记或者注销登记，并自办妥变更登记或者注销登记之日起 20 日内持住房公积金管理中心的审核文件，到受委托银行为本企业员工办理住房公积金账户转移或者封存手续。

企业录用员工的，应当自录用之日起 30 日内到住房公积金管理中心办理缴存登记，并持住房公积金管理中心的审核文件，到受委托银行办理员工住房公积金账户的设立或者转移手续。

企业与员工终止劳动关系的，应当自劳动关系终止之日起 30 日内到住房公积金管理中心办理变更登记，并持住房公积金管理中心的审核文件，到受委托银行办理员工住房公积金账户转移或者封存手续。

（二）缴存比例

员工住房公积金的月缴存额为员工本人上一年度月平均工资乘以员工住房公积金缴存比例。企业为员工缴存的住房公积金的月缴存额为员工本人上一年度月平均工资乘以企业住房公积金缴存比例。

新参加工作的员工从参加工作的第二个月开始缴存住房公积金，月缴存额为员工本人当月工资乘以员工住房公积金缴存比例。

企业新调入的员工从调入企业发放工资之日起缴存住房公积金，月缴存额为员工本人当月工资乘以员工住房公积金缴存比例。

员工和企业住房公积金的缴存比例均不得低于员工上一年度月平均工资的百分之五；有条件的城市，可以适当提高缴存比例。具体缴存比例由住房和城乡建设委员会拟订，经本级人民政府审核后，报省（自治区、直辖市）人民政府批准。

（三）缴存办理

员工个人缴存的住房公积金由所在企业每月从其工资中代扣代缴。企业应当于每月发放员工工资之日起 5 日内将企业缴存的和为员工代缴的住房公积金汇缴到住房公积金专户内，由受委托银行计入员工住房公积金账户。

企业为员工缴存的住房公积金在企业成本中列支。企业应当按时、足额缴存住房公积金，不得逾期缴存或者少缴。对缴存住房公积金确有困难的企业，经本企业员工代表大会或者工会讨论通过，并经住房公积金管理中心审核，报住房和城乡建设委员会批准后，可以降低缴存比例或者缓缴；待企业经济效益好转后，再提高缴存比例或者补缴。

住房公积金自存入员工住房公积金账户之日起按照国家规定的利率计息。

二、住房公积金提取和使用

员工有下列情形之一的，可提取员工住房公积金账户内的存储余额：①购买、建造、翻建、大修自住住房的；②离休、退休的；③完全丧失劳动能力，并与企业终止劳动关系的；④户口迁出所在的市、县或者出境定居的；⑤偿还购房贷款本息的；⑥房租超出家庭工资收入的规定比例的。

依照第②③④项规定，提取员工住房公积金的，应同时注销员工住房公积金账户。员工死亡或被宣告死亡的，员工的继承人、受遗赠人可提取员工住房公积金账户内的存储余额；无继承人也无受遗赠人的，员工住房公积金账户内的存储余额纳入住房公积金的增值收益。

员工提取住房公积金账户内的存储余额的，所在企业应当予以核实，并出具提取证明。

缴存住房公积金的员工，在购买、建造、翻建、大修自住住房时，可以向住房公积金管理中心申请住房公积金贷款。

根据《住房公积金管理条例》，住房公积金的具体管理措施、具体缴存比例、最高贷款额度、归集和使用计划等，由各省（自治区、直辖市）人民政府所在地的市及其他设区的市住房委员会制定，具体可以查阅当地政策。广西壮族自治区住房公积金相关规定和经办程序见附录案例18。

三、住房公积金余额查询及在线提取流程

随着信息技术的不断发展，目前全国大部分地区已经实现了住房公积金余额在线查询、公积金提取业务在线办理等。以下广西壮族自治区直属单位住房公积金余额查询及在线提取流程供参考。

（一）个人住房公积金账户余额查询

1. 手机微信查询流程

打开微信，关注"广西区直住房公积金管理中心"微信公众号，点击左下角"个人服务→查询"，即可看到个人公积金账户余额。点击"公积金账户信息"，即可看到企业与个人缴纳比例与金额，如图6-10所示。

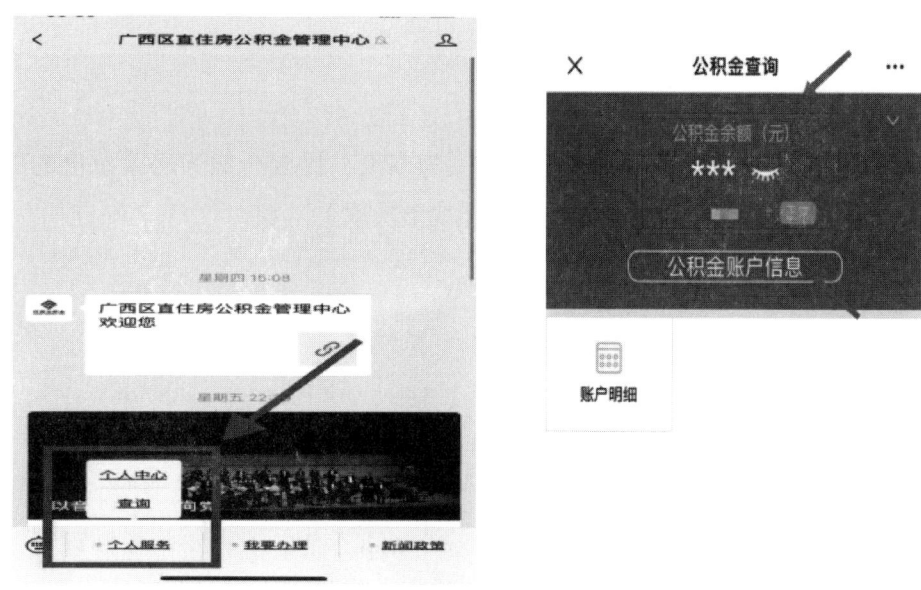

图 6-10 手机微信查询流程

2. 手机公积金 App 查询流程

下载并注册"手机公积金"App，点击下方"账户查询"，即可看到"公积金账户余额"，如图 6-11 所示。

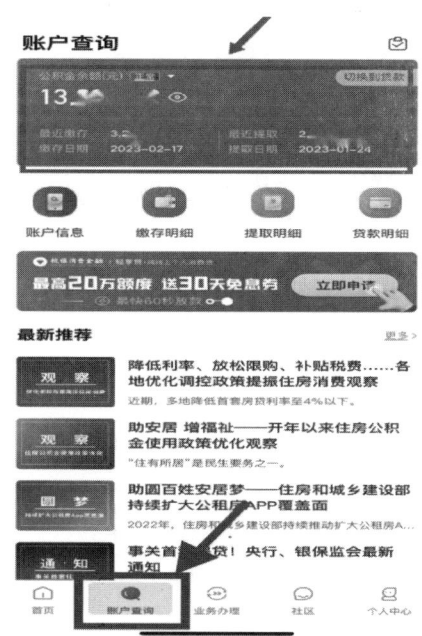

图 6-11 手机公积金 App 查询流程

（二）个人住房公积金在线提取

1. 购房提取

必须是购买南宁市房产，房屋产权人为本人，提取金额为房屋总价的20%，超过20%需现场提取（购买企业住房不能线上提取）

2. 线上提取

最高限额50万元，超过50万元需要线下办理。

3. 还房贷提取

根据还贷金额提取，无最高提取限额。

提取流程：下载及注册"手机公积金"App，点击下方"业务办理"，选择"公积金提取"，按提取类型办理业务。根据提示提供相应材料扫描件，如图6-12所示。

图6-12 个人住房公积金在线提取

第三节　企业年金管理

企业年金是指企业及其员工在依法参加基本养老保险的基础上，自主建立的补充养老保险制度。企业年金是对国家基本养老保险的重要补充，是我国正在完善的城镇职工养老保险体系的"第二支柱"。国有企业建立和完善企业年金，是保障和改善民生的重要举措，既有利于完善企业薪酬福利体系，增强企业对人才的吸引力，又有利于更好保障员工退休后的生活，稳定员工队伍。《企业年金办法》对企业年金管理有明确的规定，企业应根据《企业年金办法》管理企业年金方案的订立、变更和终止，企业年金基金筹集，企业年金账户管理，企业年金待遇，企业年金管理监督等实操业务。

一、企业年金方案的订立、变更和终止

（一）企业年金的订立

建立企业年金，企业应当与员工一方通过集体协商确定，并制定企业年金方案。企业年金方案应当提交员工代表大会或者全体员工讨论通过。企业年金方案应当包括参加人员、资金筹集与分配的比例和办法、账户管理、权益归属、基金管理、待遇计发和支付方式、方案的变更和终止、组织管理和监督方式、双方约定的其他事项总共九个方面内容。企业年金方案适用于企业试用期满的员工。

企业应当将企业年金方案报送所在地县级以上人民政府人力资源社会保障行政部门；中央所属企业的企业年金方案报送人力资源社会保障部；跨省企业的企业年金方案报送其总部所在地省级人民政府人力资源社会保障行政部门；省内跨地区企业的企业年金方案报送其总部所在地设区的市级以上人民政府人力资源社会保障行政部门。

（二）企业年金的变更和终止

企业与员工一方可以根据本企业情况，按照国家政策规定，经协商一致，变更企业年金方案。变更后的企业年金方案应当经员工代表大会或者全体员工讨论通过，并重新报送人力资源社会保障行政部门。

出现以下情形之一的，企业年金方案终止：

（1）企业因依法解散、被依法撤销或者被依法宣告破产等原因，致使企业年金方案无法履行的。

（2）因不可抗力等原因致使企业年金方案无法履行的。

（3）企业年金方案约定的其他终止条件出现的。

企业应当在企业年金方案变更或者终止后10日内向人力资源社会保障行政部门报告，并通知受托人。企业年金方案终止后，企业应当按国家有关规定对企业年金基金进行清算。

二、企业年金基金筹集

根据《企业年金办法》，企业年金所需费用由企业和员工个人共同缴纳。企业年金基金实行完全积累，为每个参加企业年金的员工建立个人账户，按照国家有关规定投资运营。企业年金基金投资运营收益并入企业年金基金。

企业年金基金由企业缴费、员工个人缴费、企业年金基金投资运营收益三个部分组成。

企业缴费每年不超过本企业员工工资总额的8%。企业和员工个人缴费合计不超过本企业员工工资总额的12%。具体所需费用，由企业和员工一方协商确定。员工个人缴费应由企业从员工个人工资中代扣代缴。

实行企业年金后，企业如遇到经营亏损、重组并购等当期不能继续缴费的情况，经与员工一方协商，可以中止缴费。不能继续缴费的情况消失后，企业和员工恢复缴费，并可以根据本企业实际情况予以补缴。补缴的年限和金额不得超过实际中止缴费的年限和金额。

三、账户管理

企业缴费应当按照企业年金方案确定的比例和办法计入员工企业年金个人账户，员工个人缴费计入本人企业年金个人账户。企业应当合理确定本单位当期缴费计入员工企业年金个人账户的最高额与平均额的差距，不得超过5倍。

员工企业年金个人账户中个人缴费及其投资收益自始归属于员工个人。员工企业年金个人账户中企业缴费及其投资收益，企业可以与员工约定其归属，可以自始归属于员工个人，也可以约定随着员工在本企业工作年限的增加逐步归属于员工个人，完全归属于员工个人的期限最长不超过 8 年。

有下列情形之一的，员工企业年金个人账户中企业缴费及其投资收益完全归属于员工个人：

（1）员工达到法定退休年龄、完全丧失劳动能力或者死亡的。

（2）出现企业年金方案终止情形之一的。

（3）非因员工过错企业解除劳动合同的，或者因企业违反法律规定员工解除劳动合同的。

（4）员工劳动合同期满，由于企业原因不再续订劳动合同的。

（5）企业年金方案约定的其他情形。

企业年金暂时未分配至员工企业年金个人账户的企业缴费及其投资收益，以及员工企业年金个人账户中未归属于员工个人的企业缴费及其投资收益，计入企业年金企业账户。企业年金企业账户中的企业缴费及其投资收益应当按照企业年金方案确定的比例和办法进行分配，计入员工企业年金个人账户。

员工工作单位变动时，新工作单位已经建立企业年金或者职业年金的，原企业年金个人账户权益应当随同转入新工作单位企业年金或者职业年金。员工新工作单位没有建立企业年金或者职业年金的，或者员工升学、参军、失业期间，原企业年金个人账户可以暂时由原管理机构继续管理，也可以由法人受托机构发起的集合计划设置的保留账户暂时管理；原受托人是企业年金理事会的，由企业与员工协商选择法人受托机构管理。

企业年金方案终止后，员工原企业年金个人账户由法人受托机构发起的集合计划设置的保留账户暂时管理；原受托人是企业年金理事会的，由企业与员工一方协商选择法人受托机构管理。

四、企业年金待遇

符合下列条件之一的，可以领取企业年金。

（1）员工在达到国家规定的退休年龄或者完全丧失劳动能力时，可以从本人企业年金个人账户中按月、分次或者一次性领取企业年金，也可以将本人企业年金个人账户资金全部或者部分用于购买商业养老保险产品，依据保险合同领取待遇并享受相应的继承权。

（2）出国（境）定居人员的企业年金个人账户资金，可以根据员工要求一次性支付给本人。

（3）员工或者退休人员死亡后，其企业年金个人账户余额可以继承。

未达到上述企业年金领取条件之一的，不得从企业年金个人账户中提前提取资金。

五、管理监督要求

企业和员工建立企业年金应当确定企业年金受托人，由企业代表委托人与受托人签订受托管理合同。受托人可以是符合国家规定的法人受托机构，也可以是企业按照国家有关规定成立的企业年金理事会。

企业成立企业年金理事会作为受托人的，企业年金理事会应当由企业和员工代表组成，也可以聘请企业以外的专业人员参加，其中员工代表应不少于1/3。企业年金理事会除管理本企业的企业年金事务之外，不得从事其他任何形式的营业性活动。

受托人应当委托具有企业年金管理资格的账户管理人、投资管理人和托管人，负责企业年金基金的账户管理、投资运营和托管。

企业年金基金应当与委托人、受托人、账户管理人、投资管理人、托管人和其他为企业年金基金管理提供服务的自然人、法人或者其他组织的自有资产或其他资产分开管理，不得挪作其他用途。

某企业企业年金方案见附录案例19。

第四节　企业补充医疗保险管理

企业补充医疗保险作为企业福利体系的重要组成部分，是在全面遵循国家基本医疗保险及大额医疗保险政策框架内，由企业自主发起并实施的一种补充性医疗保障措施。

国家关于企业建立补充医疗保险的指导原则明确指出，凡已依法参加并按时足额缴纳各项社会保险费用的企业，均拥有自主决策权，可依据自身实际情况选择是否建立补充医疗保险制度。同时，允许企业在工资总额 4% 以内的补充医疗保险费用直接作为成本列支，无须再经过同级财政部门的审批流程。补充医疗保险资金应由企业或其所属行业集中管理，实行专款专用、独立建账、单独核算的原则，专项用于补助本企业中个人医疗费用负担较重的在职员工及退休人员，严禁将此资金划入基本医疗保险个人账户，或变相用于其他非医疗性支出。

一、企业补充医疗保险的建立

补充医疗保险是指企业根据国家有关规定，对企业及所属子企业员工在按规定参加基本医疗保险和大额医疗保险基础上，对基本医疗保险和大病统筹医疗保险支付的待遇之外由员工个人负担的医药费用的适当补助。建立补充医疗保险应当遵循量力而行、有效补充、适时调整等原则。

二、员工参加补充医疗保险的条件

员工参加补充医疗保险有如下条件：一是与本企业订立劳动合同并试用期满；二是依法参加员工基本医疗保险并履行缴费义务；三是企业根据实际情况明确的其他条件。

不能参加补充医疗保险的情况如下：一是调出、解除劳动合同人员，从调出、解除劳动合同之日起；二是被追究刑事责任的人员，从执行之日起；三是严重违反劳动纪律，未履行岗位职责，按企业有关规定停发工资期间的人员。

三、补充医疗保险报销范围、标准和程序

补充医疗保险报销一般分为补充门诊（急诊）医疗费用报销、补充住院医疗费用报销，并可以自行完成报销审核工作或者是委托保险公司或第三方机构进行报销审核工作。下面以采取自主报销审核方式的某国有企业补充医疗保险报销的规定为例进行介绍。

（一）补充门诊（急诊）医疗保险

每年的补充门诊（急诊）医疗保险基金额度按不超过当年补充医疗保险资金

总额的30%控制,由企业编制预算,报企业总部核准后使用,企业在核定标准内按程序审核后据实报销和管理。

1. 报销范围

补充门诊（急诊）医疗保险报销范围为员工在医疗机构门诊、急诊就医时个人负担的医疗费用（除挂号费、体检费外），以及在零售药店购药的药费。

2. 报销标准

补充门诊（急诊）医疗保险报销标准为员工可报销门诊（急诊）医疗费用的最高限额，主要按员工年龄分段确定。员工在一个自然年度内的报销金额不得超过对应的最高限额，入职不满一年的最高限额按试用期满后的在职时间折算。

3. 报销流程

员工个人持有效的医疗费用报销凭证，经所在企业审批后兑付。有效的医疗费用报销凭证为医院发票、购药发票等符合有关规定准许报销的有效凭证原件。

4. 不能报销的类别

补充医疗门诊理论上报销的是门诊就诊费用或药店购药费用，一些企业会明确不能报销的类别，如与医药关联不大的保健类、生活类、医疗器械类用品，卫生材料费及其他材料费，以及健康体检费、健美治疗费、疾病普查类体检费等。

（二）补充住院医疗保险

1. 报销范围

补充住院医疗保险报销范围为员工在医疗机构住院治疗期间的个人负担医疗费用。员工经有关职能部门确认为因见义勇为受伤或因工负伤的，个人负担的部分医疗费用可在补充医疗保险报销范围内全额报销。

不能在补充医疗保险报销的费用如下：违法行为引发的医疗费用；因自杀、自残、酗酒等原因进行治疗的；各种医疗鉴定项目；各种健美治疗、健康体检项目；挂号费、陪护费、护工费、洗理费、保险费等人工服务费用；特别看护费、取暖费（空调费）、代垫费、伙食费、营养费、出诊费、奶粉费、特殊处置费；转院治疗的交通费、急救车费；牙科治疗专用树脂类材料费；国家医疗保险主管机关规定应由个人负担的其他费用等。

2. 报销额度计算办法

员工申报补充住院医疗保险的，根据对应员工的年龄和工龄分段按比例限额报销（根据企业实际情况确定）。计算公式如下：

$$住院报销额度 = 住院报销基数 \times 报销比例$$

住院报销基数指用于计算个人可报销住院医疗保险费用额度的基数，即符合补充住院医疗保险报销范围由员工个人负担的医疗费用。员工在补充住院医疗保险报销前，符合大病统筹、工会互助医疗以及其他商业保险的，应优先从上述渠道报销。

3. 报销流程

员工填报"补充医疗保险待遇审批表"及相关有效报销凭证提交至企业，经所在企业审批后兑付。有效报销凭证为医院发票、病历（必须有病因、诊断、治疗方案）、出院小结、药品费（必须出具处方和明细清单）、化验及检查报告单（应提供原件，因故提供复印件的必须核实原件）等。

（三）长期补充医疗保险

1. 参保人员

长期补充医疗保险是吸引人才和留住人才的重要举措。参加长期补充医疗保险人员需在企业内部累计服务达到一定年限，也可对高层次人才或关键岗位人员等放宽限制条件。

2. 基本保障额度

年度长期补充医疗保险资金额度不超过当年补充医疗保险资金总额的70%和上年结余滚存的补充医疗保险资金之和。长期补充医疗保险保障额度（基本保障额度）由企业设立统一标准，根据员工职务职级分档。企业可根据企业发展规划、补充医疗保险基金水平、符合参加条件人员数量，精准测算用于长期补充医疗保险的资金额度，按资金承受能力合理调整方案。

3. 报销范围及流程

报销范围包括员工住院、确认重疾（以保险合同为准）医治费用，重疾的后续门诊治疗费用等，报销详细规则按企业长期补充医疗保险合同条款执行。

四、补充医疗保险的中止、恢复、补缴和终止

企业实行补充医疗保险应根据每年的经营情况进行调整,确保企业有能力负担当年度补充医疗保险缴费。企业应在补充医疗保险制度中明确补充医疗保险中止、恢复、补缴和终止的规定。

各企业实施补充医疗保险,应以合并报表盈利、实现国有资产保值增值为前提,如出现亏损或未实现国有资产保值增值,应中止当年度企业补充医疗保险缴费。

中止或降低保额的企业经营状况改善,盈利能力增强,具备缴费能力后,可恢复缴费,恢复缴费后企业可视经济情况按中止时的方案内容予以补缴,补缴年限和金额不得超过实际中止缴费的金额和年限,不得影响企业当期及未来持续稳定发展。

企业根据经营状况通过集体决策程序,认为不适宜继续执行的,或企业依法解散、被依法撤销或被依法宣告破产,或国家有关法律法规发生重大变化,或人力资源社会保障部门判定应予以终止的,应终止缴费。

本章附录案例请扫二维码查看

第七章
人力资源培训与开发管理

员工培养与培训是企业发展的基础。员工培养是对企业内部员工实施的系统性、有计划的教育和训练活动，涵盖从基础技能培训到高级管理能力培养等各方面。员工培训是通过有组织的知识传递、技能传递、标准传递、信息传递来提高员工职业素养能力的学习过程。

第一节　员工培养管理

员工培养不是简单的技能培训和知识传授，涉及员工全面发展和成长，企业需从战略高度出发，保障员工培养工作有序进行。

一、员工培养路径设计

员工培养路径对企业人才有效开发和持续成长起着举足轻重的作用。确定员工培养路径首先要做好人才盘点，帮助企业了解现有员工整体状况，识别关键岗位和关键员工，为制订员工发展策略、培训计划等提供依据。人才盘点应注意做好以下工作：

(一)收集员工信息

收集的信息包括员工基本信息及工作表现、能力素质等方面。员工基本信息涵盖年龄、性别、学历、工作经验等；工作表现则可通过收集员工绩效评估结果、工作业绩成果、获得奖项和荣誉等情况来深入了解；能力素质方面可通过设计专业问卷调查、进行能力测试、实施360°反馈评价等多种方式，系统收集并了解员工在专业技能、领导力、沟通能力、团队协作能力等方面的实际情况。

(二)评估与分析

评估与分析涵盖能力评估、潜力分析、业绩分析等多个方面。能力评估可采用胜任力模型作为统一的评估标准，以确保评估过程的客观性和结果的准确性；潜力分析需综合考虑员工职业规划、学习意愿、过往成就和表现等多个因素，密切关注他们的成长轨迹和未来发展趋势，识别出具有较大发展潜力的员工；业绩分析是了解员工在工作中的表现和贡献，为企业后续制定更为精准的激励机制提供有力数据支持。

(三)构建人才地图

人才地图可帮助企业清晰了解企业员工分布情况和员工发展潜力，包括关键岗位识别、员工分类及员工看板等。明确企业中的关键岗位和核心员工，根据评估结果，将员工进行分类，并根据员工资源分析和员工培养需求预测，设置特定指标，建立涵盖不同领域、不同层次的员工梯队资源库，进行员工精细分类管理。定期维护和更新员工梯队资源库，做好员工出入库管理。将员工分类结果以看板图表形式清晰展现，形成直观的人才地图。

(四)制定员工发展策略

员工发展策略制定是一个系统性、多维度且不断修订完善的过程。要根据人才库的分类，针对不同类型员工，设计个性化培养路径。例如，对新员工，可制订专门的入职培训计划，帮助他们快速融入企业，掌握基本的工作技能。

(五)配套激励措施

有效的激励措施是保持员工积极性和忠诚度的关键因素。搭建科学合理的薪酬福利体系，能满足员工对于物质回报的期待，提升员工的工作积极性和归属感。为员工提供充足的职业发展机会、畅通的员工晋升通道、多元化的培训体系等，能激励员工积极投入工作。积极的企业文化和工作氛围，能增强员工的团队意识和合作精神，使员工在工作中获得归属感和成就感。

二、员工培养平台建设

企业员工培养建设平台是企业为提升创新能力和核心竞争力而设立的重要员工培养和科研创新基地。员工培养平台的建设是企业科技创新能力和实力的重要体现，也是企业吸引高层次人才的重要方式。

（一）博士后科研工作站

博士后科研工作站是指在企业内经批准可招收和培养博士后研究人员的机构。申请设立博士后科研工作站应具备以下基本条件：一是具备独立法人资格，经营或运行状况良好；二是具有一定规模，并具有专门的研究与开发机构；三是拥有高水平的研究队伍，具有创新理论和创新技术的博士后科研项目；四是能为博士后人员提供较好科研条件和必要的生活条件。

1. 机构与职责

企业应成立博士后科研工作站领导小组作为专门的博士后管理机构，负责全过程工作的管理。领导小组下设博士后评审专家委员会，负责工作站的咨询和学术评议，并设办公室（以下简称"博管办"），负责工作站日常管理工作。

（1）领导小组职责。领导工作站工作，指导博管办的日常管理工作，审定工作站发展规划；审批博士后研究人员进出站手续；审批科研项目立项、开题、中期、结题报告；审批项目科研经费预算；评聘专家委员会成员和博士后研究人员指导导师。

（2）专家委员会职责。评审博士后研究人员进站人选和科研方向；指导博士后研究人员课题研究；评审博士后研究人员开题报告、中期报告和最终科研成果。

（3）博管办职责。落实企业关于博士后工作的政策，执行领导小组的决定和要求；制定工作站发展规划；负责工作站与流动站之间的合作事宜；负责选定合作流动站，组织签订和执行有关合作合同；办理博士后研究人员进、出站手续；负责工作站的日常管理，为博士后研究人员开展研究提供服务；负责博士后研究人员的在站管理和考核，组织有关专家定期检查和考核博士后研究人员的工作情况；负责博士后研究人员在站期间研究成果知识产权的保护及研究成果奖项的申报和管理；提出专家委员会和博士后研究人员指导导师候选人，并负责办理相关手续。

2. 进站管理

（1）进站条件。已取得博士学位，品学兼优，身体健康；年龄在 35 岁以下、获得博士学位不超过 3 年，企业特别紧缺人才，年龄可适当放宽；不得招收党政机关领导干部在职从事博士后研究工作。

（2）材料清单。申请表、学位证明等相关资料。

（3）资格审查。博管办负责对拟进站人员进行资格审查，并组织由领导小组和专家委员会组成的考核小组，采用考核、考试、答辩等形式，对拟进站人员的科研能力、学术水平、已取得的科研成果和综合素质进行考核，给出考核意见和录取建议。

（4）网上申请。已确定招收的博士后研究人员需登录中国博士后网上办公系统进行网上申请，并将纸质材料提交博管办存档。审批程序完成后，博士后研究人员可在系统中打印"博士后研究人员进站备案证明"，企业博管办打印"博士后研究人员进站备案证明"并加盖公章后存档。

（5）签订合同。进站审批程序完成后，博士后研究人员应与企业订立劳动合同（在职博士后研究人员订立博士后科研工作合同），明确双方权利、义务、待遇及工作目标、工作期限、成果归属、收益分配、考核奖惩和违约责任等。

联合招收培养博士后研究人员还需与企业、流动站依托单位签订三方协议书，协议书主要内容包括：研究课题及主要内容，拟解决的关键技术及要达到的目标，三方的责任、义务，科研成果归属及其产生的效益分成等。科研工作合同和三方协议内容均作为博士后研究人员考核依据。博士后进站流程如图 7-1 所示。

3. 在站管理

（1）在站时间。博士后研究人员在站时间一般为 2 年，根据项目需要可在 2~4 年内灵活确定；对进站后承担国家重大科技项目的，应根据项目资助期限和承担的任务及时调整在站时间，但在站工作期限不得少于 21 个月，最长不得超过 6 年。

（2）开题报告。博士后研究人员研究项目应属企业优势领域，或为企业重点发展并已有一定基础的新兴技术，或正在承担的科研项目。博士后研究人员进站3个月内要做开题报告（研究大纲），由专家委员会、导师和合作导师评审。开题报告应包括研究背景及意义、拟开展研究内容、研究方法、进度计划等内容。

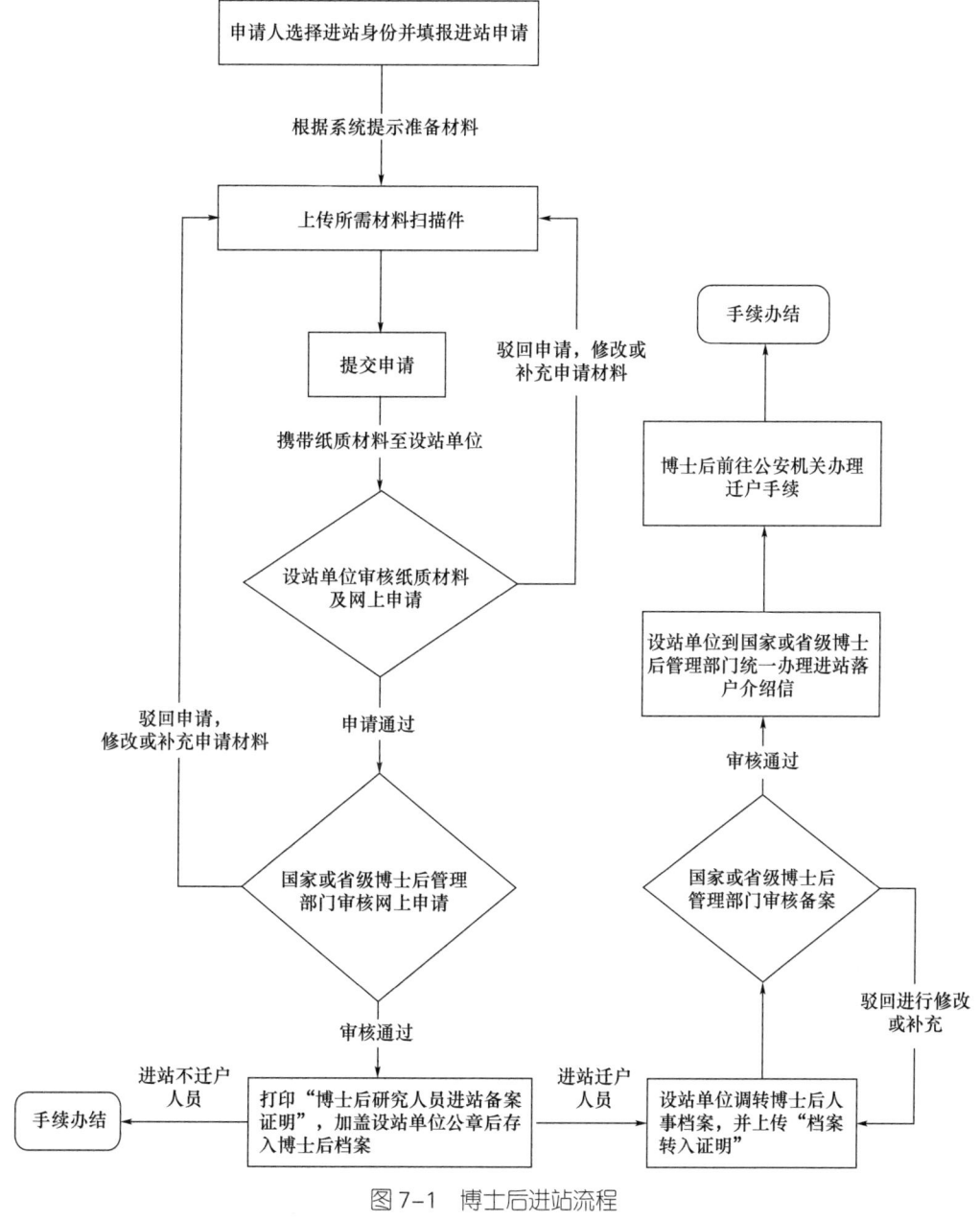

图 7-1　博士后进站流程

（3）中期考核。在站工作满 12 个月，博管办应组织博士后研究人员向博管办和导师递交阶段性工作报告，并向专家委员会和合作导师做阶段性工作报告，作为中期考核内容。中期考核不合格人员将予以退站。

（4）日常管理。企业为博士后研究人员提供必要工作条件、研究和试验条件，并选派专家担任博士后研究人员导师。合作导师根据项目和博士后研究人员本人工作需要，由合作方流动站指派。博士后研究人员开题报告审批后，可申请全国博士后科学基金或其他科学研究基金。博士后研究人员在站工作期间，如需使用企业科研仪器设备，应予以优先保证，所需费用从项目课题费列支。博士后研究人员应定期向导师汇报研究工作进展，商讨下一步工作，以此作为平时考核的依据。博士后研究人员进站后，经博管办、领导小组审核同意，并报上级博士后管理部门备案通过，可更换合作导师和科研项目。经企业博士后工作站领导小组批准，博士后研究人员在站期间可结合博士后研究工作到国（境）外开展合作研究、参加国际学术会议或进行学术交流，但时间不能超过 3 个月［获得中国博士后国（境）外交流项目的除外］，且需提交相关成果。

4．出站管理

（1）出站条件。博士后研究人员达到出站条件后可流动出站（分配工作或转到下一个站），出站条件：工作期满；完成相关研究，完成博士后研究工作报告；完成协议约定的工作任务（论文、课题等）；出站考核成绩在合格及以上。博士后研究人员确因研究需要延长工作期限的，可在期满前 3 个月提出延期申请，最多可提交 2 次申请，每次延期不超过 1 年，由企业工作站与合作方流动站联合审批（单独招收的博士后研究人员由企业工作站审批）。博士后研究人员在站期间，提前完成研究项目且成果显著的，可申请提前出站，出站前由领导小组、专家委员会和合作方流动站对其学术水平、业务能力、科研成果及思想表现进行全面考核并签署意见，决定是否同意出站。提前期限不能超过 3 个月。

（2）出站资料。博士后研究人员在站工作期届满，需提前 1 个月向工作站提交相关资料。

（3）出站考核。博管办组织专家对工作期届满博士后研究人员进行考核（若为联合招收的博士后研究人员，由工作站和流动站共同考核），评定确定考核等次（优秀、良好、合格与不合格），决定是否同意出站。考核通过后，工作站出具"博士后研究人员工作期满业务考核表"，若为联合招收的博士后研究人员，需由工作站和流动站分别填写相关表格。

（4）出站手续。符合出站条件的博士后研究人员，登录中国博士后科学基金会网站，按要求提交出站申请，企业博管办将根据其出站考核情况审核并逐级上报审批。审批完成后，博士后研究人员可到相关部门办理离站手续、入职手续、户口迁移手续等。根据国家有关规定，全职博士后研究人员工作实行双向选择，自主择业，有意在工作站所在企业工作且企业同意接收的，由企业办理录用手续；计划到其他单位工作的，可提前3个月联系工作接收单位，须取得接收单位人事主管部门同意录用的函件。博士后申请出站流程如图7-2所示。

5. 退站管理

博士后研究人员在站期间，出现下列情形之一的，企业博管办在告知本人或公告后，应做退站处理：进站半年后仍未取得国家承认的博士学位证书的；提供虚假材料获得进站资格的；中期或出站考核不合格的；严重违反学术道德，弄虚作假，影响恶劣的；被处以刑事处罚的；因旷工等行为违反所在单位劳动纪律，符合解除劳动（聘用）合同情形的；因患病等原因难以完成研究工作的；出国（境）逾期不归超过30天的；合同（协议）期满，无正当理由不办理出站手续或在站时间超过6年的；其他情况应予以退站的。退站的博士后研究人员应及时在中国博士后科学基金会网站上提交退站申请并办理退站手续，按工作协议承担相应违约责任。

6. 待遇管理

博士后研究人员不列入企业正式编制，如博士后研究人员有要求，人事、组织关系、薪酬福利待遇可在进站前协商解决；博士后研究人员延长工作期限的，延长期内不再发放工资，科研基金从项目经费中解决；企业可为博士后研究人员提供住房，配备基本生活用具。居住在企业提供住房内的博士后研究人员，出站后应及时迁出；博士后研究人员在站工作期间落常住户口，其配偶及未成年子女可随本人流动，落暂住户口，工作自行安排解决。博士后研究人员子女需入托、入学的，企业应给予协助解决，费用自理；博士后研究人员工作期满终止工作下月起，停止发放工资及各种补贴；博士后研究人员专业技术职称和任职资格等可按国家和企业相关规定评审。

退站的博士后研究人员不再享受企业博士后研究人员待遇，不享受国家对期满出站博士后研究人员规定的相关政策，其户口迁落和有关人事关系手续由企业相关部门办理。随博士后研究人员一起流动的博士后研究人员配偶和子女应随博士后研究人员一并转出。

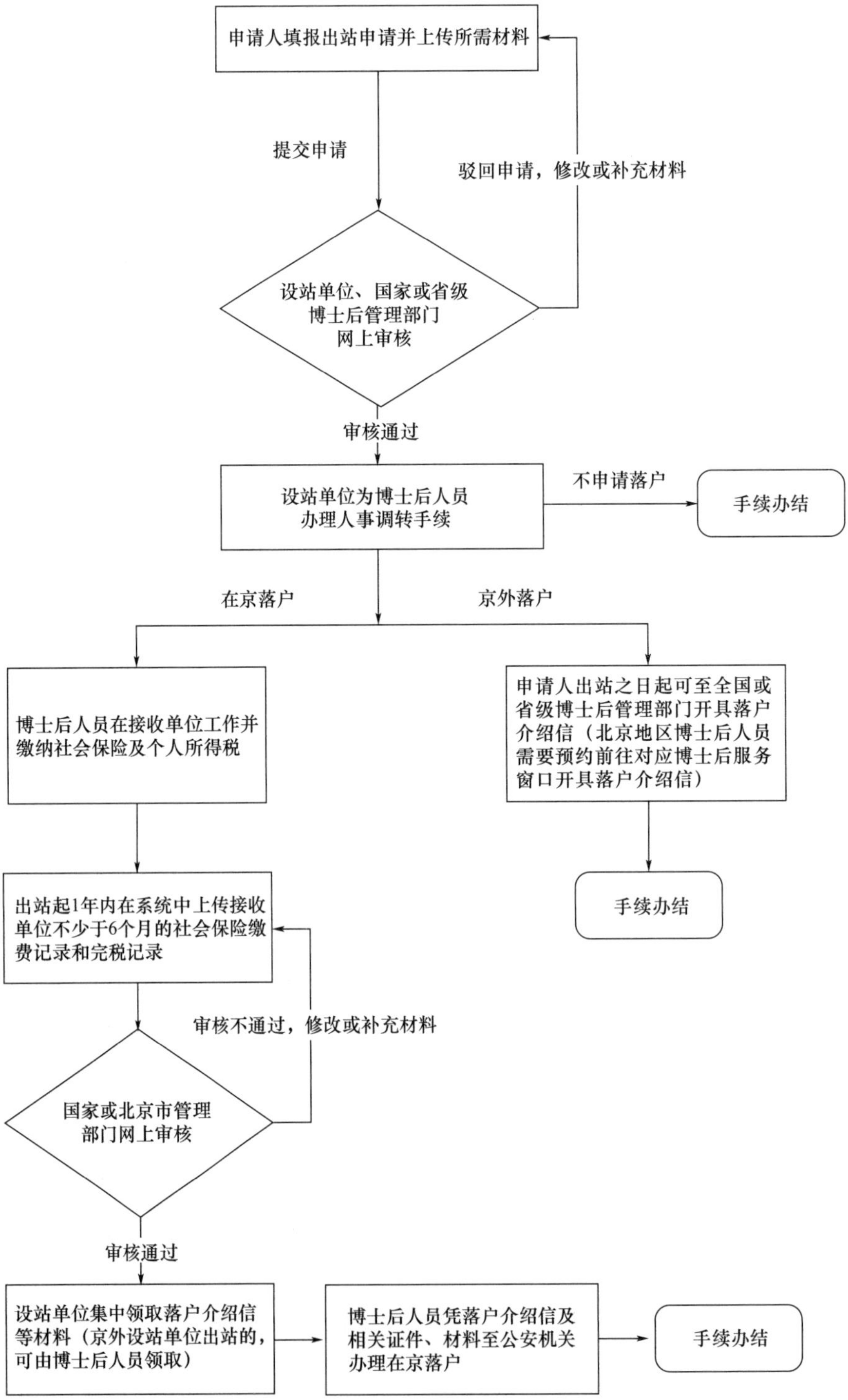

图 7-2 博士后申请出站流程图

7. 成果管理

博士后研究人员在站期间所取得的研究成果包括最终成果和执行研究项目所完成的，与研究开发目标有关的科学发现、技术发明和其他科技成果。其研究成果的知识产权包括专利申请权、专利权、专利实施权、非专利技术的使用权和转让权、著作权（版权）、发现权、发明权和其他科技成果权。上述研究成果，应按国家知识产权和企业有关规定，公正、合理地处理其权益归属。由企业为博士后研究人员提供研究课题、课题经费和办公经费，博士后研究人员主要在站完成的研究工作，其研究成果的知识产权和其他科技成果归企业所有的，企业对其拥有所有权和处置权，流动站、博士后研究人员享有署名权；由企业和有关院校（单位）共同合作完成的博士后科研项目或阶段性成果转让，按双方在合作协议中明确的研究成果归属和分享规则执行。

博士后研究人员在站期间，需进行学术交流和发表论著等将研究内容公开的活动，应向工作站提出书面申请，经批准后方可进行，且单位署名权归企业所有。博士后研究人员应按国家规定和企业的要求，对其研究成果予以保密。对博士后研究人员在站期间泄密或利用企业技术获利，或利用企业设备和资源从事与科研项目无关工作的，视情节轻重做出批评直至退站处理，对造成损失的，将根据国家相应法律法规，追究当事人责任。

出站后，博士后研究人员对工作站期间取得的科研成果负有保密责任，按保密协议执行。

相关链接

博士后申请进站、出站材料表

（二）院士工作站

院士工作站系政府推动，以企事业单位创新需求为导向，以两院院士及其团队为核心，依托省内研发机构，联合进行科学技术研究的高层次科技创新平台。

1. 机构与职责

院士工作站要接受各省科技厅的统一领导，并由企业具体管理。院士工作站领导机构为院士工作站领导小组（以下简称领导小组），由企业领导和相关部门负责人组成。领导小组下设院士工作站办公室（以下简称院士办公室），设在企业相应部门，配置兼职人员负责工作站的具体事务及日常行政管理工作。

（1）领导小组职责。根据国家的有关政策规定和企业的战略发展方案，借助院士及其团队智力开展关键技术攻关的总体规划与政策，审批研究方向、研究课题、经费等重大问题，督导工作站的运行。工作站遇有临时重大问题，通过召开领导小组会议解决。

（2）院士办公室职责。执行领导小组决议，提出实施意见和办法；协助领导小组审议工作站技术发展方向及科研选题、重点攻关项目实施等总体规划；负责科研课题的立项审查及申报，审批项目的经费预算和对项目执行情况的检查与成果评审，以及对成果和知识产权的保密与归属等问题的处理；实行对研究项目的全过程管理、经费审核、成果考核等；为院士及其团队提供工作保障；向省科技厅请示和汇报工作等。

（3）企业职责。企业负责工作站科研课题的立项选题、研究实施及成果管理；每年发布工作站工作指南，具体包括工作站年度工作计划、企业技术创新计划和企业技术成果需求等；为院士及其团队提供培训、科研和其他后勤保障条件。企业对接工作站开展工作流程如图7-3所示。

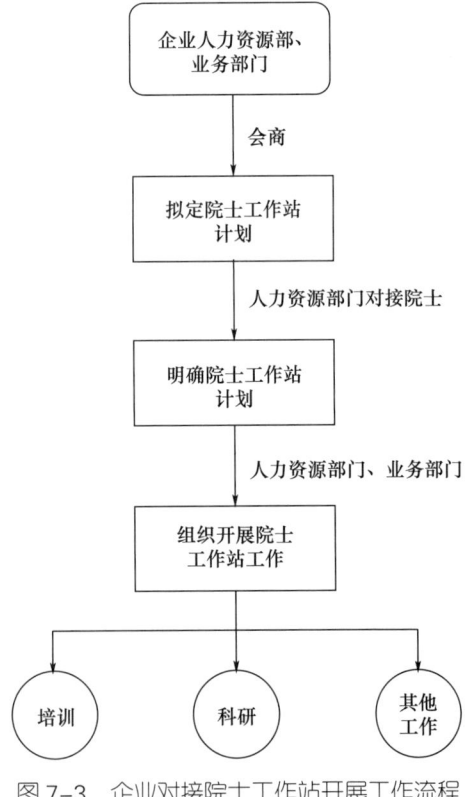

图7-3　企业对接院士工作站开展工作流程

2. 工作内容

（1）技术咨询，双方不定期召开有关工程建设关键技术咨询、交流会议，或派人到现场短期工作。

（2）研究项目合作，立项承担专题研究。

（3）设计审查（含计算书和图纸复核）和施工方案评估。

（4）利用大学实验测试设备，承担企业方面所需要的室内实验、测试任务。

（5）与院士及其团队共建人才培养基地，联合培养企业创新人才。

3. 经费管理

院士工作站经费实施预算管理。工作站相关项目经费的预算，须在立项的项目申请书中一并提出，由院士办公室初步审核，领导小组决定经费额度并明确经费来源。政府给予工作站的补贴经费主要用于工作站条件改善、项目研究和人才培养，并严格按相关规定进行管理。院士在院士工作站工作期间，工作站为院士提供往返交通补助，并给予院士津贴。工作站从事课题研究所需的科研经费，由院士办公室统一管理，按企业财务管理规定履行审批手续后报销。

4. 成果管理

工作站所取得的研究成果包括执行研究项目所完成的、与研究开发目标有关的科学发现、技术发明和其他科技成果，其研究成果的知识产权包括专利申请权、专利权、专利实施权、非专利技术的使用权和转让权、著作权（版权）、发现权、发明权和其他科技成果权。上述研究成果，应按国家知识产权和企业有关规定，公正、合理地处理其权益归属。其中，企业作为工作站建设与管理主体和研究项目经费承担单位，负责提供研究项目所需的场地、经费、试验设备及有关技术支持，工作站开展工作过程中产生的成果，其知识产权归企业与院士及其团队共同所有。对在科研中取得创造性成果、重大发明创造、重大技术革新或解决了关键性的技术难题、具有显著经济效益和重大社会效益的院士及其团队，按企业科研项目奖励办法执行。

企业与院士及其团队双方，均应按国家规定和企业的要求，对其研究成果中的技术秘密予以保密。对泄密或窃取对方技术获利，以及利用工作站设备和资源，从事与工作站科研项目无关工作的，可根据国家相应法律法规，追究当事人责任。

（三）大师（工匠）工作室

大师（工匠）工作室是由企业中具有高超技艺、丰富经验和行业影响力的大师或工匠领衔，以传承技艺、培养人才、创新技术和推动产业发展为目标而设立的工作室。工作室通常聚焦于某一特定行业或领域，如传统手工艺、现代制造业、艺术设计等。

工作室的设立需考虑多个方面，包括领衔大师的选择、场地布置、设备配置及资金支持等。领衔大师需具备高超技艺和行业影响力，能吸引和带领团队成员共同推动工作室的发展；场地布置需满足工作室实际需求，提供舒适、安全且富有创意的工作环境；设备配置需根据工作室业务方向和技术需求进行精选，以确保工作效率和质量；资金支持需保障工作室稳定运营。

1. 工作职责

（1）开展技艺传承。大师（工匠）应发挥工作室平台作用，将技艺传承给团队成员，努力培养一批理论实践水平高、技术技能精、创新能力强的高技能人才队伍。

（2）组织技能攻关。大师（工匠）要结合企业生产、工作岗位的需要，组织开展技术革新、技术攻关，进一步提升技能水平及能力。

（3）促进技能推广。大师（工匠）要面向企业、行业员工及相关人员开展培训、研修、攻关、交流等活动，将技术技能革新成果和绝技绝活加以推广。工作室主管单位要支持工作室的工作，在本单位、行业企业推广工作室的技术革新、技术攻关成果。

2. 工作任务

（1）大师（工匠）工作任务。一是与工作室每个成员签订协议，在完成工作室研究项目和个人专业化成长方面制定周期发展目标，确定双方职责、权利和评价办法。二是制定工作室年度计划和培训安排，明确工作室成员具体项目任务及教学目标，明确"师带徒"工作任务，指导工作室成员学习新技能、新工艺。三是定期到工作室开展指导和监督工作。指导并参与工作室组织开展的各项技能竞赛、技能展示活动，推荐工作室成员参加各级各类技能竞赛活动，提高工作室成员的技能水平。四是积极推广先进经验和科研成果，传播新的教育理念和前沿知识，扩大研究成果影响力；根据工作室计划，每年度安排若干阶段性技术技能的传帮带工作情况汇报，督促检查团队成员的学习情况，协调解决传帮带过程中的疑点、难点问题。

（2）团队成员工作任务。一是按工作需求和工作室计划，制订相应学习计划，付诸实施。二是保质保量按时完成工作室分配的任务，并定期总结汇报。三是每年度至少撰写1~2份本领域相关的总结报告。四是参加技能竞赛、技能攻关、技能推广等专项工作任务。

3. 考核评估

企业要按多层次、多方面的要求对工作室大师（工匠）及团队成员进行考核。考核内容：一是大师（工匠）由企业分管领导和行业专家进行考核，主要包括工作计划实施完成情况、工作室全体成员成长情况、工作室研究成果、工作室技能水平达标情况等方面；二是工作室成员由大师（工匠）和行业专家进行考核，主要从管理能力、带徒传技能力、攻关创新能力、技能水平等方面考核，是否达到工作目标，考核不合格者调整出大师（工匠）工作室。

三、员工能力建设

企业员工可分为经营管理员工、专业技术员工和技能员工。

（一）经营管理员工能力建设

经营管理员工是指在企业中担任经营、管理职责，具备战略规划、运营管理、市场营销、人力资源管理等多方面知识和能力的员工。经营管理员工能力建设主要涉及领导力、创新能力、沟通能力、战略规划能力、团队建设能力和决策能力等多个方面，企业可通过定期组织培训活动，或组织经营管理人才参加行业研讨会和进修课程等方式，帮助经营管理员工提升综合能力。

（二）专业技术员工能力建设

专业技术员工是指在企业中某一专业领域内具有深厚的知识和丰富的经验，能为企业提供专业技术支持和解决方案的员工。专业技术人员所从事工作要求具备高度专业性和技术性，因此，专业技术人员能力提升建设需通过持续参加继续教育，学习和掌握新知识、新技术，保持竞争力的方式进行。专业技术人员应注重实践锻炼，将理论知识与实际工作相结合，在实践中提升技术能力，积累技术经验，提升工作水平。

（三）技能员工提升建设

技能员工指掌握专门知识和技术，具备一定的操作技能，并在工作实践中能运用自己的技术和能力进行实际操作的员工。技能员工可通过强化职业道德和素质教育、开展技能大赛与劳动竞赛、完善技能评价体系等方式提升综合能力。

某企业员工能力建设见附录案例20。

第二节　员工培训管理

培训是建设高素质员工队伍的先导性、基础性、战略性工程，是实现企业创新发展的有效途径。

一、培训体系建设

培训体系是企业内部建立的一套完整的、与企业的发展及人力资源管理相配套的培训系统，包括培训管理体制、培训对象、培训方式方法、培训师资课程等方面内容。

（一）培训管理机制

企业培训分层级、分业务板块进行管理，各单位按管理权限分层级组织实施员工培训工作。企业培训工作应有归口管理部门，负责制订、管控企业年度培训工作计划实施，其他业务部门及下属企业管辖业务范围和所辖员工培训实施工作。

（二）培训对象

员工有接受教育培训的权利和义务，可根据不同情况参加相应教育培训，如高级决策管理人员培训、中层管理人员培训、一般管理人员培训、专业技术人员培训、新入企员工培训、一线技能人员培训及其他培训。

（三）培训方式

1. 自主培训

企业根据年度培训计划自主举办的培训。

2. 外派脱产培训

企业组织员工参加地方政府及有关行业管理部门、专业培训机构组织的国内外脱产培训。

3. 业余学历教育培训

员工参加国家承认的国内外大专院校主办的业余学历教育培训。

4. 挂职培训

根据企业发展需要和后备人才培养需要，组织选派送往相关单位进行定向实践学习培训。

5. 网络培训

员工通过机构或平台进行的网络学习。

（四）培训方法

1. 课堂讲授法

课堂讲授法是由培训者面向受训者进行面对面讲授的培训方法，能一次性面向一定规模的受训人群提供培训。

2. 在岗培训法

在岗培训法是在工作中以边干边学的方式进行的培训方法，可采取自我学习和导师带徒两种形式。自我学习是受训者自己承担学习责任，自行决定学习时间及学习方式；导师带徒以师傅带教形式开展，立足工作指导、帮助提升进行的培训。

3. 拓展训练法

拓展训练法是在设定的情景或特定的环境条件下，运用结构化活动强化受训者心理素质和提升受训者管理能力的培训方法。拓展训练适合开发与群体有效性有关的能力，如团队协作能力、解决问题能力、冲突管理能力和风险承担能力等。

4. 网络学习法

网络学习法是利用现代通信技术或计算机技术向受训者提供远距离培训的方法，如网络平台在线学习或在线远程学习等。

5. 角色扮演法

角色扮演法是一种情景模拟活动，模拟担任的职务，编制一套与该职务实际相似的测试项目，将受训者安排在模拟工作环境中，提高其处理问题的能力。

6. 行动学习法

行动学习法是指围绕实际问题，组建团队，在促进技术的指导下，共同研究解决问题方案，并在行动中解决问题的过程。行动学习在学中干、在干中学，在解决问题的过程中实现"学"与"做"的紧密结合，进而推动工作，提高个人综合素质和团队合作能力。

（五）培训内容

1. 政治理论培训

加强党的路线方针政策教育培训，重点开展理想信念、党的宗旨、革命传统、党风廉政教育，引导员工提高思想觉悟、精神境界、道德修养，树立正确的权力观、政绩观、事业观，引导员工提高运用马克思主义立场观点方法分析解决实际问题的能力，自觉做共产主义远大理想和中国特色社会主义共同理想的坚定信仰者和忠实实践者。

2. 履职能力培训

根据岗位特点和工作要求，有针对性地开展履行岗位职责所必备知识和技能的培训。紧贴岗位职责，坚持干什么学什么、缺什么补什么，开展与业务实操相关的教育培训，加强各种新知识、新技能的教育培训，帮助员工优化知识结构、完善知识体系、提高综合素养。

（六）培训师资与课程

培训师资可由内外部师资共同构建。外部师资主要是高校、培训机构等教师资源，内部师资主要是由企业内部专家人才组成的内训师队伍。研发与培训内容配套的精品课程，通过定期评比课程的方式筛选出精品课程供员工自主学习。

（七）培训基地与员工学习平台

聚焦平台保障，打造线上线下一体化教育培训基地。一是打造实训基地，建设智慧教室、研讨室、会议室、文体馆、食堂、酒店式公寓、智慧书屋等配套设施，打造集教育培训、工匠技能认定、企业文化展示等多功能为一体的教育培训基地，为教育培训工作提供物质保障。二是打造网络学习平台，员工可通过移动互联设备随时随地在线学习、浏览线上图书馆的内容，企业可利用线上平台进行培训管理、远程教学、组织考试等。

二、培训管理

培训管理旨在通过系统的流程和方法提高员工的知识、技能和态度，从而提高员工工作绩效。

（一）培训需求分析

培训需求分析，在开展培训工作之前，由培训部门采用专业方法与技术，对参与培训的员工进行系统的调查分析，以确定培训的内容。培训需求分析既是确定培训目标、设计培训规划的前提，又是培训评估的基础，是开展培训工作的首要环节。

（二）培训计划制订

在培训需求分析的基础上制订符合企业发展战略的年度培训计划，包含培训内容、培训对象、培训地点、承办部门、培训人数、培训目的、培训学时、培训经费等内容。

（三）培训计划实施

培训计划实施是培训工作的关键环节，包括编制培训计划、发布培训通知、组织开展培训、培训资料归档、培训费用报销、签订培训服务协议等。培训计划实施流程见表 7-1。

表 7-1 培训计划实施流程

责任部门或责任人	流程	工作说明和要求
企业人力资源部门	发放培训需求及编制培训计划的通知	企业人力资源部门向业务部门发放培训需求及编制培训计划的通知
各业务部门	编制并提交培训计划	各业务部门编制培训计划，向业务分管领导汇报，经领导同意后提交企业人力资源部门
企业人力资源部门	编制本企业的培训计划	1. 企业人力资源部门根据业务部门提交的培训计划编制本企业的培训计划 2. 企业人力资源部门将编制好的培训计划向本企业人力资源分管领导汇报，经领导同意后，拟文下发 3. 各部门实施方案如需调整，由相关部门提出调整申请，人力资源部门会签后上报企业分管领导审批
培训主管部门	发布培训通知	1. 培训主办部门根据年度培训计划按月报送资金计划并举办培训 2. 培训主办部门工作人员撰写培训通知经企业领导审核后拟文下发
公司各部门/员工	培训回执	1. 员工根据培训通知按要求报名 2. 培训主办部门工作人员汇总培训报名情况，报部门领导审阅

续表

责任部门 或责任人	流程	工作说明和要求
培训主办 部门	培训前的相关准备	1. 根据报名情况预定会议室，确定用餐、住宿安排，制作培训内容横幅，联系好培训摄影摄像人员，音响设备安装调试人员 2. 确定培训老师，告知老师上课时间、地点 3. 布置培训场地，挂横幅或者启用电子显示屏，按要求摆桌椅、台卡，摆放培训资料、签到表，调试音响设备、话筒等 4. 准备培训教具，计算机中下载好老师要求的软件，准备好翻页笔、白板、白板笔、白板擦、白纸、发放培训效果评估表等 5. 准备纸质资料，培训课程资料、课程评估表、签到表、课酬签收表、培训结业证书（课程结束后，发放学员）等
	培训开始相关工作	1. 提前到培训现场签到 2. 培训请假的人员须办理书面请假审批手续并报送培训主办部门 3. 确定培训主持人，撰写主持词 4. 培训主持人开场前宣布培训纪律，介绍授课老师 5. 摄影摄像人员到位，为培训摄影或照相
	培训结束相关工作	1. 培训结束后主持人做结束语 2. 工作人员收取培训课程评估表 3. 支付培训老师课酬 4. 带培训老师用餐，注意用餐礼节、迎送礼节 5. 发放培训结业证书或相关证明材料
	培训小结、分析	1. 撰写培训小结 2. 汇总分析课程评估表，撰写课程评估分析报告
	培训资料归档	1. 培训主办部门整理培训资料，包括培训通知、培训回执、请假条、签到表扫描件、培训小结、培训照片、培训课件、课程评估表、课程分析报告、学员培训心得或小结 2. 培训主办部门将整套培训资料电子版交人力资源部门存档
	培训费用报销	1. 培训费用报销要附上培训资料，如培训发票、培训通知、培训签到表、授课老师简介、授课内容等 2. 培训费用包含培训费、住宿费、交通费、差旅费及因培训产生的其他直接费用 3. 培训承办部门或个人完成培训学习后按规定填写培训费用报销单，交所在单位人力资源部门签署意见后方能报销

续表

责任部门或责任人	流程	工作说明和要求
培训主办部门	签订培训服务协议	培训服务协议由员工劳动关系所在企业与员工签订，各企业根据实际情况确定培训协议内容，可对服务年限进行限制

（四）培训效果评估

培训效果评估是衡量企业培训效果的重要手段，通过评估可了解培训的有效性。培训效果评估方法：一是反应评估，即在培训刚结束时，了解员工对培训的满意程度；二是学习评估，通过书面测评、口头测试及实际操作测试等方式，评估员工通过培训对所学知识和技能的掌握程度；三是行为评估，评估员工在工作中绩效和技能水平提升程度；四是结果评估，评估由培训带来的业务工作效能提升情况。

（五）培训工作改进

根据评估结果，从培训内容与实际需求的匹配度、培训方式的多样化、培训中的互动环节、定期评估和反馈、注重实操技能的培养及改进培训师资等方面，不断提高培训效果和质量。

三、培训步骤

培训的具体步骤是培训计划实施的具体过程。员工通过培训，可不断提升自身能力和技能水平，提升职业素养。

（一）培训前期准备工作

1. 培训场地准备

一是选择培训场地，企业根据员工人数和培训内容选择培训场地，场地要具备相应的教学设施。二是布置培训场地，根据培训效果，可采用不同的方式布置，如课桌型、回字型、U型等。

2. 培训教具及物料准备

提前准备培训所需教具及物料，包括多媒体设备、激光笔、计算机、白板、话筒等，对设施设备进行调试。还要准备方位引导图、座位表、学员手册、台卡、笔记本、笔、学习资料等，确保培训顺利进行。实操类培训还需提前准备相关实训设备和耗材。

3. 培训通知发布

通过企业内部 OA 系统或其他有效渠道，在培训开展前发布培训通知，通知中需要明确培训目的、时间、地点、课程内容、报名方式等重要信息。

4. 参训人员确定

根据企业员工报名情况筛选并确定参训人员名单，选拔部分参训人员担任培训班班委会成员，协助做好教学管理、纪律管理、学习及文体活动组织等工作，听取和反馈员工的意见和建议等。

5. 培训后勤管理

后勤管理工作是企业培训顺利开展的保障。后勤管理工作具体包括参训人员和培训老师餐饮住宿、往返交通安排等。

（二）培训中期管理工作

培训中期管理是企业培训的关键步骤。

1. 参训人员签到

安排培训管理员具体负责员工报到签到工作，在培训场地入口处设置签到处，摆放签到表、签字笔、电子签到二维码等，及时掌握员工报到情况。

2. 课前师资介绍

由主持人介绍培训老师情况，增进员工对培训老师的了解。

3. 组织互动学习

培训中鼓励员工积极参与讨论和互动，如提问、答题、分享经验等。设计互动环节，如小组讨论、角色扮演等，提高员工参与度和学习兴趣。

4. 关注培训进度

在培训中关注培训进度，确保培训按计划进行。如出现课程问题，及时提醒老师采取措施调整，如增加授课时间、调整内容等。

5. 培训纪律管理

一是做好学习纪律管理，不迟到早退、不无故旷课、不擅自离开；上课期间自觉关闭手机或将手机调至静音状态，严禁在课堂内随意走动或接打电话。二是做好生活纪律管理，培训期间严禁相互宴请或外出聚餐、饮酒，严禁组织或参加各类高消费娱乐活动，自觉遵守培训期间各项规章制度和作息时间。三是做好请假纪律管理，培训期间员工需严格履行请假手续，报培训班负责人同意后方可离开。

6. 培训中的服务工作

在培训过程中需安排专人进行摄影摄像及培训设备维护，如遇教学设备黑屏或故障、话筒电量不足等紧急状况，需要及时排除故障或更换设备，确保培训顺利进行。

（三）培训后期收尾工作

1. 结算培训费用

核算培训过程中的各项开支，包括师资课酬、场地费、资料印刷费、员工食宿交通费及其他相关杂费。严格遵守财务制度，及时准确完成费用结算表（见表7-2），给员工开具发票。

表7-2 费用结算表

培训地点：×××　　时间：×月×日—×日　　人数：××人

序号	项目	单价（元）	数量	小计（元）	备注
1	师资课酬				
2	住宿费				
3	餐费				
4	场地费				
5	交通费				
6	学习资料费				
	合计				

2. 编印培训总结

以书面形式编印的培训总结，不仅是对培训成效的直观展示，还是提炼经验、传承智慧的有效载体。通过分享和交流培训心得，企业可进一步加深员工对培训知识的理解运用，达到巩固培训成果、推动企业文化建设的目的。

3. 整理培训台账

培训结束后及时整理各类培训资料，形成规范的培训台账。

4. 整理培训场地

安排专人对培训场地进行清扫和整理，检查培训设施设备，整理好剩余的培训工具及物料。

5. 培训费用报销及服务协议签订

给参训人员开具培训发票，按时报销培训费用。有些企业会要求参训人员与企业签订培训后为企业服务的协议（见附录案例21），明确参训人员服务年限和违约责任。

四、培训效果评估

培训效果评估以培训目标为依据，运用科学理论和方法对培训效果进行评估，使培训管理者全面了解和掌握培训质量。

（一）培训效果评估方法和工具

1. 选择评估方法

根据培训目标和内容选择合适方法，如问卷调查法、测试法、观察法等。

2. 设计评估工具

评估工具包括评估问卷、测试题目等，确保评估工具有效性和可靠性。

（二）培训效果评估的实施步骤

培训效果评估实施主要分为三个步骤，如图7-4所示。按步骤实施培训效果评估有助于掌握培训是否达到了预期的效果。

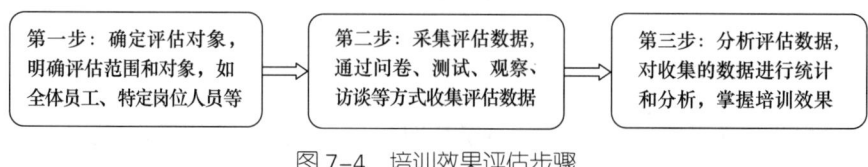

图7-4 培训效果评估步骤

(三)培训效果评估分析

按步骤实施培训效果评估,根据数据分析结果,了解员工在培训中的表现和收获。通过分析培训的经验和不足,改进后续培训工作。

(四)培训反馈机制的建立与完善

建立培训反馈渠道,如意见箱、在线调查等,定期收集员工对培训的反馈意见,及时处理和回复,不断改进培训工作。

(五)培训效果评估与反馈应用

根据评估结果和反馈意见,调整和优化培训计划,提高培训质量。将培训效果与员工的绩效考核、晋升等相结合,激励员工积极参与培训。通过不断评估与反馈,形成持续改进的培训体系,提升企业的整体培训效果。

相关链接

某企业培训评估效果表单

第三节 员工职业生涯规划管理

职业生涯规划管理是人才开发体系建设的基础之一,是企业培养员工、提升员工素质、打造人才队伍的重要举措,也是提高员工满意度、留住人才的重要举措,更是员工加强职业规划、提升个人技能,获得职位晋升、实现个人价值的有效措施。实施职业生涯规划管理,科学制定职业发展目标,将员工个人与企业的目标相结合,有助于实现企业与个人共同发展。

一、职业生涯规划管理基本内容

(一)职业生涯规划管理概念

职业生涯规划管理是指个人或组织在职业发展的过程中,对自身和外部环境进行评估和分析，制订职业目标和发展计划，并采取相应行动实现职业成功的过程。职业生涯规划管理不仅包括员工个人对自己进行的个人职业规划，还包括企业对员工进行的职业规划管理体系。

员工将个人发展与企业组织发展相结合，并对自我及岗位进行分析，确定个人的事业奋斗目标，根据目标编制相应的工作、教育和培训的行动计划，从而达到职业发展的目的。

企业通过帮助员工开展职业规划，为员工设计职业发展通道，并提供培训、轮岗、晋升等机会，实现企业发展与个人目标的有效结合。

（二）职业生涯规划管理作用和意义

职业生涯规划管理既能帮助员工确定职业目标，做出更好的职业选择，又能帮助企业有效引导员工进入工作领域，实现个人目标与企业目标的有机结合，从而实现个人与企业双赢。

职业生涯规划可以增强员工对自我及组织的认识，促使员工养成分析环境与目标的习惯，合理规划时间，有计划地进行学习提升，不断地实现自我价值。

职业生涯管理可帮助企业了解内部员工的现状，合理有效利用人力资源，建立职业发展通道，为员工提供晋升的机会，并有针对性地开展员工培训、岗位轮换、绩效考核等活动，帮助员工成长。

二、职业生涯规划制定

员工职业生涯规划的制定步骤分为进行自我及岗位分析、开展职业生涯机会评估、设定职业生涯目标、选择职业生涯路线及填写职业生涯规划表。

（一）进行自我及岗位分析

自我及岗位分析是职业生涯规划的基础。行之有效的职业生涯规划要求个人开展自我分析，全面正确认识自身及岗位情况，才能对自身职业发展做出合理规划。自我及岗位分析就是通过剖析自己，深入了解所在岗位的要求，了解岗位发展通道长度，查找个人与岗位间的差距，确定下步发展提升目标。自我分析应从个人和岗位两个方面开展，职业生涯分析要素见表7-3。

表 7-3 职业生涯分析要素

方面	要素	具体内容
个人部分	兴趣特长	是否有特长？职业兴趣爱好是什么？
	岗位匹配度	个人技能是否符合岗位要求？
	能力差距	个人能力与上一级岗位存在哪些差距？
岗位部分	岗位要求	所在岗位要求有哪些？上一级岗位要求有哪些？
	发展通道情况	所在岗位发展通道是什么？通道长度是多少？
	发展路线	评估本岗位通道发展难易程度，选择发展路线

（二）开展职业生涯机会评估

职业生涯机会评估是对影响个人职业发展的相关因素进行评估，包含以下三个方面：一是结合个人及岗位分析情况，对个人能力与岗位要求间的差距进行评估；二是结合岗位发展通道长度设置情况，对个人职业晋升机会进行评估；三是对组织文化、制度及价值观进行评估。

通过对以上三个方面的评估分析，了解个人发展与企业发展的关系，进而进一步明确个人职业目标。

（三）设定职业生涯目标

职业生涯目标就是个人希望达到的与职业相关的最高成就，确定职业生涯目标是职业生涯规划的核心。职业生涯目标可通过以下 4 个步骤确定，如图 7-5 所示。

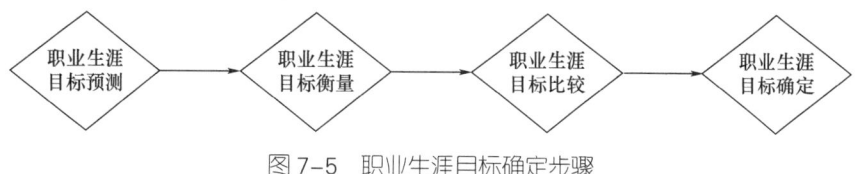

图 7-5 职业生涯目标确定步骤

（四）选择职业生涯路线

职业生涯路线的选择是实现职业生涯目标的关键因素。职业生涯路线指的是个人选定职业后从什么方向上实现自己的职业目标，如是走管理路线还是技术路线。

职业生涯路线选择的重点是对个人和环境进行系统分析后做出最优选择。典型的职业生涯路线呈金字塔型：假设从起点向上发展，金字塔的左侧为行政管理路线，右侧为专业技术路线，将路线分为若干等级，并将行政职务、专业技术等级分别标在路线上,作为个人的职业生涯目标,如图7-6所示。

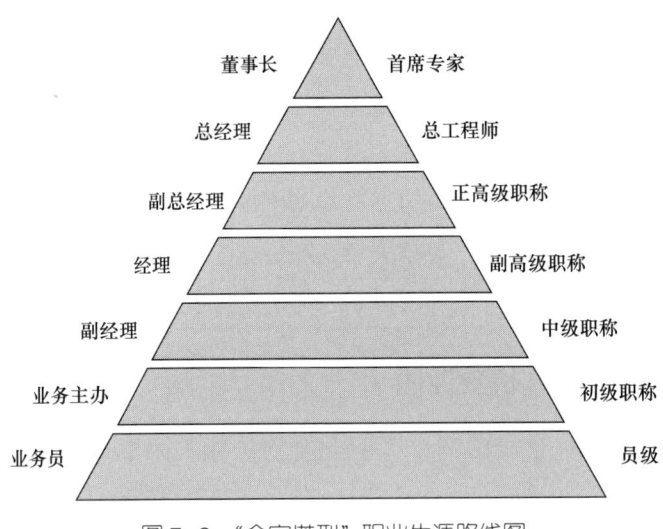

图7-6 "金字塔型"职业生涯路线图

(五)填写职业生涯规划表

员工依据个人分析情况,结合职业生涯机会评估结果,对设定的目标进行分解,在组织的指导下填写员工职业生涯规划表,见表7-4。

表7-4 员工职业生涯规划表

姓名		性别		年龄	
最高学历		毕业时间		毕业院校及专业	
所在部门		现任岗位		现任职级	
具备的技能	专业技术证书				
	职业资格证书				
个人特长					
希望晋升的通道					
短期职业目标(1~3年)					
希望达到的短期具体目标:1.岗位目标;2.技术等级目标;3.收入目标 达到目标的措施:1.短期内需完成的主要任务;2.有利条件;3.主要障碍及对策					
中期职业目标(3~5年)					
希望达到的中期具体目标:1.岗位目标;2.技术等级目标;3.收入目标 达到目标的措施:1.中期内需完成的主要任务;2.有利条件;3.主要障碍及对策					

续表

长期职业目标（5~10 年）
希望达到的长期具体目标：1.岗位目标；2.技术等级目标；3.收入目标；4.社会影响目标；5.重大成果目标；6.其他目标
实现人生目标的战略要点
职业生涯规划人（签字）
职业生涯指导老师（签字）
制定职业生涯规划日期

三、职业生涯规划管理的实施

企业通过实施职业生涯规划管理对员工的职业规划进行有效管理，充分激发员工潜能，最终实现企业与员工共同发展。企业职业生涯规划管理分为明确工作任务、责任划分及分工、建立职业匹配模型、建立职业发展通道四个流程，如图 7-7 所示。

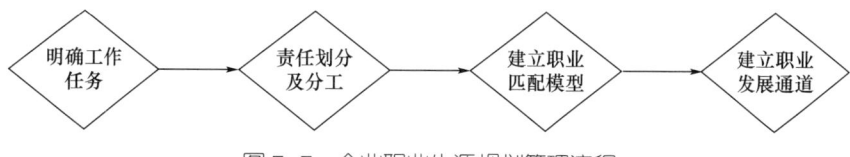

图 7-7　企业职业生涯规划管理流程

（一）明确工作任务

企业职业生涯规划管理要服务于企业发展战略，不同企业开展职业生涯规划管理的目标不同，但绝大多数企业在开展职业生涯规划管理时都需完成几个既定的任务，如图 7-8 所示。

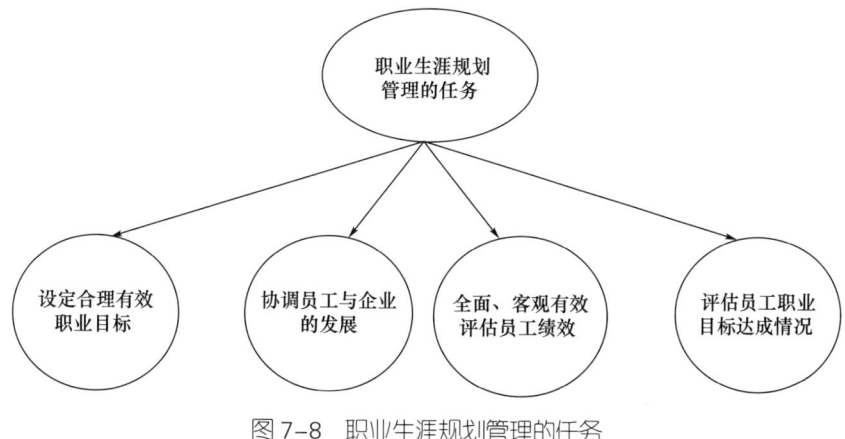

图 7-8　职业生涯规划管理的任务

(二)责任划分及分工

在职业生涯规划管理中,企业与个人各有不同的职责,应明确企业和个人在职业生涯规划管理中需承担的责任,以保证制订的计划合理并有序推进。企业参与职业生涯规划管理工作的主要有企业最高管理层、人力资源部门、用人部门和员工。企业和个人在职业生涯规划管理中的职责分工见表7-5。

表7-5 职业生涯规划管理职责分工

参与人员	职责分工
企业最高管理层	指导职业生涯规划管理工作方案的制定方向,确定职业生涯规划管理工作方案的指导策略,明确职业生涯规划管理工作方案中的任务;审批职业生涯规划管理工作方案
人力资源部门	编制职业生涯规划管理工作方案,开展职业生涯规划管理前期工作调研;进行工作分析及岗位说明书编制,根据工作分析建立职业发展通道;编制职业生涯规划管理实施配套制度;建立员工职业发展档案
用人部门	配合人力资源部门开展职业生涯规划管理前期工作调研;给予员工业务指导;协助员工填写职业生涯规划表;对员工进行工作评估
员工	配合人力资源部门完成调研工作;对自我进行分析;填写个人职业生涯规划表;履行岗位职责

(三)构建匹配模型

为确保职业生涯规划管理工作有效开展,理清员工和企业在职业各个发展阶段的主要任务,企业应建立职业生涯规划管理匹配模型,如图7-9所示。

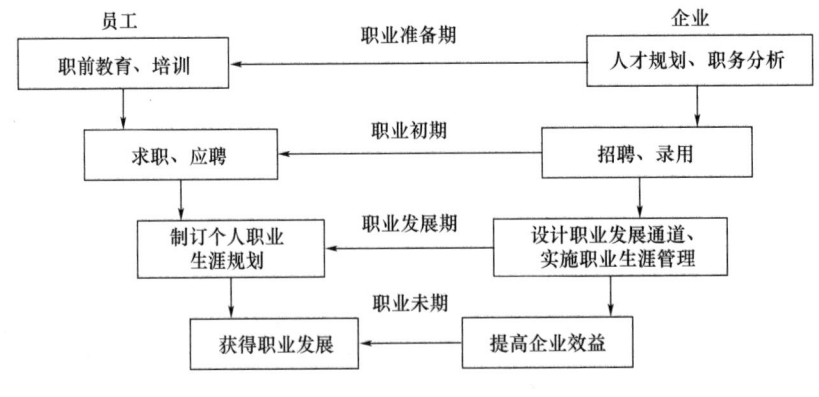

图7-9 职业生涯规划管理匹配模型

(四)建立职业生涯发展通道

职业生涯发展通道设计是职业生涯规划管理的核心。

1. 职业生涯发展通道类型

(1) 单一职业生涯发展通道。单一职业生涯发展通道指某一特定岗位以行政职务的晋升为路径,从基础级纵深向最高级发展。单一职业生涯发展通道的优点在于路径单一直观,员工清楚自己的发展路径;缺点是行政管理岗位职数有限,能够晋升的人数有限,不能满足员工个人和人力资源管理的需求。单一职业生涯发展通道如图7-10所示。

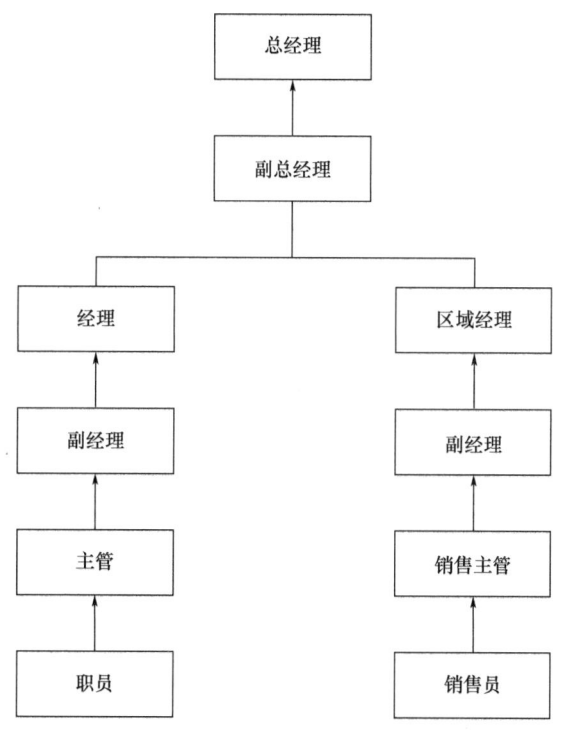

图7-10 单一职业生涯发展通道

(2) 双重职业生涯发展通道。双重职业生涯发展通道指在行政职务阶梯晋升以外,为专业技术人员设计的与行政职务平行的职业通道,行政职务的晋升与专业技术等级的晋升都和薪酬挂钩。在双重职业生涯发展通道中,行政人员通过行政阶梯发展,专业技术人员通过专业技术等级阶梯发展。双重职业生涯发展通道如图7-11所示。

（3）横向职业生涯发展通道。横向职业生涯发展通道指为拓宽职业生涯通道，解决员工因缺乏晋升机会而造成的职业停滞和职业焦虑而采取的横向流动。横向流动既能激发员工的工作热情，又能保持企业内部的活力，有利于培养复合型人才，确保组织内部平稳发展。员工在进行横向交流时，职位虽未得到晋升，但个人工作的成就感与满足感不断增加，体现了个人在组织中的价值。横向职业生涯发展通道如图 7-12 所示。

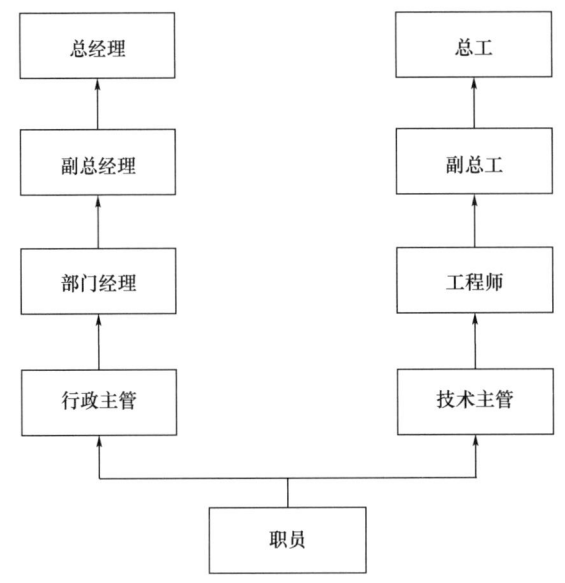

图 7-11　双重职业生涯发展通道

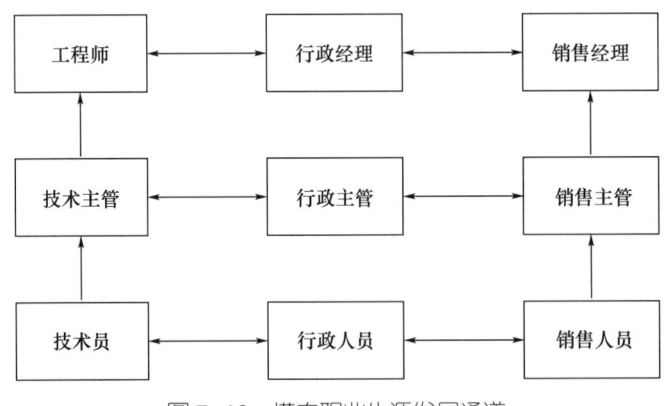

图 7-12　横向职业生涯发展通道

（4）网状职业发展通道。网状职业发展通道结合了单一职业发展通道与横向职业发展通道特点，认可在不同层次间经验的可替换性，并强调在晋升至高层级岗位之前，需要拓宽并丰富当前层次的经历。但这种形式往往过于突出单个岗位工作的经历，使得企业难以进行有效的管理和维护，员工也不易明确自身的发展前景。同时，由于其相互关联性高，一旦某个环节发生变化，就可能对整个体系产生影响，因此操作起来较为复杂。

2. 职业生涯发展通道设计流程

企业要建立适合自身需求的职业生涯发展通道，设计流程如图7-13所示。

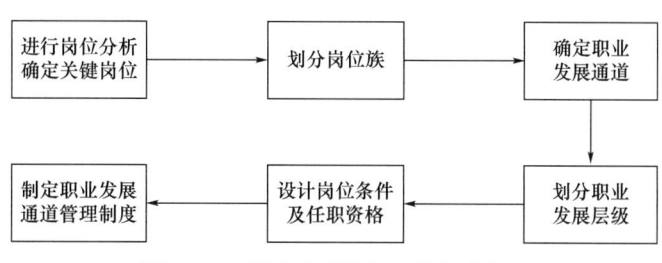

图7-13 职业生涯发展通道设计流程

（1）岗位分析。岗位分析包含部门职能说明书、岗位说明书、岗位任职条件、岗位考核标准、岗位胜任力模型等方面内容。通过岗位分析，企业可明确现有岗位的数量，岗位必备技能、知识和素质的具体要求，并确定关键岗位。

（2）划分岗位族。企业岗位繁多，在设计岗位职业生涯发展通道时，可按岗位性质相近性划分为专业族、营销族和技能族等岗位族，每个族群又可根据具体岗位划分不同岗位序列。通过岗位族及岗位序列的划分，企业可实施有针对性的人才培养措施，提高人才培养成效。岗位族和岗位序列分类示例见表7-6。

（3）确定职业生涯发展通道类型。根据岗位族及岗位序列分类，确定职业生涯发展通道类型。职业生涯发展通道设计需考虑员工平均任职年限、工作成长时间。

（4）划分职业生涯发展层级。在职业生涯发展通道基本确定以后，需对单个通道内的层级进行划分，给予员工上升的空间，同时企业也可通过不同层级快速有效识别该岗位核心员工。

某企业按岗位序列划分职业生涯发展层级示例见表7-7。

表 7-6　某企业岗位族和岗位序列分类示例

岗位族		岗位序列	负责部门
专业族	1	党群管理序列	党群工作部
	2	纪检监察管理序列	纪检监察室
	3	行政管理序列	办公室
	4	人力资源管理序列	人力资源部
	5	财务管理序列	财务部
	6	金融管理序列	经营管理部
	7	审计管理序列	审计部
	8	法务管理序列	法律合规部
	9	投融资管理序列	投资发展部
	10	高速公路工程管理序列	总工办、工程管理部
	11	高速公路养护管理序列	公路运营部
	12	高速公路运营管理序列	公路运营部
	13	机电维护管理序列	公路运营部
	14	高速公路服务区管理序列	经营管理部
	15	铁路工程管理序列	总工办、工程管理部
	16	土地与房地产开发管理序列	土地利用部
	17	土地征拆与利用管理序列	工程管理部、土地利用部
	18	商贸物流管理序列	经营管理部
	19	经营管理序列	经营管理部
	20	信息化管理序列	总工办
	21	智能技术研发管理序列	经营管理部
	22	能源化工管理序列	经营管理部
	23	矿业管理序列	经营管理部
	24	传媒文化管理序列	经营管理部
	25	安全管理序列	安全管理部
营销族	26	市场管理序列	经营管理部
	27	销售管理序列	经营管理部
技能族	28	司机技能序列	办公室
	29	电工技能序列	办公室
	30	排障技能序列	公路运营部
	31	物业服务技能序列	办公室
	32	收费窗口服务序列	公路运营部
	33	加油窗口服务序列	经营管理部
	34	便利店窗口服务序列	经营管理部
	35	物流仓储生产序列	经营管理部
	36	能源生产序列	经营管理部
	37	信息化技能序列	总工办
	38	智能装备技能序列	经营管理部
	39	矿业生产序列	经营管理部

第七章 人力资源培训与开发管理

表7-7 某企业按岗位序列划分职业生涯发展层级示例

职位族	职位序列	职级	角色描述	基本条件					
				学历	专业	工作年限	职业资格	工作历练	工作成果
专业族	行政管理序列	一级	单一模块行政管理。具备大学本科以上学历，1年（含1年）及以上工作经验。了解企业业务方向，熟悉所负责模块国内初级业务知识及相关政策、法规。在指导和帮助下，独立完成某个模块领域的简单工作，并在更高级别行政管理人员指导下制定简单工作方案或协助完成某个模块领域的简单工作方案	大学本科及以上学历	中文类、行政类、管理类及相关专业	1年（含1年）及以上	初级职称优先	—	—
		二级	一般性行政管理。具备大学本科以上学历，3年（含3年）及以上工作经验。熟悉所负责模块国内业务知识及相关政策、法规。可独立完成所负责模块领域的具体工作，协助推动重要行政管理活动与方案的策划、实施	大学本科学历及以上	中文类、行政类、管理类及相关专业	3年（含3年）及以上	中级职称优先	—	满足企业对行政管理的需要
		三级	综合型行政管理。具备大学本科以上学历，5年（含5年）及以上工作经验，或具备硕士研究生以上学历，3年（含3年）及以上工作经验。理解企业运营业务方向，系统掌握并能综合运用所负责工作范围内业务知识与相关政策、法规，进行重要行政管理工作，能指导团队成员的策划、实施	大学本科学历以上，或硕士研究生及以上学历	中文类、行政类、管理类及相关专业	5年（含5年）及以上/3年（含3年）及以上	中级职称优先	—	满足企业对行政管理的需要

221

续表

职位族	职位序列	职级	角色描述	基本条件					工作成果
				学历	专业	工作年限	职业资格	工作历练	
专业族	行政管理序列	四级	复合型行政管理。具备大学本科及以上学历，10年（含10年）及以上工作经验，8年（含8年）及以上学历/硕士研究生及以上学历经验。深入理解企业运营业务及管理方向系统掌握并能综合运用多个模块综合性行政管理业务知识与相关政策、法规，能指导综合性行政管理团队成员工作，组织重大行政活动，制订行政管理培养计划	大学本科及以上学历/硕士研究生及以上学历	中文类、行政类、管理类及相关专业	10年（含10年）及以上/8年（含8年）及以上	高级职称优先	—	满足企业对行政管理的需要
		五级	战略型行政管理。具备大学本科及以上学历，15年（含15年）及以上工作经验，13年（含13年）及以上学历/硕士研究生及以上学历经验。深刻理解并参与企业经营管理理念与战略规划，能牵头策划、组织各类大型行政活动，带领复合型行政管理人员开展系统工作	大学本科及以上学历/硕士研究生及以上学历	中文类、行政类、管理类及相关专业	15年（含15年）及以上/13年（含13年）及以上	高级职称优先	—	能够为企业决策提供参谋作用

按行政职务划分职业生涯发展层级见表7-8。

表7-8 按行政职务划分职业生涯发展层级

层级类别	职务类别	职务层级
1	领导班子成员	正职领导
		副职领导
2	中层管理人员	中层正职
		中层副职
3	业务主管	高级主管
		中级主管
		初级主管
4	业务员	一级业务员
		二级业务员

（5）设计任职资格标准。任职资格标准是担任某些工作岗位所需具备的知识、能力和素质，反映了员工工作胜任力。任职资格标准由基本条件和资格标准两大部分组成，如图7-14所示。

（6）建立职业生涯发展通道管理制度。有效的职业生涯发展通道设计需要通过制度固化，并被员工认可和执行。因此，职业生涯发展通道形成之后，企业需要设计一系列包括薪酬激励、绩效考核、人才培养、晋升管理、职业生涯规划辅导等在内的管理机制。

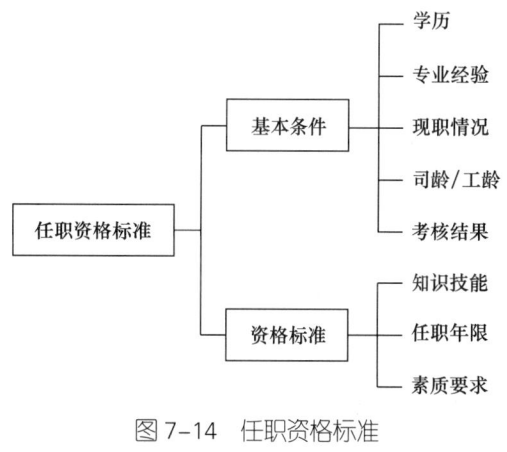

图7-14 任职资格标准

四、职业生涯规划反馈评估

职业生涯规划是一个动态过程，当外部环境、企业战略、员工个人情况发生变化时，要不断审视、调整、修正职业生涯目标和策略，对职业生涯进行反馈和评估，使职业生涯规划行之有效。职业生涯规划反馈评估既是员工不断自我认识的过程，又是企业对员工深入了解的过程。

（一）反馈评估步骤

1. 确定反馈评估目的和任务

开展职业生涯反馈评估工作前应确定反馈评估目的和任务。反馈评估目的主要为找到目标与实际的差距，明确目标未实现原因。反馈评估主要任务为检查职业生涯目标设定、职业生涯路线选择和职业生涯策略是否合适。

2. 收集反馈评估信息

反馈对象可分为主体和个体。主体反馈即员工个人通过自我评价进行反馈；客体反馈则包括员工同事、朋友、亲属、专业咨询机构等的反馈。反馈可是正式反馈，也可是非正式反馈。

3. 选择反馈评估方法

反馈评估方法主要有自我评估、360°反馈评估和基于目标管理的反馈评估等。自我评估主要由员工从个人工作现状、工作关系现状和工作环境现状等方面开展评估；360°反馈评估是通过收集与员工有密切关系的领导、同事、下属等人的意见，围绕员工业绩、能力、工作态度等方面进行评价；基于目标管理的反馈评估是根据个人职业生涯目标和实施情况，在不同的阶段依据需要开展的评估。

4. 反馈评估结论

根据获取的反馈信息，通过合适的评估方法进行综合分析，从而得出反馈评估结论。通过书面形式把反馈过程记录下来，建档留存，完成反馈评估工作。

（二）反馈评估具体方法

1. 员工个人评估

个人评估是反馈评估最基础的部分，包括职业选择的自我评估、职业目标达成自我评估。员工个人评估可从个人年度内工作成就、成就原因分析和目标达成情况等几个维度开展，见表7-9。

2. 部门评估

部门评估是员工所在部门结合绩效考核结果，对员工职业生涯规划进行评估

（见表 7-10），并根据评估结果建议企业对员工做出岗位调整、职务晋升、教育培训等工作安排。部门评估还可通过导师带徒计划来进行评估，安排工作经验丰富、专业技能过硬的员工来指导新入企员工，对员工进行督促和考核，促进职业生涯规划落实和修正。

表 7-9　员工个人评估

员工年度职业生涯评估表（员工）					
姓名		部门		岗位	
目前职业生涯规划期					
本年度目标达成情况					
本年度主要工作成绩					
本年度主要工作不足					
主要成绩与不足分析					
对未来工作的需求					
对培训的需求					
是否需要对下一步职业生涯规划进行调整					

表 7-10　部门评估

员工年度职业生涯评估表（部门主管）					
姓名		部门		岗位	
对员工绩效的评价					
对员工能力的评价					
员工需改进的地方					
对员工目前担任职务的建议					
对员工下一步职业生涯规划的建议					
评价人：					

3. 企业年度评审

企业开展职业生涯规划年度评审，是对企业实施职业生涯规划管理工作进行盘点。职业生涯年度评审方式包括员工个人评估、领导评估和考评小组评估。企业年度评审流程一般分为制定年度评审方案、准备年度评审材料、进行年度评审会谈、进行年度评审意见反馈，如图 7-15 所示。

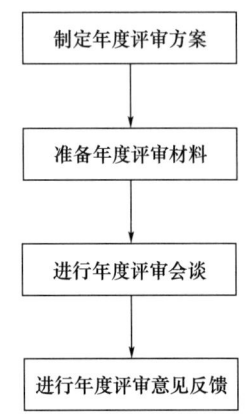

图 7-15 企业年度评审流程

职业生涯规划年度评审后，企业收集、整理各层级（上级、平级、下属）对员工个人的评审意见，结合员工自身情况，对其职业生涯规划进行调整。

本章附录案例请扫二维码查看